CHEFS-D'ŒUVRE

DES

THÉATRES ETRANGERS.

NEUVIÈME LIVRAISON.

IMPRIMERIE DE FAIN, PLACE DE L'ODÉON.

CHEFS-D'ŒUVRE

DU

THÉATRE ITALIEN.

GOLDONI.

A PARIS,

CHEZ LADVOCAT, LIBRAIRE,

ÉDITEUR DES ŒUVRES DE SHAKSPEARE ET DE SCHILLER,
AU PALAIS-ROYAL.

M. DCCC. XXII.

CHEFS-D'ŒUVRE

DES

THÉATRES ÉTRANGERS,

ALLEMAND, ANGLAIS, CHINOIS,
DANOIS, ESPAGNOL, HOLLANDAIS, INDIEN, ITALIEN, POLONAIS,
PORTUGAIS, RUSSE, SUÉDOIS;

TRADUITS EN FRANÇAIS

PAR MESSIEURS

AIGNAN, ANDRIEUX, MEMBRES DE L'ACADÉMIE FRANÇAISE; LE BARON DE BARANTE, BERR, CAMPENON, MEMBRE DE L'ACADÉMIE FRANÇAISE; BENJAMIN CONSTANT, CHATELAIN, COHEN, DENIS, ESMÉNARD, GUIZARD, GUIZOT, LABEAUMELLE, MALTE-BRUN, MÉNÉCHET, LECTEUR DU ROI; MERVILLE, CHARLES NODIER, PICHOT, ABEL RÉMUSAT, MEMBRE DE L'INSTITUT; CHARLES DE RÉMUSAT, LE COMTE DE SAINTE-AULAIRE, LE BARON DE STAEL, TROGNON, VILLEMAIN, MEMBRE DE L'ACADÉMIE FRANÇAISE.

A PARIS,

CHEZ LADVOCAT, LIBRAIRE,

ÉDITEUR DES ŒUVRES DE SHAKSPEARE ET DE SCHILLER,

AU PALAIS-ROYAL.

M. DCCC. XXII.

NOTICE
SUR
GOLDONI.

NOTICE

SUR

GOLDONI.

Lorsqu'on surnomma Goldoni le *Molière de l'Italie*, sans doute on ne prétendit pas l'égaler à un poëte comique qui n'a de rival dans aucun pays; on voulait honorer le restaurateur de la comédie italienne, et lui marquer sa place à une grande distance au-dessus de tous ses devanciers et de tous ses successeurs.

Au commencement du dix-huitième siècle, la comédie italienne était encore abandonnée aux masques et aux canevas. Les quatre masques obligés, étaient Pantalon, négociant de Venise; le Docteur, jurisconsulte de Bologne; Brighella et Arlequin, valets Bergamasques; le premier, portant une espèce de livrée, adroit; le second, balourd, dont le pauvre vêtement se compose de pièces de différentes couleurs, et qui étale à son chapeau la queue de lièvre, panache ordinaire des paysans de Bergame. Quant au négociant et au docteur, vieillards, représentant, celui-là les professions lucratives, celui-ci les professions savantes, leur costume est resté tel qu'il était anciennement dans leur pays; le vénitien, robe noire, bonnet de laine, gilet rouge, culotte coupée en caleçons, bas rouges, pantouffles et longue barbe; le docteur, la vieille robe de l'université de Bologne, avec un masque singulier imaginé d'après une tache de vin, qui déformait le visage d'un jurisconsulte de ce temps-là. C'était sur ces données invariables, que des espèces d'improvisateurs bâtissaient des actes et des scènes, retraçant avec uniformité des pères dupes, des fils libertins, des filles amoureuses, des valets fripons ; imitation dégénérée des antiques comédies de Plaute et de Térence.

Goldoni, né à Venise en 1707, d'un père qui dissipa dans les plaisirs une assez grande fortune, se sentit dès son enfance attiré vers le théâtre par une de ces vocations marquées qu'il est impossible de méconnaître ni de contrarier. Reçu avocat en 1732, il composa, au lieu de plaidoyers, des almanachs, des opéras, des comédies, des tragédies même ; car le talent est quelquefois longtemps à chercher sa route. Enfin, il se débarrasse des entraves importunes du barreau, s'attache à une troupe de comédiens, et, toujours menant avec lui sa mère qu'il nourrissait de son travail, il se fait poëte à leur suite. Toutefois la déconsidération qui semblait devoir s'attacher à ce genre de vie n'atteignit jamais Goldoni. Il en fut préservé non-seulement par l'éclat de son mérite, mais par la pureté de ses sentimens et l'élévation de son caractère.

Cette honnêteté de l'âme se fait sentir dans toutes ses compositions, et ce fut tout à la fois sous le rapport de la morale et de l'art qu'il corrigea la scène italienne. Durant trente ans qu'il travailla pour le théâtre, avec une facilité quelquefois regrettable, il produisit plus de cent ouvrages dramatiques dans lesquels il n'est presque point de caractères qu'il n'ait tracés, de ridicules qu'il n'ait peints, de leçons morales qu'il n'ait présentées. Si trop souvent la profondeur manque à ses conceptions et la verve à son dialogue, du moins est-il toujours ingénieux et vrai (1). Et quelle étonnante profusion de ressources ne lui fallait-il pas dans l'esprit pour parcourir ainsi sans chemins frayés une carrière immense et éclatante, et pour créer, tout à lui seul, spectacle, comédiens et spectateurs ? Le théâtre comique des autres nations se compose d'une multitude de gloires rassemblées; celui de l'Italie est presque renfermé dans le seul nom de Goldoni.

Cependant cet homme, dont la renommée honorait sa patrie et dont le talent en faisait les délices, ne put pas y trouver dans sa vieillesse une existence indépendante. Ce fut la France qui la lui donna; la France, qui ne possédait alors aucun poëte comique vivant, digne de lui être comparé. Il vint composer en français à Paris le *Bourru bienfaisant*, l'une de nos excellentes pièces d'intrigue et de caractère; et par cette étonnante production d'une plante vieille et exotique, prouver quels fruits merveilleux l'arbre eût portés dans sa jeunesse, sous un ciel entièrement favorable à son heureuse fécondité.

Forcé de me resserrer dans le choix des richesses empruntées de cet auteur, je me suis décidé pour les quatre ouvrages qui m'ont paru les plus propres à donner une idée de la prodigieuse variété de ses talens. Le *Molière* est une pièce à la fois anecdotique et de caractère; le

---

(1) On peut dire même qu'il a trop de vérité, et que la sienne n'est pas toujours celle de l'art. Par exemple, dans le *Menteur*, il a besoin de faire sortir une suivante, et il lui fait dire qu'elle va repasser, tandis que ses fers sont chauds. Un motif si trivial, absolument étranger à l'action dramatique, serait sifflé en France avec raison.

Térence peint la comédie antique ; le *Menteur* et l'*Auberge de la poste* sont deux intrigues fort bien tissues, l'une avec masques, l'autre sans masques. Je donnerai quelques détails sur chacune de ces comédies, dans les notices particulières qui leur sont consacrées.

AIGNAN.

LE MENTEUR,

COMÉDIE.

NOTICE

SUR

LE MENTEUR.

Voici le jugement que Voltaire porte du *Menteur* de Goldoni, à l'occasion de celui de Corneille. « Corneille, dit-il, en imitant cette comédie de l'espagnol de Lope de Vega, a, comme à son ordinaire, eu la gloire d'embellir son original. Il a été imité à son tour par le célèbre Goldoni. Au printemps de l'année 1750, cet auteur, si naturel et si fécond, a donné à Mantoue une comédie intitulée le *Menteur*. Il avoue qu'il a imité les scènes les plus frappantes de la pièce de Corneille; il a même quelquefois beaucoup ajouté à son original. Il y a dans Goldoni deux choses fort plaisantes; la première, c'est un rival du menteur qui redit bonnement pour des vérités toutes les fables que le menteur lui a débitées, et qui est pris pour un menteur lui-même, à qui on dit mille injures ; la seconde, est le valet qui veut imiter son maître, et qui s'engage dans des mensonges ridicules dont il ne peut se tirer. Il est vrai, ajoute Voltaire, que le caractère du menteur de Goldoni est bien moins noble que celui de Corneille. La pièce française est plus sage, le style en est plus vif, plus intéressant : la prose italienne n'approche point des vers de l'auteur de *Cinna*. »

Goldoni n'a emprunté de Corneille que l'idée et les situations principales de la pièce. La marche de la sienne est toute différente ; et indépendamment des créations remarquées par Voltaire, la scène du sonnet, et celle de la lettre interceptée, sont deux agréables inventions qui lui appartiennent. L'intrigue est plus variée, les scènes mieux enchaînées que dans Corneille ; mais quelle différence de verve ! Dans l'ouvrage français, tous les personnages sont vivans et animés, leur dialogue est rapide et pittoresque ; ils se meuvent avec promptitude et énergie : dans l'imitation italienne, ils parlent et agissent mollement, ou bien ils grimacent ; on voit les efforts du poëte pour les dresser sur leurs pieds.

Un autre rapport sous lequel le *Menteur* de Goldoni est fort inférieur à celui du père de notre théâtre, me semble tenir précisément à la cause pour laquelle Voltaire lui attribue la supériorité. « Chez Goldoni, dit Voltaire, le menteur est puni et il doit l'être : il en a fait un malhonnête homme, odieux et méprisable. Le menteur, dans le poëte espagnol et dans la copie faite par Corneille, n'est qu'un étourdi. » Que le menteur soit puni, rien de mieux ; mais n'est-ce pas dépasser le but que de le peindre sous des couleurs aussi dégoûtantes que l'a fait Goldoni ? Le mensonge a, par lui-même, quelque chose d'assez bas et d'assez humiliant pour que son effet moral soit plus grand, et surtout plus agréable au théâtre, si vous le montrez dépréciant un noble et aimable caractère, que si vous le faites voir traînant dans la boue un misérable.

Au fond, cette critique porte moins sur le poëte italien que sur les mœurs qu'il a eu à décrire, et sur les spectateurs au goût desquels il lui a fallu s'accommoder. Il a grand soin de dire, dans sa préface, qu'il a dû se mettre en rapport avec son public, comme Corneille s'était mis en rapport avec le sien. De même que les Français n'auraient pas souffert sur la scène un menteur continuellement avili, de même des Vénitiens du dix-huitième siècle avaient peut-être besoin, pour l'effet théâtral, de couleurs vives et de traits fortement prononcés. Cette république était arrivée à l'état de dégradation politique qu'a si bien observé son habile historien, M. Daru, et les mœurs en avaient éprouvé une fâcheuse atteinte ; car ce n'est jamais impunément pour le caractère privé des citoyens que les états se rapetissent. Aussi tous les personnages, même honnêtes, de la pièce ont-ils peu d'élévation dans les habitudes et dans les manières : on sent quelque chose en eux de servile et d'étroit; il semble qu'on respire une mauvaise atmosphère sociale. Les discours sont à l'unisson des sentimens ; ils manquent de noblesse et de nerf : la pièce perd beaucoup à ne pas être écrite en vers. L'artifice de la versification eût resserré le dialogue et amené quelques-unes de ces descriptions brillantes qui font le charme de Corneille. Cela est d'autant plus à regretter, que l'ouvrage de Goldoni est fort remarquable de conduite et d'invention. Plusieurs traits heureux y ont été saisis habilement pour notre théâtre. Pour n'en citer qu'un seul, cette ingénieuse combinaison des cadeaux anonymes de l'amant timide, dont il est fait honneur à l'amant heureux, a fait la fortune du *Café du printemps*, jolie petite comédie de M. Picard. *Giffard* est une agréable copie de *Florinde*.

LE MENTEUR.

PERSONNAGES.

LE DOCTEUR BALANZONI, de Bologne, médecin à Venise.
BÉATRIX,
ROSAURE, } ses filles.
COLOMBINE, leur suivante.
OCTAVIO, gentilhomme de Padoue, amant de Béatrix.
FLORINDE, bourgeois de Bologne, étudiant en médecine, et demeurant chez le docteur, amant timide de Rosaure.
BRIGHELLA, son valet.
PANTALON, marchand de Venise.
LÉLIO, son fils, le menteur.
ARLEQUIN, valet de Lélio.
UN VOITURIER NAPOLITAIN.
UN GARÇON DE BOUTIQUE.
UN FACTEUR DE LA POSTE.
UNE CANTATRICE.
MUSICIENS.
BATELIERS de péotte.
BATELIERS de gondole.

La scène est à Venise.

LE MENTEUR.

ACTE PREMIER.

SCÈNE PREMIÈRE.

Clair de lune ; une rue donnant sur le canal. D'un côté la maison du docteur, avec un balcon ; de l'autre une auberge portant l'enseigne de l'Aigle. Au lever du rideau, on voit une péotte illuminée, disposée pour une sérénade, et dans laquelle sont une cantatrice et des musiciens ; ceux-ci exécutent une symphonie.

FLORINDE et BRIGHELLA sur le devant de la scène ; ROSAURE et BÉATRIX paraissant sur le balcon.

FLORINDE.

Regarde, regarde, Brighella. Voici ma chère Rosaure sur le balcon avec sa sœur Béatrix ; elles sont venues entendre la sérénade. Il est temps que je fasse chanter la *barcarolle* que j'ai composée pour déclarer à Rosaure mon amour.

BRIGHELLA.

Je n'ai jamais vu d'amour plus singulier que le vôtre. Vous aimez tendrement la signora Rosaure ; élève du docteur son père, fameux médecin de Ve-

Théâtre de Goldoni.

nise, vous pouvez, quand il vous plaît, la voir et lui parler, et vous prenez pour truchemens une sérénade et une chanson! Eh! c'est perdre le temps. Parlez, expliquez-vous; et si l'on vous aime, envoyez promener les sérénades et employez mieux votre argent.

FLORINDE.

Cher Brighella, je te l'ai déjà dit, je n'ose. J'aime Rosaure, et je mourrais de honte s'il me fallait lui dire face à face un seul mot de tendresse.

BRIGHELLA.

Et vous croyez faire ainsi vos affaires?

FLORINDE.

Cours à la péotte [1], et fais chanter ma barcarolle.

BRIGHELLA.

Monsieur, vous savez que j'ai servi à Bologne monsieur votre père, que je vous ai vu naître, et que je vous suis attaché. Quoique je sois au service d'un autre, c'est toujours vous que mon cœur reconnaît pour maître; et tous les momens que je puis dérober...

FLORINDE.

Brighella, si tu me veux du bien, fais vite ce que je te dis.

BRIGHELLA.

Oui, monsieur.

FLORINDE.

Je vais me retirer derrière cette maison.

BRIGHELLA.

Pourquoi vous retirer?

ACTE I, SCÈNE I.

FLORINDE.

Pour n'être vu de personne.

BRIGHELLA, s'approchant de la péotte.

Oh! quelle passion extravagante! quel jeune homme du vieux temps! On n'en fait plus aujourd'hui de pareils.

FLORINDE.

Chère Rosaure, tu es ma vie, ma seule espérance. Oh! si tu savais combien je t'aime!

(Il se retire. La cantatrice chante, accompagnée par les musiciens.)

Idole de mon cœur
Je brûle pour tes charmes;
Le silence et les larmes
Nourrissent mon ardeur.
Mais lorsque je m'apprête
A te la révéler,
Je ne sais quoi m'arrête,
Et je n'ose parler.

Quand je suis loin de toi,
Je dis avec courage :
Portons-lui pour hommage
Ma tendresse et ma foi;
Mais lorsque je m'apprête
A te les révéler,
Je ne sais quoi m'arrête,
Et je n'ose parler.

Sur un fidèle amant
Si tu baissais la vue,
Que tu serais émue
De son secret tourment!
Mais lorsque je m'apprête
A te le révéler,

Je ne sais quoi m'arrête,
Et je n'ose parler.

Il faut que mon amour
S'anime et s'enhardisse ;
Le doute est un supplice
Qui doit finir... un jour.
C'en est fait, je m'apprête
A lui tout révéler...
Ciel ! ma langue s'arrête
Et ne peut plus parler.

(Pendant qu'on chante, Lélio et Arlequin sortent de l'auberge et écoutent la sérénade. La chanson finie, on voit la péotte s'éloigner.)

BRIGHELLA, bas à Florinde.

Êtes-vous content ?

FLORINDE.

Très-content.

BRIGHELLA.

L'exécution...

FLORINDE.

Parfaite.

BRIGHELLA.

Mais la siora [2] Rosaure ne sait pas que la sérénade vient de vous.

FLORINDE.

N'importe ; il me suffit qu'elle l'ait reçue.

BRIGHELLA.

Rentrez, faites-vous voir ; laissez du moins à entendre que vous êtes l'auteur de cette galanterie.

FLORINDE.

Le ciel m'en préserve ! Au contraire, pour prévenir tout soupçon, je vais faire un tour de ce côté et rentrer par l'autre porte. Viens avec moi.

BRIGHELLA.

Je fais tout ce que vous voulez.

FLORINDE.

Aimer sans le dire, voilà le véritable amour!

(Ils sortent.)

SCÈNE II.

LÉLIO et ARLEQUIN dans la rue; ROSAURE et BÉATRIX toujours sur le balcon.

LÉLIO.

Qu'en dis-tu, Arlequin? Eh! c'est un beau pays que cette Venise; on s'y amuse en toute saison. Maintenant que les chaleurs ne permettent de respirer que la nuit, vois quelles belles sérénades on y entend.

ARLEQUIN.

Je ne fais aucun cas de la sérénade.

LÉLIO.

Et pourquoi?

ARLEQUIN.

Je n'aime que les sérénades où l'on mange.

LÉLIO.

Regarde, Arlequin, regarde ces deux dames sur ce balcon. Je les ai déjà vues de la fenêtre de ma chambre; et, malgré l'obscurité du soir, elles m'ont paru belles.

ARLEQUIN.

Toutes les femmes sont belles à vos yeux jusqu'à

un certain point. La siora Cléonice, à Rome, vous paraissait belle aussi, et pourtant vous l'avez quittée.

LÉLIO.

Je suppose que ces beautés qui se tiennent là sur ce balcon ne sont pas des plus farouches. Il faut que je tente l'aventure.

ARLEQUIN.

Et, à tous les quatre mots que vous leur direz, il y aura un mensonge.

LÉLIO.

Impertinent !

ARLEQUIN.

Vous feriez mieux d'aller chez votre père, M. Pantalon.

LÉLIO.

Il est à la campagne. Quand il viendra à Venise, je retournerai près de lui.

ARLEQUIN.

Et en attendant vous logez à l'auberge.

LÉLIO.

J'y suis plus libre ; nous sommes dans un temps de foire, de réjouissance. Il y avait vingt ans que je n'avais revu ma chère patrie. Vois comme, au clair de lune, ces deux dames paraissent brillantes. Avant de me hasarder à leur parler, je voudrais savoir qui elles sont. Fais une chose, Arlequin ; entre à l'auberge, et demande à l'un des garçons quelle est leur famille, si elles sont belles, et comment elles se nomment.

ACTE I, SCÈNE II.

ARLEQUIN.

A se procurer tous ces détails, il y en a pour un mois.

LÉLIO.

Va, dépêche-toi ; je t'attends ici.

ARLEQUIN.

Mais vous me démandez là des informations sur les gens...

LÉLIO.

Ne me mets pas en colère, ou je te bâtonne.

ARLEQUIN.

Calmez-vous, j'obéis.

(Il entre dans l'auberge.)

LÉLIO.

Voyons s'il m'arrivera ce soir encore une heureuse aventure.

ROSAURE.

En effet, ma sœur, la sérénade ne pouvait pas être plus magnifique.

BÉATRIX.

Je ne vois personne aux environs à qui elle puisse s'adresser, si ce n'est à nous.

ROSAURE.

Au moins si l'on savait à laquelle de nous deux, et par qui elle a été donnée.

BÉATRIX.

Quelque soupirant inconnu qui brûle pour votre beauté.

ROSAURE.

Ou plutôt quelque secret admirateur de vos charmes.

BEATRIX.

Je ne sais à qui attribuer cet hommage. Le seigneur Octavio paraît amoureux de moi ; mais s'il eût ordonné la sérénade, il se serait fait voir.

ROSAURE.

Je n'en saurais deviner l'auteur. Ce ne peut être Florinde. Plusieurs fois j'ai cherché à lui adresser quelque douce parole, et je l'ai toujours trouvé sauvage.

BÉATRIX.

Voyez-vous cet homme qui se promène ?

ROSAURE.

Oui, et au clair de lune il paraît bien mis.

LÉLIO, à lui-même, en se promenant.

Arlequin ne revient pas ; je ne sais quelles personnes ce peut être, ni comment me conduire avec elles. N'importe, je m'en tiendrai à des politesses générales.

ROSAURE.

Rentrons.

BÉATRIX.

Quelle folie ! De quoi avez-vous peur ?

LÉLIO, s'approchant du balcon.

Que le ciel est serein ! que la nuit est paisible et éclatante ! Mais faut-il s'en étonner ? je la vois éclairée de deux brillantes étoiles.

ROSAURE, à Béatrix.

Il parle de nous.

BÉATRIX, à Rosaure.

Cela devient amusant : écoutons.

LÉLIO.

Il n'y a pas à craindre que les humides rayons de la lune ne nous fassent mal, car l'air est échauffé par deux soleils ardens.

BÉATRIX, à Rosaure.

C'est quelque fou, ou quelque amoureux qui nous arrive.

ROSAURE, à Béatrix.

Il semble un jeune homme très-bien fait, et s'exprime assez bien.

LÉLIO.

Si je ne craignais de passer pour téméraire, je prendrais la liberté de souhaiter le bonsoir à ces dames.

ROSAURE.

Vous nous faites honneur.

LÉLIO.

Vous respirez le frais, mesdames? Vraiment, la saison le demande.

BÉATRIX.

C'est un petit moment de liberté dont nous jouissons en l'absence de notre père.

LÉLIO.

Ah! monsieur votre père n'est pas à Venise?

BÉATRIX.

Non, monsieur.

ROSAURE.

Le connaissez-vous?

LÉLIO.

C'est mon intime ami. Puis-je vous demander où il est allé?

ROSAURE.

A Padoue, voir un malade.

LÉLIO, à part.

Ce sont les filles d'un médecin. (*Haut.*) Assurément c'est un grand homme que le docteur; c'est l'honneur de notre siècle.

ROSAURE.

Ah! monsieur... Mais, de grâce, peut-on savoir qui vous êtes, vous qui nous connaissez si bien, sans que nous vous connaissions?

LÉLIO.

Je suis un adorateur de votre mérite.

ROSAURE.

Du mien?

LÉLIO.

De celui d'une de vous deux, mesdames.

BÉATRIX.

Faites-nous l'honneur de nous dire à laquelle des deux votre compliment s'adresse.

LÉLIO.

Permettez-moi de garder encore mon secret; je m'expliquerai quand il en sera temps.

ROSAURE, à Béatrix.

C'est un homme qui veut épouser l'une de nous.

BÉATRIX, à Rosaure.

Le ciel sait à laquelle arrivera cette bonne fortune.

SCÈNE III.

ARLEQUIN sortant de l'auberge, les précédens.

ARLEQUIN, cherchant Lélio.

Où est-il ?

LÉLIO, bas à Arlequin, en le rencontrant.

Eh bien, sais-tu leur nom ?

ARLEQUIN.

Je sais tout ; le garçon m'a tout dit.

LÉLIO.

Dépêche-toi.

ARLEQUIN.

Ce sont les filles d'un certain....

LÉLIO.

Ce n'est pas là ce que je veux savoir. Dis-moi leur nom.

ARLEQUIN.

Un moment. Leur père est médecin.

LÉLIO.

Je le sais ; mais leur nom, maudit bavard ?

ARLEQUIN.

L'une s'appelle Rosaure, et l'autre Béatrix.

LÉLIO.

C'est bon. (*Retournant auprès du balcon.*) Pardonnez, j'avais une commission à donner à mon valet.

ROSAURE.

Mais êtes-vous de Venise, ou étranger?

LÉLIO.

Je suis gentilhomme napolitain.

ARLEQUIN, à part.

Gentilhomme, et Napolitain! Deux mensonges d'un seul coup.

ROSAURE.

Comment se fait-il que vous nous connaissiez?

LÉLIO.

Il y a environ un an que j'habite cette ville *incognito*.

ARLEQUIN, à part.

Nous sommes arrivés hier soir.

LÉLIO.

Le premier objet qui frappa mes yeux fut la beauté de la signora Rosaure, et celle de la signora Béatrix; j'hésitai quelque temps à laquelle des deux j'offrirais mon cœur, dont l'une et l'autre me semblaient également dignes; à la fin, je me décidai...

ROSAURE.

Pour laquelle?

LÉLIO.

C'est ce que je ne puis dire encore.

ACTE I, SCÈNE III.

ARLEQUIN, à part.

Il les guette, et veut les croquer toutes deux.

BÉATRIX.

Mais qui vous empêche de vous expliquer?

LÉLIO.

La crainte de trouver prise celle que j'aime.

ROSAURE.

Je n'ai point d'amant, je vous assure.

BÉATRIX.

Ni moi non plus.

ARLEQUIN, bas à Lélio.

Deux places vacantes; quel bonheur pour vous!

LÉLIO.

Cependant on fait des sérénades sous vos fenêtres.

ROSAURE.

Je vous jure sur mon honneur que nous ne savons pas de qui elles viennent.

BÉATRIX.

Je veux mourir si j'en connais l'auteur.

LÉLIO.

Je crois bien que vous ne le connaissez pas. Mais auriez-vous la curiosité de le connaître?

ROSAURE.

J'en meurs d'envie.

BÉATRIX.

Nous sommes femmes, c'est tout dire.

LÉLIO.

Il faut donc vous tirer de peine. Sachez que cette sérénade est pour ma belle un petit témoignage de ma tendresse.

ARLEQUIN, à part.

Oh! le fourbe! quelle grosse bourde il leur fait avaler!

ROSAURE.

Et vous ne voulez pas dire pour qui?

LÉLIO.

Non, certainement. Avez-vous entendu cette barcarolle que j'ai fait chanter? ne parlait-elle pas d'un amant discret et timide? C'est là précisément mon caractère.

ROSAURE.

Si donc aucune de nous ne vous remercie, ne vous en prenez qu'à vous-même, qui ne voulez pas dire à qui s'adressent vos faveurs.

LÉLIO.

Une faible marque d'estime ne mérite point de remercîmens. Si j'avais l'honneur de rendre à celle que j'aime des soins déclarés, je frapperais d'étonnement Venise par le bon goût de mes fêtes.

ARLEQUIN à part.

C'est-à-dire que si son père ne se hâte d'arriver, nous allons mettre nos habits en gage.

ROSAURE, à Béatrix.

Ma sœur, c'est un cavalier fort riche.

ACTE I, SCÈNE III.

BÉATRIX.

Il ne sera pas pour moi ; je n'aurai pas ce bonheur-là.

ROSAURE.

Seigneur, dites-nous au moins votre nom.

LÉLIO.

Volontiers. Don Asdrubal de' marchesi di Castel d'Oro.

ARLEQUIN, à part.

Il ne manque de noms ni de surnoms.

BÉATRIX, à Rosaure.

Il est temps de nous retirer. Ne passons pas pour des coquettes.

ROSAURE, à Béatrix.

Vous avez raison ; soyons prudentes. (*Haut.*) Seigneur marquis, avec votre permission, le serein commence à nous faire mal à la tête.

LÉLIO.

Et vous voulez déjà rentrer?

BÉATRIX.

Une vieille femme de chambre nous presse d'aller prendre du repos.

LÉLIO.

Encore un moment ; c'est me priver d'un grand plaisir.

ROSAURE.

Ce sera pour un autre soir.

LÉLIO.

Demain, si vous le permettez, j'irai vous présenter chez vous mes hommages.

ARLEQUIN, à part.

Chez elles! rien que cela?

ROSAURE.

Doucement, monsieur l'amant timide, on n'entre pas chez nous avec cette facilité.

BÉATRIX.

Attendez que nous vous le permettions.

ROSAURE.

Et si vous vous déclarez, les faveurs ne se borneront pas là.

LÉLIO.

Au retour du docteur, nous en parlerons. En attendant...

ROSAURE, rentrant.

Seigneur marquis, je vous salue.

BÉATRIX, rentrant.

Seigneur Asdrubal, je suis votre servante.

SCÈNE IV.

LÉLIO, ARLEQUIN.

ARLEQUIN, en riant.

Seigneur napolitain, je vous baise les mains.

LÉLIO.

Qu'en dis-tu? Me suis-je bien conduit?

ARLEQUIN.

Je ne sais comment diable vous faites pour imaginer tant de sornettes, et débiter tant de mensonges sans jamais vous troubler.

LÉLIO.

Ignorant! ce ne sont point là des mensonges; ce sont des inventions ingénieuses, enfantées par la fertilité de mon esprit vif et brillant. A qui veut se produire avec avantage, l'assurance est nécessaire, et les bonnes occasions ne sont pas à négliger.

(Il sort.)

SCÈNE V.

ARLEQUIN, et ensuite COLOMBINE sur le balcon.

ARLEQUIN.

Je ne vois l'heure que son père revienne à Venise, pour empêcher cet extravagant de se perdre.

COLOMBINE.

A présent que mes maîtresses vont se coucher, je puis prendre un peu l'air à mon tour.

ARLEQUIN.

Une autre femme sur le balcon! Il ne me paraît pas que ce soit aucune des deux que j'y ai vues.

COLOMBINE.

Voilà un homme qui se promène et me regarde. Il serait bien temps que moi, pauvrette, je trouvasse aussi ma fortune.

ARLEQUIN.

Essayons si je ne pourrais pas avoir des aventures à la façon de mon maître.

COLOMBINE.

En vérité, le voilà qui m'aborde.

ARLEQUIN.

Salut à ce beau minois qui brille au milieu de la nuit, et qui sans être vu rend amoureux.

COLOMBINE.

Seigneur, qui êtes-vous?

ARLEQUIN.

Don Piccaro de Catalogne.

COLOMBINE, à part

C'est un titre de gentilhomme que le don.

ARLEQUIN

Vous voyez un homme qui meurt, se pâme et devient fou pour vos beaux yeux.

COLOMBINE.

Mais je ne vous connais pas.

ARLEQUIN.

Je suis un amant timide et pudibond.

COLOMBINE.

Vous pouvez me parler en toute liberté, car je ne suis qu'une pauvre suivante.

ARLEQUIN, à part.

Une suivante! c'est justement mon affaire. (*Haut.*) Dites-moi, gentille soubrette, avez-vous entendu chanter cette canzonetta?

COLOMBINE.

Oui, seigneur, je l'ai entendue.

ARLEQUIN.
Savez-vous qui l'a chantée?

COLOMBINE.
Ce n'est pas moi, assurément.

ARLEQUIN.
C'est moi.

COLOMBINE.
On eût dit une voix de femme.

ARLEQUIN.
J'ai le talent de prendre, en chantant, toutes les voix. Je monte deux octaves au-dessus du tambour de basque.

COLOMBINE.
C'était vraiment une très-jolie chanson d'amour.

ARLEQUIN.
Vous voyez l'auteur.

COLOMBINE.
Comment! poëte aussi?

ARLEQUIN.
J'ai sucé le lait d'une muse [3].

COLOMBINE.
Mais pour qui vous êtes-vous donné toutes ces peines?

ARLEQUIN.
Pour vous, ma chère, pour vous.

COLOMBINE.
Si je croyais que vous dissiez vrai, j'aurais sujet de devenir fière.

ARLEQUIN.

N'en doutez pas, je vous le jure.... par tous mes titres de noblesse.

COLOMBINE.

Je vous rends grâces de tout mon cœur.

ARLEQUIN.

Ma belle, que ne ferais-je pas pour vos yeux d'escarboucle?

COLOMBINE, parlant à la cantonnade.

J'y vais, j'y vais. Seigneur, ce sont mes maîtres qui m'appellent.

ARLEQUIN.

Ah! ne me privez pas des ténèbres rubicondes de votre beauté.

COLOMBINE.

Je ne puis m'arrêter davantage.

ARLEQUIN.

Nous nous reverrons.

COLOMBINE.

Oui, nous nous reverrons. Seigneur don Piccaro, je vous salue.

(Elle rentre.)

ARLEQUIN.

Merci de moi, cela ne va pas mal. Le proverbe a raison de dire qu'on apprend à hurler avec les loups. Je ferais tort à mon maître si je quittais son service sans être expert en fait de menteries.

(Il rentre dans l'auberge.)

SCÈNE VI.

Le jour paraît.

FLORINDE, BRIGHELLA.

BRIGHELLA.

Fort bien, toute la nuit en sérénades, et sorti de grand matin. L'amour, à ce que je vois, ôte le sommeil.

FLORINDE.

Je n'ai pu dormir d'aise du succès de ma petite fête.

BRIGHELLA.

Beau sujet de joie, en vérité! Avoir dépensé sa nuit et son argent sans profit auprès de sa maîtresse.

FLORINDE.

Rosaure a entendu ma musique, cela me suffit; je ne souhaite rien de plus.

BRIGHELLA.

Vous vous contentez à bon marché.

FLORINDE.

Écoute, Brighella. J'ai entendu dire l'autre jour à ma chère Rosaure qu'elle désirait d'avoir une garniture de blonde. Je veux profiter de la foire pour lui faire ce petit cadeau.

BRIGHELLA.

A merveille, et ce sera une occasion pour entamer le chapitre de votre amour.

FLORINDE.

Oh ! je ne veux pas lui faire ce présent moi-même. Cher Brighella, écoute bien ; et, si tu veux m'obliger, fais ce que je vais te dire. Prends cette bourse où il y a dix sequins ; va aux boutiques, et achète-moi vingt aunes de la plus belle blonde qu'on puisse avoir à un demi-philippe l'aune. Ordonne au marchand de la porter à Rosaure, mais avec défense expresse de dire de quelle part.

BRIGHELLA.

Dix sequins jetés dans la mer.

FLORINDE.

Pourquoi ?

BRIGHELLA.

Parce que la siora Rosaure, ne sachant pas de qui vient le cadeau, ne vous en aura point d'obligation.

FLORINDE.

N'importe ; avec le temps elle le saura. Maintenant, je veux me donner ce mérite sans me découvrir.

BRIGHELLA.

Mais comment avez-vous fait pour réunir ces dix sequins ?

FLORINDE.

C'est le produit de mes mois que mon père m'envoie de Bologne, et de quelques visites que je fais à la place du docteur.

BRIGHELLA.

Ainsi vous rassemblez tout pour tout perdre.

FLORINDE.

Va, Brighella, va sur-le-champ me faire ce plaisir. C'est aujourd'hui le premier jour de la foire ; je voudrais qu'elle eût sa garniture avant l'heure du dîner.

BRIGHELLA

Je ne sais que dire ; je vous obéis à contre-cœur ; mais vous le voulez...

FLORINDE.

Aie soin que la blonde soit belle.

BRIGHELLA.

Fiez-vous à moi.

FLORINDE.

Je t'aurai une éternelle obligation.

BRIGHELLA, en s'en allant.

Avec ces dix sequins, un homme d'esprit achèterait la moitié du monde.

SCÈNE VII.

FLORINDE, puis OCTAVIO.

FLORINDE.

Voilà ce balcon chéri où se fait voir mon unique bien. Si elle paraissait maintenant, il me semble que je m'enhardirais à lui dire quelques mots. Je lui dirais, par exemple... (*Octavio arrive du côté opposé au balcon, et s'arrête en observant Florinde.*) Oui, je lui dirais : Madame, je vous aime tendrement ; je ne puis exister sans vous. Vous êtes ma vie ; ah ! prenez pitié de moi. (*Il se tourne et voit Octavio.*) Ciel ! je ne voudrais pas qu'il m'eût vu. (*Haut.*) Mon ami, que dites-vous de la belle architecture de ce balcon ?

OCTAVIO

Magnifique. Mais, de grâce, êtes-vous architecte ou peintre ?

FLORINDE.

Que voulez-vous dire ?

OCTAVIO.

Je vous demande si vous êtes ici pour dessiner le balcon, ou les charmantes figures des maîtresses du logis.

FLORINDE.

Je ne sais ce que cela signifie.

OCTAVIO.

Quoiqu'il vous fût plus commode de les peindre dans la maison.

FLORINDE.

Je ne m'occupe que de mon état. Je suis médecin, et non peintre.

OCTAVIO.

Cher ami, avez-vous entendu la sérénade qu'on a donnée sur ce canal la nuit dernière ?

FLORINDE.

Je me couche de bonne heure, et n'entends point les sérénades.

OCTAVIO.

Cependant on vous a vu passer ici pendant qu'on chantait dans la péotte.

ACTE I, SCÈNE VII.

FLORINDE.

Pur effet du hasard. Je ne sais rien ; je n'ai point de maîtresse.

OCTAVIO, à part.

On dirait qu'il se trouble. Je me persuade de plus en plus que la fête venait de lui.

FLORINDE.

Salut, seigneur Octavio

OCTAVIO.

Un moment. Vous savez que nous sommes amis. Ne me cachez point la vérité. J'aime la signora Béatrix, et je ne fais pas difficulté de vous l'avouer. Si vous aimez sa sœur, je serai peut-être à portée de vous servir ; ou si nous sommes rivaux, et qu'on vous préfére, je serai prompt à me retirer.

FLORINDE.

Je vous répète que je fais la médecine et la chirurgie, et non l'amour ; je n'ai point de temps à donner aux femmes.

OCTAVIO.

Je ne vous crois pas. Plus d'une fois je vous ai entendu soupirer ; on ne soupire pas pour la médecine.

FLORINDE.

Ma foi, si vous ne voulez pas me croire, peu m'importe. Je vous dis encore que je n'aime aucune femme ; et si vous m'avez surpris considérant cette fenêtre, ce n'était que la beauté du dessin qui attirait mes regards.

(Il contemple la fenêtre et sort.)

SCÈNE VIII.

OCTAVIO, et ensuite LÉLIO.

OCTAVIO.

Assurément il est amoureux, et, comme il ne veut pas se confier à moi, je crains qu'il ne soit épris de Béatrix. Si j'avais passé la nuit dernière à mon auberge, au lieu de la passer misérablement au jeu, j'aurais vu Florinde, et j'aurais éclairci tous mes doutes; mais j'aurai les yeux ouverts, et je saurai découvrir la vérité.

LÉLIO, sortant de l'auberge.

Que vois-je? cher Octavio!

OCTAVIO.

Mon bon ami Lélio, c'est vous!

LÉLIO.

Vous ici?

OCTAVIO.

Vous de retour dans votre pays?

LÉLIO.

Oui; je suis arrivé d'hier soir.

OCTAVIO.

Comment avez-vous fait pour quitter Naples où vous étiez blessé de mille traits amoureux?

LÉLIO.

Vraiment, je ne m'en suis éloigné qu'avec regret, en songeant à toutes les pauvres victimes que j'y ai laissées. Mais, à peine arrivé à Venise, les jolies aventures qui se sont offertes à moi m'ont fait oublier toutes les beautés napolitaines.

OCTAVIO.

Je m'en réjouis pour vous. Toujours heureux en amour !

LÉLIO.

La Fortune sait quelquefois être juste, et l'Amour n'est pas toujours aveugle.

OCTAVIO.

On sait cela ; c'est à votre mérite que vous devez tant de conquêtes étrangères.

LÉLIO.

Dites-moi ; connaissez-vous bien cette ville ?

OCTAVIO.

Un peu. Il y a un an que je l'habite.

LÉLIO

Connaissez-vous les deux sœurs qui demeurent dans cette maison ?

OCTAVIO, à part.

Voyons où il veut venir. (*Haut.*) Je ne les connais pas.

LÉLIO.

Mon ami, ce sont deux belles personnes : l'une s'appelle Rosaure, et l'autre Béatrix. Elles sont filles d'un médecin, et toutes deux amoureuses de moi.

OCTAVIO.

Toutes deux ?

LÉLIO

Oui, toutes deux; cela vous paraît surprenant.

OCTAVIO.

Mais comment avez-vous fait pour les enflammer si vite?

LÉLIO.

A peine m'eurent-elles vu, qu'elles furent les premières à me faire la révérence, et à m'inviter à lier conversation avec elles.

OCTAVIO.

Serait-il bien possible?

LÉLIO.

Quelques mots de moi suffirent pour les enchanter, et toutes deux me déclarèrent leur amour.

OCTAVIO.

Toutes deux?

LÉLIO.

Toutes deux.

OCTAVIO, à part.

Je sèche de jalousie.

LÉLIO.

Elles voulaient que j'entrasse chez elles.

OCTAVIO, à part.

Je n'y tiens plus.

LÉLIO.

Mais, comme le soir approchait, il me vint dans la pensée de leur donner un magnifique divertissement, et je me retirai.

OCTAVIO.

Vous avez peut-être ordonné une sérénade ?

LÉLIO.

Précisément. Est-ce que vous le savez ?

OCTAVIO.

On me l'a dit. (*A part.*) Voilà mon rival découvert. Florinde ne me trompait pas.

LÉLIO.

Mais, avec la sérénade, n'ont point fini les plaisirs de la nuit.

OCTAVIO, avec dépit.

Bravo, seigneur Lélio. Qu'avez-vous fait de beau ?

LÉLIO.

Je descendis de la péotte, fis porter à terre par mes gens un souper somptueux, et obtins des deux aimables sœurs d'entrer dans leur maison, où la nuit s'acheva au milieu des plats et des bouteilles.

OCTAVIO.

Mon ami, je ne veux point faire tort à votre honnêteté ; mais, comme je suppose que vous avez l'intention de rire, je diffère de croire ce que vous m'avez conté.

LÉLIO.

Eh quoi ! ces choses vous paraissent-elles extraordinaires ? Pourquoi faites-vous difficulté de les croire ?

OCTAVIO.

Ce n'est pas chose si ordinaire que deux filles honnêtes et bien élevées, dont le père est à la campagne, ouvrent leur porte pendant la nuit à quelqu'un qui peut passer pour étranger, et permettent qu'on fasse bombance dans leur maison.

SCÈNE IX.

ARLEQUIN, les précédens.

LÉLIO.

Voici mon valet. Demandez-lui en détail si ce que je viens de vous dire est véritable.

OCTAVIO, à part.

Il serait bien étonnant qu'elles eussent fait une telle inconséquence.

LÉLIO.

Dis-moi un peu, Arlequin, à quoi ai-je passé la nuit dernière?

ARLEQUIN.

A prendre le frais.

LÉLIO.

N'ai-je pas parlé à deux dames sous ce balcon?

ARLEQUIN.

Oui, seigneur; il est vrai.

LÉLIO.

N'ai-je pas donné une sérénade?

ARLEQUIN.

Sans doute, avec la barcarolle.

LÉLIO.

Ensuite, n'y a-t-il pas eu le souper?

ARLEQUIN.

Le souper?...

LÉLIO lui fait un signe.

Oui, le grand souper, chez la signora Rosaure et la signora Béatrix?

ARLEQUIN.

Oui... oui, seigneur, chez la siora Rosaure et la siora Béatrix.

LÉLIO.

Ne fut-il pas magnifique?

ARLEQUIN.

Et comme nous y avons mangé!

LÉLIO.

Vous l'entendez : il confirme toutes les circonstances.

OCTAVIO.

Je ne sais que dire. Vous êtes un heureux mortel.

LÉLIO.

Sans me vanter, ce n'est pas la fortune qui joue le premier rôle dans mes conquêtes.

OCTAVIO.

Et à quoi donc les attribuez-vous?

LÉLIO.

Mais, modestie à part, à quelque peu de mérite.

OCTAVIO.

Soit : vous êtes un jeune homme de bon ton, de bonnes manières. A Naples, j'ai eu occasion d'admirer votre esprit; mais rendre amoureuses deux sœurs, et deux sœurs de cette sorte, je trouve cela un peu fort.

LÉLIO.

Eh! mon ami, vous en verrez de plus belles.

OCTAVIO.

Je baise les mains à votre fortune et à votre mérite. — Nous nous reverrons plus à loisir. Tout à l'heure, si vous le permettez, il faut que j'aille dans ma chambre prendre de l'argent pour payer les pertes de la nuit dernière.

LÉLIO.

Où logez-vous?

OCTAVIO.

Dans cette auberge.

LÉLIO, à part.

Oh! diable! (*Haut.*) J'y loge également, et je ne vous y ai vu ni hier, ni la nuit passée.

OCTAVIO.

J'ai dîné en ville, et joué le reste de la nuit.

LÉLIO.

Il y a si long-temps que vous demeurez là, et vous ne connaissez pas ces deux dames?

OCTAVIO.

Je les connais de vue, mais je n'ai point de liaison avec elles. (*A part.*) Je ne veux pas me découvrir.

LÉLIO.

Écoutez. S'il vous arrivait de leur parler, ne leur dites rien de ce dont je vous ai fait confidence. Ce sont de ces choses qui doivent rester secrètes. A tout autre qu'à mon ami de cœur, je n'en aurais pas ouvert la bouche.

OCTAVIO.

Au revoir, cher ami.

LÉLIO.

Serviteur.

OCTAVIO, *entrant dans l'auberge.*

Je n'aurais jamais cru que Rosaure et Béatrix eussent eu si peu de soin de leur réputation.

SCÈNE X.

LÉLIO, ARLEQUIN.

ARLEQUIN.

En vérité, monsieur, je ne pourrais en inventer autant sans m'embrouiller.

LÉLIO.

Sot que tu es, seconde-moi, et ne pense pas à autre chose.

ARLEQUIN.

Faisons une convention : quand vous voudrez débiter quelque menterie....

LÉLIO.

Butor! quelque invention ingénieuse.

ARLEQUIN.

Fort bien. Quand vous voudrez débiter quelque invention ingénieuse, faites-moi un signe, afin que

Théâtre de Goldoni.

je puisse vous appuyer : par exemple, un éternument.

LÉLIO.

Est-il donc si difficile de dire comme moi ?

ARLEQUIN.

Je me brouille, et ne sais quand il faut parler ou me taire.

SCÈNE XI.

ROSAURE et COLOMBINE masquées; les précédens.

LÉLIO.

Vois, Arlequin, ces deux masques qui sortent de cette maison.

ARLEQUIN.

Commencement de carnaval.

LÉLIO.

Dans cette ville, on se masque dès le matin du premier jour de la foire.

ARLEQUIN.

Quelles peuvent être ces femmes ?

LÉLIO.

Ce sont nécessairement les deux sœurs avec lesquelles j'ai causé cette nuit.

ARLEQUIN.

C'est un sot usage que celui de se couvrir le museau.

LÉLIO.

Mesdames, à quoi bon vous cacher le visage pour voiler votre beauté, lorsque les étincelles qui s'échappent de vos yeux suffisent pour vous faire reconnaître ?

ROSAURE, montrant Colombine.

Quoi! de ses yeux aussi ?

LÉLIO.

Je suis engagé présentement à ne point faire de distinction entre le mérite des deux sœurs.

ROSAURE.

Mais celle-ci est la suivante.

ARLEQUIN.

Alte-là, mon maître; voilà qui m'appartient.

LÉLIO.

Il n'est pas étonnant que des masques m'aient induit en erreur.

ROSAURE.

Et cependant les rayons qui partent des yeux de Colombine allument en vous les mêmes flammes que ceux qui s'échappent des miens.

LÉLIO.

Madame, à présent que je puis vous parler en liberté, je vous dirai que c'est vous qui attirez toutes mes admirations, qui occupez sans partage mon cœur; et si j'ai adressé les mêmes hommages à celle que j'ai crue votre sœur, ça été sans la regarder.

ROSAURE.

Ainsi vous me distinguez de ma sœur, quoique masquée?

LÉLIO.

Ah! je vous aimerais bien peu, si je ne savais pas vous reconnaître.

ROSAURE.

Et à quoi me reconnaissez-vous?

LÉLIO.

A la voix, à la forme, à cet air noble et majestueux; au feu de vos regards, et surtout au trouble de mon cœur qui ne peut me tromper.

ROSAURE.

Dites-moi, de grâce, qui je suis.

LÉLIO.

Mon idole.

ROSAURE.

Mais quel est mon nom?

LÉLIO, à part.

C'est ici le cas de deviner. (*Haut.*) Rosaure.

ROSAURE, se démasquant.

A merveille. Je vois à présent que vous me connaissez.

LÉLIO, à part.

Pour cette fois le hasard m'a fait dire vrai. (*Bas à Arlequin.*) Regarde, Arlequin, quel charmant visage.

ARLEQUIN, à part.

Je meurs d'envie de voir l'autre mine.

ROSAURE.

Puis-je vraiment compter sur votre amour?

LÉLIO.

Asdrubal ne sait pas mentir. Je vous aime, je vous adore; et, quand il m'est interdit de vous voir, je ne fais en moi-même que répéter votre nom et louer vos beautés. Demandez plutôt à Arlequin.

ARLEQUIN, à part.

Si je pouvais voir ce petit masque.

LÉLIO, éternuant.

Réponds; cela n'est-il pas vrai?

ARLEQUIN.

Rien n'est plus vrai, seigneur.

ROSAURE.

Pourquoi donc, si vous m'aimez tant, ne vous être pas encore fait connaître?

LÉLIO.

Voici pourquoi, ma chère Rosaure. Mon père voulait me marier à Naples avec une Sicilienne; et moi qui la détestais, je m'absentai pour ne pas être contraint à cet odieux hymen. J'écrivis à mon père, qu'épris de votre beauté, je vous désirais pour femme, et ce n'est que d'hier que j'ai reçu son consentement.

ROSAURE.

Il me paraît difficile que votre père vous permette d'épouser la fille d'un médecin.

LÉLIO, éternuant.

C'est cependant la vérité.

ARLEQUIN.

Oui, madame; j'ai lu la lettre.

ROSAURE.

Mais la dot que pourra vous donner mon père, ne répondra pas à l'éclat de votre maison.

LÉLIO.

La maison de Castel d'Oro n'a pas besoin de dot. Mon père est un brave économe. Il y a vingt ans qu'il accumule, pour mes noces, joyaux, or et argent. Vous serez une riche épouse.

ROSAURE.

Je demeure confondue de surprise; et toutes les grandeurs que vous me mettez devant les yeux me font craindre que vous ne vous amusiez à mes dépens.

LÉLIO.

Le ciel me préserve de dire un mensonge! Je ne suis pas capable d'altérer en la moindre chose la simple vérité. Depuis que j'ai l'usage de raison, je défie qui que ce soit d'avoir à me reprocher la plus légère fiction... (*Arlequin rit.*) Demandez plutôt à Arlequin.

(Il éternue.)

ARLEQUIN.

Oh! oui, madame; c'est la bouche de la vérité, que mon maître.

ROSAURE.

Quand pourrai-je espérer de voir quelque preuve de ce que vous me dites?

LÉLIO.

Sitôt le retour de votre père à Venise.

ROSAURE.

Je verrai si vous m'aimez vraiment d'un cœur loyal.

LÉLIO.

Vous ne trouverez pas d'homme plus sincère que moi.

SCÈNE XII.

UN GARÇON DE BOUTIQUE, avec un carton sous le bras; les précédens.

LE GARÇON, se disposant à frapper.

Il me semble que voici la maison du docteur.

ROSAURE.

Qui demandez-vous, jeune homme?

LE GARÇON.

Pardon, madame. N'est-ce pas là la maison de M. le docteur Balanzoni?

ROSAURE.

Précisément. Que voulez-vous?

LE GARÇON.

J'ai des marchandises à remettre à la signora Rosaure, sa fille.

ROSAURE.

C'est moi. Quelles marchandises? qui les envoie?

LE GARÇON.

Ce sont vingt aunes de blonde. Mon maître m'a dit de vous les apporter; mais ni lui ni moi ne connaissons la personne qui en a fait l'emplette.

ROSAURE.

En ce cas, emportez-les; je ne reçois point de présens d'inconnus.

LE GARÇON.

J'ai ordre absolument de les laisser. Si vous ne voulez pas les recevoir dans la rue, je vais frapper et les déposer chez vous.

ROSAURE.

Je vous dis que je ne veux pas les recevoir.

LE GARÇON.

La marchandise est payée et coûte dix sequins.

ROSAURE.

Mais de quelle part vient-elle?

LE GARÇON.

Foi d'homme d'honneur, je n'en sais rien.

ROSAURE.

Puisqu'il est ainsi, je n'en veux pas.

LÉLIO.

Signora, j'admire votre délicatesse. Prenez cette bagatelle sans scrupule; et puisque vous ne la refusez que parce que vous ignorez de qui elle vous vient, je suis forcé de vous dire que c'est une faible marque de mon estime.

LE GARÇON.

Voyez-vous; c'est ce monsieur qui est l'acheteur.

(Étonnement d'Arlequin.)

ROSAURE.

Vous voulez me faire ce cadeau?

ACTE I, SCÈNE XII.

LÉLIO.

Oui, ma chère signora; seulement j'aurais désiré de n'être pas connu, pour ne pas avoir la honte de vous offrir une chose aussi mesquine.

LE GARÇON.

Aussi mesquine? Sachez, madame, qu'on en trouverait difficilement d'aussi belle qualité.

LÉLIO.

Il est vrai que je n'ai pas le goût mauvais, et que je sais bien employer mon argent.

ARLEQUIN, à part.

O l'effronté !

ROSAURE

Je vous rends grâces de votre aimable attention. Croyez que cette parure va m'être bien chère. Précisément, j'en voulais acheter une, mais pas si belle. Prends cela, Colombine : demain je commencerai à la tailler.

(Colombine reçoit le carton.)

LE GARÇON, à Lélio.

Monsieur n'a pas à donner d'autres ordres?

LÉLIO.

Non. Laissez-nous.

LE GARÇON.

Monseigneur n'oubliera pas le garçon.

LÉLIO.

Nous nous reverrons.

ROSAURE, au garçon.

Attendez. Je vais...

LÉLIO.

Que faites-vous? Cela me regarde.

LE GARÇON.

Mille grâces : madame m'a satisfait.

LÉLIO.

Je vous dis que nous nous reverrons.

LE GARÇON, en s'en allant.

Oh! oui, nous nous reverrons; Dieu sait quand.

SCÈNE XIII.

LÉLIO, ROSAURE, ARLEQUIN.

ROSAURE.

Si vous le permettez, je rentre chez moi.

LÉLIO.

Ne voulez-vous pas que j'aie l'honneur de vous faire ma cour?

ROSAURE.

Pour le présent, non. Je suis sortie masquée seulement pour vous voir, vous parler, et apprendre de vous quel était l'heureux objet de votre prédilection. Maintenant, je rentre toute joyeuse.

LÉLIO.

Mon cœur vous suit.

ROSAURE.

Que dirai-je à ma sœur?

LÉLIO.

Je vous conseille de ne lui rien dire quant à présent de ce qui regarde nos intérêts.

ROSAURE.

Je me tairai, puisque c'est votre désir.

LÉLIO.

Chère petite épouse, aimez-moi de bon cœur.

ROSAURE.

Épouse? Ah! j'en doute encore.

LÉLIO.

Mes paroles valent un contrat.

ROSAURE, rentrant.

Le temps me le fera connaître.

COLOMBINE, regardant Arlequin.

Ce moricaud m'a bien la mine de celui qui m'a parlé cette nuit; mais ses habits n'annoncent pas un don Piccaro. Il faudra que je m'en éclaircisse tout doucement.

(Elle rentre dans la maison.)

SCÈNE XIV.

LÉLIO, ARLEQUIN, et ensuite COLOMBINE.

ARLEQUIN.

Maudit soit le masque. Elle s'est en allée sans que j'aie pu voir sa figure.

LÉLIO.

Que dis-tu de la beauté de Rosaure ? N'est-ce pas un chef-d'œuvre ?

ARLEQUIN.

Oui, c'est un chef-d'œuvre de beauté ; et vous, monsieur, un chef-d'œuvre d'inventions... ingénieuses.

LÉLIO.

Je soupçonne qu'elle a quelque amant inconnu qui aspire à ses bonnes grâces, et n'ose pas se déclarer.

ARLEQUIN,

Et vous profitez de l'occasion pour suppléer à son silence.

LÉLIO.

Je serais un fou, si je ne profitais pas d'une circonstance si favorable.

(Colombine reparaît sans masque.)

ARLEQUIN.

Oh ! oh ! la soubrette revient. Ma foi, monsieur, en fait de joli visage, la mienne n'a rien à envier à la vôtre.

LÉLIO.

Tâche d'avancer tes affaires, et de la mettre dans mes intérêts auprès de sa maîtresse.

ARLEQUIN.

Enseignez-moi quelque bonne supercherie.

LÉLIO.

La nature, au besoin, n'en laisse manquer à personne.

ARLEQUIN.

Signora, si je ne me trompe, vous êtes celle de cette nuit.

COLOMBINE.

Je suis celle de cette nuit, celle d'hier, et celle encore d'il y a vingt ans.

ARLEQUIN.

Charmante! Et moi, je suis celui qui vous a conté cette nuit de si belles choses.

COLOMBINE.

Le seigneur don Piccaro?

ARLEQUIN.

Pour vous servir.

COLOMBINE.

Pardonnez-moi; je ne puis vous croire. L'habit que vous portez n'est pas d'un gentilhomme.

ARLEQUIN.

Je suis gentilhomme, noble, riche et grand; et si vous ne le croyez pas, demandez plutôt à mon ami.

(*Il éternue en se tournant vers Lélio.*)

COLOMBINE.

A vos souhaits.

ARLEQUIN.

Bien obligé. (*Bas à Lélio.*) Seigneur, j'ai éternué.

LÉLIO, bas à Arlequin.

Laissons cela, et viens vite avec moi.

ARLEQUIN.

Je vous en prie, appuyez aussi mes inventions ingénieuses.

LE MENTEUR,

COLOMBINE, à Arlequin.

De quel pays êtes-vous, seigneur ?

ARLEQUIN.

Je suis de la grande cité de Rome, parent de la plus haute noblesse de l'Europe, et j'ai des fiefs dans les quatre parties du monde.

(Il éternue très-fort.)

COLOMBINE

Dieu vous soit en aide !

ARLEQUIN.

Ne prenez pas garde, c'est l'effet du tabac. (*Bas à Lélio.*) N'est-ce pas bien conduire mes affaires ?

LÉLIO, bas à Arlequin.

Tu en pousses de trop lourdes.

ARLEQUIN, bas à Lélio.

Je ne sais pas en pousser de légères.

COLOMBINE.

M. le marquis, l'amoureux de ma maîtresse, lui a fait ses générosités ; votre estime pour moi ne veut-elle pas se signaler de la même manière ?

ARLEQUIN.

Donnez vos ordres. Allez à la foire ; prenez ce qui vous plaira. Je paierai tout, jusqu'à concurrence d'un demi-million.

COLOMBINE, à part, en rentrant.

Oh ! pour celui-là, seigneur don Piccaro, c'est trop fort.

SCÈNE XV.

LÉLIO, ARLEQUIN.

LÉLIO.

Ne te l'ai-je pas dit? Tu es un balourd.

ARLEQUIN.

Quand on met la main sur un morceau, autant vaut choisir le plus dodu.

LÉLIO.

Or ça, suis-moi. Je veux rentrer à mon auberge. Il me tarde de revoir Octavio, pour lui conter cette nouvelle aventure.

ARLEQUIN.

Mais il me semble qu'il n'est pas très-bien de divulguer ainsi tout ce qui nous arrive.

LÉLIO.

Le plus grand plaisir d'un amant est de pouvoir se vanter des faveurs de sa belle.

ARLEQUIN.

Avec un peu de broderie.

LÉLIO, entrant dans l'auberge.

Qu'est-ce qu'un récit amoureux, si ce n'est un roman.

ARLEQUIN, suivant son maître.

Vive le talent des inventions ingénieuses!

SCÈNE XVI.

Une gondole conduite par deux bateliers, d'où descendent **PANTALON** *et* **LE DOCTEUR**, *en habits de campagne.*

LE DOCTEUR.

Grâce au ciel, nous sommes arrivés sans accident.

PANTALON.

De la Mira jusqu'à Venise, on ne peut pas voyager plus promptement que nous n'avons fait.

LE DOCTEUR.

Ce voyage a été pour moi très-heureux. En premier lieu, je suis allé à Padoue, et là, en trois consultations, j'ai gagné dix sequins. Hier soir vous m'avez traité chez vous dans la salle d'Apollon [4]; et par-dessus tout, le mariage que nous avons conclu entre le seigneur Lélio, votre fils, et ma fille Rosaure, me comble d'allégresse.

PANTALON.

Il y a si long-temps que nous sommes amis! je désirais que nous devinssions parens.

LE DOCTEUR.

Quand croyez-vous que votre fils puisse arriver à Venise?

PANTALON,

La dernière lettre qu'il m'a écrite de Rome, m'annonçait son départ subit. Il sera ici aujourd'hui ou demain.

ACTE I, SCÈNE XVI.

LE DOCTEUR.

Dites-moi, cher ami, est-ce un jeune homme bien fait? Ma fille aura-t-elle lieu d'en être contente?

PANTALON.

A vous dire vrai, il y a vingt ans que je ne l'ai vu. Depuis dix ans il demeure à Naples, chez un de mes frères associé à mon commerce.

LE DOCTEUR.

De sorte qu'en le voyant vous ne le reconnaîtrez pas.

PANTALON.

Assurément, il m'a quitté tout petit : mais, d'après les rapports qu'on m'en a faits, ce doit être un jeune homme de bonne mine, d'esprit et de résolution.

LE DOCTEUR.

Cela me fait plaisir. Ma fille en sera d'autant plus satisfaite.

PANTALON.

Je m'étonne que vous ne l'ayez pas encore mariée.

LE DOCTEUR.

Je vous dirai la vérité. J'ai chez moi un élève, de mon pays, un certain signor Florinde, jeune homme de bonne maison et de mœurs excellentes. J'avais toujours en vue de la lui donner pour femme, mais j'ai enfin acquis l'assurance qu'il est décidément contraire au mariage, et ennemi du beau sexe; ce qui m'a fait penser à choisir pour ma fille un autre parti. Un hasard heureux nous a rapprochés, et la meilleure affaire du monde a été conclue en quatre mots.

PANTALON.

Et la siora Béatrix, pensez-vous à la marier?

LE DOCTEUR.

Quand j'aurai établi Rosaure, je songerai aussi à la pourvoir.

PANTALON.

Vous ferez bien. De jeunes filles dans une maison où il n'y a pas de mère, cela va mal.

LE DOCTEUR.

Elle est recherchée par un certain signor Octavio, gentilhomme padouan; mais jusqu'à présent je n'avais pas voulu la lui donner, pour que l'aînée ne restât pas en arrière. Maintenant cette considération n'existe plus.

PANTALON.

Le sior Octavio? Je le connais, je connais son père et toute sa famille. Faites ce mariage, c'est une bonne affaire.

LE DOCTEUR.

Vous me confirmez dans ma résolution. Seigneur Pantalon, je vous remercie de m'avoir fait conduire jusqu'ici dans votre gondole. Je vais chez moi parler à mes deux filles, surtout à Rosaure, qui, si je ne me trompe, laisse voir dans ses yeux une grande inclination pour le mariage.

(Il ouvre sa porte et entre.)

SCÈNE XVII.

PANTALON seul.

C'est une inclination commune à presque toutes les jeunes filles. Celle-ci pour changer d'état, celle-là pour avoir un peu plus de liberté, cette autre pour ne pas dormir seule, toutes veulent tâter de l'hyménée.

SCÈNE XVIII.

PANTALON, LÉLIO, et UN VOITURIER de l'auberge.

LE VOITURIER.

Vraiment n'avez-vous pas de honte de me donner un sequin pour boire, de Naples jusqu'à Venise?

LÉLIO.

Le pour-boire est une gracieuseté à laquelle je ne suis point obligé; et quand je te donne un sequin, j'entends te bien traiter.

LE VOITURIER.

Les pour-boire sont nos seuls gages. De Naples jusqu'ici, j'attendais au moins trois sequins.

PANTALON, à part.

Ce gentilhomme vient de Naples. Qui sait s'il n'aurait pas vu mon fils?

LÉLIO.

C'est à prendre ou à laisser; et si tu le laisses, je te donnerai en échange une douzaine de coups de bâton.

LE VOITURIER.

Si nous n'étions pas à Venise, je vous ferais voir ce que c'est que les voituriers napolitains.

LÉLIO.

Va-t'en, et ne me romps plus la tête.

LE VOITURIER, s'en allant.

Voilà ce que l'on gagne au service de ces pouilleux.

LÉLIO.

Insolent! je te casserai les bras... Il vaut mieux le laisser aller.

PANTALON, à part.

Que je souhaiterais que ce fut là mon fils!

LÉLIO.

Ces voituriers ne sont jamais contens. Ils voudraient écorcher les pauvres voyageurs!

PANTALON, à part.

Assurons-nous-en comme il faut, de peur de nous tromper. (*Haut.*) Seigneur, excusez la liberté que je prends; vous venez de Naples?

LÉLIO.

Oui, seigneur.

PANTALON.

J'ai à Naples des patrons et des amis; je suis en relation de commerce avec plusieurs gentilshommes; si votre seigneurie voulait être un de mes cor-

ACTE I, SCÈNE XIX.

respondans, je m'estimerais heureux de pouvoir le servir.

LÉLIO.

Je suis le comte d'Ancora, à votre service.

PANTALON, à part.

Diable, ce n'est pas mon fils, je m'étais trompé. (*Haut.*) Monsieur le comte daignera-t-il me permettre de lui demander s'il a connu à Naples un certain sior Lélio Bisognosi?

LÉLIO.

Si je l'ai connu? Assurément. C'était un de mes bons amis; jeune homme tout-à-fait honnête, plein d'esprit, aimé, adoré de tout le monde. Les femmes courent après lui; il est l'idole de Naples; et ce qu'il y a de plus remarquable entre toutes ses qualités, c'est la franchise, la candeur.

PANTALON, à part

O ciel! je te remercie. Ce que j'apprends là me charme : j'en pleure de joie.

SCÈNE XIX.

OCTAVIO sortant de l'auberge, les précédens.

OCTAVIO, à Pantalon.

Votre joie, seigneur, je la partage.

PANTALON.

A quel propos, seigneur Octavio?

OCTAVIO.

Mais à propos de l'arrivée de votre fils.

PANTALON.

De son arrivée? Où est-il?

OCTAVIO.

Belle demande! n'est-ce pas là le seigneur Lélio?

LÉLIO, à part.

C'est mon père! J'ai fait une bonne besogne.

PANTALON, à Lélio.

Comment, sior comte d'Ancora?

LÉLIO, riant.

Ah! ah! ah! mon cher père, pardonnez-moi ce petit amusement. Je vous avais déjà reconnu, et j'observais en vous les effets de la nature. Pardonnez-moi, je vous en prie. Vous me voyez à vos pieds.

PANTALON, lui tendant les bras.

Viens là, mon cher fils, viens là, toi que j'ai tant désiré! Reçois ce baiser, mon cher Lélio; mais de grâce, à l'avenir, plus de mensonge, plus de fausseté.

LÉLIO.

Soyez sûr que c'est la première que je me sois permise depuis que je suis homme.

PANTALON.

Fort bien. Fais que ce soit la dernière. Mon fils, mon cher fils, je suis enchanté de te voir si spirituel et si beau garçon. As-tu fait bon voyage? Pourquoi n'es-tu pas descendu droit à la maison?

LÉLIO.

Je savais que vous étiez à la campagne; et si je ne

vous avais pu trouver aujourd'hui à Venise, je serais allé certainement vous chercher à la Mira.

PANTALON.

Viens à la maison, que nous causions ensemble. J'ai de grandes choses à te dire. Sior Octavio, je vous souhaite le bonsoir.

OCTAVIO.

Très-humble serviteur.

PANTALON à lui-même, en s'éloignant.

Cher enfant, sois le bien-venu. Tudieu, quel gaillard ! quel beau brin d'homme ! C'est un puissant amour que l'amour paternel. Je ne me sens pas de joie.

LÉLIO, à Octavio.

Cher ami, ce matin j'ai payé la foire aux deux sœurs. Elles sont venues en masque me chercher. Je les ai conduites au Moscato. Je vous le confie, mais silence.

(Il suit son père.)

SCÈNE XX.

OCTAVIO, et ensuite LE DOCTEUR.

OCTAVIO.

Je reste toujours plus stupéfait de la faiblesse de ces jeunes personnes. Elles me paraissent d'un caractère tout-à-fait nouveau. En l'absence de leur père, elles se donnent du bon temps. Je ne les aurais pas crues capables de cela.

LE DOCTEUR, *sortant de chez lui.*

Votre serviteur, mon cher signor Octavio.

OCTAVIO, à part.

Pauvre père ! Bel honneur que lui font ses filles !

LE DOCTEUR, à part.

Il garde le quant à soi. Sans doute il est fâché, parce que jusqu'à présent je lui ai refusé Béatrix.

OCTAVIO, à part.

Il a bien fait de me refuser Béatrix. J'aurais eu là une jolie femme.

LE DOCTEUR, à part.

Raccommodons la chose. (*Haut.*) Seigneur Octavio, je vous apprends pour nouvelle que je marie ma fille Rosaure.

OCTAVIO.

Je vous en fais mon compliment. (*A part.*) Voilà un époux bien loti.

LE DOCTEUR.

Il ne me reste plus qu'à placer Béatrix.

OCTAVIO.

Vous n'aurez pas de peine à lui trouver un mari.

LE DOCTEUR.

J'en sais plus d'un qui aspirerait à devenir mon gendre, parce que je n'ai que ces deux filles, et qu'elles héritent de tout ce que je possède. Mais comme le seigneur Octavio m'a témoigné plusieurs fois de l'empressement pour Béatrix, j'aime mieux la donner à lui qu'à tout autre.

OCTAVIO.

Je vous rends mille grâces. Je ne suis plus en situation de recevoir cette faveur.

LE DOCTEUR.

Que voulez-vous dire? Est-ce pour vous venger de mon refus? Alors il ne me convenait pas de la marier; présentement, cela m'arrange.

OCTAVIO, avec hauteur.

Donnez-la à qui vous voudrez ; je ne suis pas dans le cas de la prendre.

LE DOCTEUR.

Quel ton de mépris! Est-ce que Béatrix est la fille d'un goujat?

OCTAVIO.

C'est la fille d'un galant homme ; mais puis-je lui tenir compte de cet honneur dont elle dégénère?

LE DOCTEUR, vivement.

Qu'est-ce à dire, mon maître?

OCTAVIO.

Je ne hasarde rien. Je devrais me taire ; mais la passion que j'ai eue et que je garderai toute ma vie pour la signora Béatrix, et la bonne amitié que je vous porte, me forcent à vous faire tomber les écailles des yeux.

LE DOCTEUR.

Je suis anéanti. Qu'y a-t-il donc de nouveau?

OCTAVIO.

Qu'il en soit ce qu'il pourra, je ne veux pas me taire. Vos deux filles, la nuit dernière, après avoir reçu une sérénade, ont introduit un étranger chez elles, et ont passé toute la nuit à souper et à se divertir.

LE DOCTEUR.

Ce que vous me dites là, seigneur, est impossible.

OCTAVIO.

Ce que je vous dis, je suis prêt à le prouver.

LE DOCTEUR.

Si vous êtes un galant homme, préparez-vous donc à m'en donner des preuves ; autrement si c'est une imposture de votre façon, je trouverai moyen de m'en venger.

OCTAVIO.

Je vous ferai confirmer la chose par le galant lui-même, arrivé hier de Naples.

LE DOCTEUR.

Mes filles ne sont pas capables de commettre de telles actions.

OCTAVIO.

C'est ce que nous verrons. Si vous prenez en bonne part l'avis que je vous donne, vous ne devez voir en moi qu'un ami ; si vous le prenez de travers, tenez-vous pour dit que, de quelque façon que ce soit, je vous le revaudrai.

(Il sort.)

SCÈNE XXI.

LE DOCTEUR seul.

Malheureux que je suis ! Ma maison, ma réputation, qu'allez-vous devenir ? Voilà un mal qu'Hippocrate ni Galien ne peuvent m'enseigner à guérir; mais j'en couperai dans le vif la racine. Tout consiste à agir vite, et à ne pas laisser la maladie s'invétérer :

Principiis obsta; serò medicina paratur.

(Il rentre chez lui.)

FIN DU PREMIER ACTE.

ACTE DEUXIÈME.

SCÈNE PREMIÈRE.

Une chambre dans la maison du docteur.

LE DOCTEUR, FLORINDE.

FLORINDE.

Seigneur docteur, croyez-moi, je vous le jure sur mon honneur, personne cette nuit n'est venu dans la maison.

LE DOCTEUR.

Je sais avec certitude qu'il a été donné une sérénade à mes filles.

FLORINDE.

Cela est très-vrai, et elles l'ont reçue au balcon de la manière la plus modeste. Les sérénades ne portent aucun préjudice aux filles honnêtes. Faire l'amour avec décence est permis à toute fille bien élevée.

LE DOCTEUR.

Mais recevoir les gens la nuit dans la maison ! souper avec un étranger !

FLORINDE.

Voilà ce qui n'est pas vrai.

ACTE II, SCÈNE I.

LE DOCTEUR.

Qu'en pouvez-vous savoir ? Vous étiez sans doute au lit ?

FLORINDE.

Toute la nuit j'ai été sur pied.

LE DOCTEUR.

Pourquoi cela ?

FLORINDE.

La chaleur m'empêchait de dormir.

LE FLORINDE.

Connaissez-vous le seigneur Octavio ?

FRORINDE.

Je le connais.

LE DOCTEUR.

C'est lui qui m'a dit tout, et qui est prêt à le soutenir.

FLORINDE.

Il ment. Nous le trouverons ; nous lui ferons dire d'où il tient ces choses, et je suis sûr de vous en faire reconnaître la fausseté.

LE DOCTEUR.

S'il en était ainsi, je regretterais d'avoir traité si rudement mes filles.

FLORINDE.

Les chères enfans ! Vous les avez maltraitées injustement.

LE DOCTEUR.

Surtout Rosaure pleurait à chaudes larmes; elle ne pouvait s'apaiser.

FLORINDE, s'essuyant les yeux.

Pauvre victime ! elle me fait peine.

LE DOCTEUR.

Qu'avez-vous, mon enfant ? On dirait que vous pleurez.

FLORINDE, lui montrant sa tabatière.

Ce n'est rien ; il m'est entré du tabac dans les yeux.

SCÈNE II.

COLOMBINE, les précédens,

COLOMBINE, dans la plus grande agitation.

Vite, vite, seigneur, la signora Rosaure se trouve mal, et je ne sais comment la faire revenir. Par charité, courez à son secours.

LE DOCTEUR.

Tout de suite un peu d'eau de mélisse.

COLOMBINE.

Si vous sentiez comme son cœur palpite! Il faudrait lui tirer une palette de sang.

LE DOCTEUR.

Allez la voir, seigneur Florinde. Tâtez-lui le pouls, et, s'il en est besoin, ouvrez-lui la veine. Je sais combien vous êtes habile dans cette opération. Pendant ce temps-là, je vais chercher de l'eau de mélisse.

(Il sort.)

COLOMBINE.

Au nom du ciel, n'abandonnez pas ma pauvre maîtresse.

(Elle sort aussi.)

FLORINDE.

Voilà l'effet des injustes reproches de son père. Je la secourrai, si je puis.

(Il sort.)

SCÈNE III.

La chambre de Rosaure, avec des siéges.

ROSAURE évanouie, dans un fauteuil; ensuite CO-LOMBINE, puis FLORINDE, puis le DOCTEUR.

COLOMBINE.

Me voici! Pauvre petite, elle n'a pas encore repris ses sens, et sa sœur ne lui porte aucun secours; elle n'y pense pas. Elle voudrait la voir morte. Ces deux sœurs ne s'aiment pas; elles ne peuvent se souffrir.

FLORINDE, dans un trouble extrême.

Où est-on? Je ne vois personne.

COLOMBINE.

Comment, dans une chambre aussi claire, n'y voyez-vous pas? Regardez la signora Rosaure évanouie.

FLORINDE.

Hélas! je n'en puis plus. Colombine, allez chercher ce qu'il faut pour la saigner.

COLOMBINE.

J'y vais tout de suite. Pour l'amour du ciel, ne l'abandonnez pas.

(Elle sort et revient.)

FLORINDE.

Je suis seul, personne ne me voit; je puis toucher cette belle main. Chère Rosaure! Tâtons-lui le pouls. Qu'elle est belle, quoique évanouie!.. (*Il lui tâte le pouls et tombe évanoui lui-même sur un siége voisin.*) Ah! je me meurs!

COLOMBINE, apportant ce qu'il faut pour la saigner

Miséricorde! le médecin fait compagnie à la malade!

LE DOCTEUR.

J'accours, me voici. Elle n'est pas encore revenue?

COLOMBINE.

Voyez, le seigneur Florinde s'est trouvé mal aussi par compagnie.

LE DOCTEUR.

Oh! diable! qu'est-ce que c'est que cette aventure? Vite, il faut lui donner du secours. Prends ce flacon, et frotte Rosaure sous le nez, tandis que je vais m'occuper de ce jeune homme.

COLOMBINE, frottant Rosaure.

Là, là. Voici qu'elle revient à elle.

LE DOCTEUR.

Florinde également. Ils vont de concert.

ROSAURE.

Hélas! où suis-je?

LE DOCTEUR.

Bon courage, ma fille, ce n'est rien.

(Florinde se lève tout honteux en voyant le docteur.)

FLORINDE.

Malheureux! qu'ai-je fait?

LE DOCTEUR.

Qu'est-ce, Florinde? qu'avez-vous eu?

FLORINDE.

Seigneur... je n'en sais rien... Avec votre permission....

(Il se retire confus.)

LE DOCTEUR.

A parler vrai, il me semble un peu fou.

COLOMBINE.

Allons, madame, allons; de la joie.

ROSAURE.

Ah! mon père, par charité!...

LE DOCTEUR.

Ne t'afflige pas, ma fille. Je suis sûr que ce qu'on m'a dit n'est pas vrai. Je veux croire que c'est un conte, une calomnie. Nous verrons clair dans tout cela.

ROSAURE.

Mais, mon cher père, qui peut vous avoir débité des faussetés aussi énormes, aussi préjudiciables à notre réputation?

LE DOCTEUR.

C'est le seigneur Octavio.

ROSAURE.

Sur quel fondement?

LE DOCTEUR.

Je l'ignore. Il l'a dit, et offre de le soutenir.

Théâtre de Goldoni.

ROSAURE.

Je l'en défie. Mon père, il s'agit de votre honneur, du mien ; ne traitez pas légèrement une affaire de cette importance.

LE DOCTEUR.

Oui, je le retrouverai, et il faudra qu'il m'en rende bon compte.

COLOMBINE.

Attendez. Je vais le chercher, l'amener ici, et, mort de ma vie! le forcer à se dédire.

LE DOCTEUR.

Va, et si tu le trouves, dis-lui que je veux lui parler.

COLOMBINE.

Je l'amène ici bon gré mal gré.

(Elle sort.)

SCÈNE IV.

ROSAURE, LE DOCTEUR.

ROSAURE.

Vous m'avez fait du chagrin.

LE DOCTEUR.

Laissons cela. Chagrin passé redouble la joie. Apprends, Rosaure, que je te marie.

ROSAURE, vivement.

A qui, mon père ?

LE DOCTEUR.

Au fils du seigneur Pantalon.

ACTE II, SCÈNE IV.

ROSAURE.

Ah! si vous m'aimez, dispensez-moi de ce mariage.

LE DOCTEUR.

Pourquoi donc?

ROSAURE.

Une fille obéissante et respectueuse ne doit rien cacher à son père. Sachez, mon père, que je suis recherchée par un gentilhomme étranger, d'un grand nom et d'une grande fortune.

LE DOCTEUR.

Ah! voilà donc l'homme à la sérénade et au souper?

ROSAURE.

Il est vrai qu'un étranger m'aime et qu'il m'a donné une sérénade; mais il ne m'a parlé qu'une seule fois sous le balcon; et que je meure s'il a mis le pied ici.

LE DOCTEUR.

C'est un grand seigneur, et il veut t'épouser!

ROSAURE.

Il me le fait espérer du moins.

LE DOCTEUR.

Prends bien garde que ce ne soit quelque imposteur.

ROSAURE.

Il doit aujourd'hui se présenter à vous. C'est vous-même qui l'examinerez.

LE DOCTEUR.

Écoute, ma fille, si le ciel t'a destiné cette haute fortune, je ne serai pas assez fou pour te l'enlever.

J'ai bien quelque engagement avec Pantalon, mais seulement de paroles ; et nous ne manquerons pas de prétexte pour le rompre.

ROSAURE.

Il suffit de dire que je ne veux pas.

LE DOCTEUR.

Non ; comme c'est moi qui suis le maître, cela ne serait pas suffisant. Mais nous trouverons une meilleure raison. Dis-moi, comment s'appelle ce gentilhomme ?

ROSAURE.

Le marquis Asdrubal de Castro d'Oro.

LE DOCTEUR.

Vive Dieu ! ma fille, un marquis !

SCÈNE V.

BÉATRIX qui écoute, les précédens.

ROSAURE.

Il y a un an qu'il est amoureux de moi, et ce n'est que d'hier soir qu'il s'est déclaré.

LE DOCTEUR.

Il te veut vraiment du bien ?

ROSAURE.

Il m'adore, n'en doutez pas.

LE DOCTEUR.

Et tu es sûre que son intention est de t'épouser ?

ROSAURE.

Il m'en a donné sa parole sacrée.

LE DOCTEUR.

Cela étant, je ne veux pas contrarier ta fortune.

BÉATRIX, paraissant.

Mon père, n'ajoutez pas foi si facilement aux discours de ma sœur. Il n'est pas vrai que le marquis Adrusbal se soit déclaré pour elle. Il aime l'une de nous deux; et, sans trop me faire illusion, j'ai raison de croire que c'est moi qu'il préfère.

LE DOCTEUR, à Rosaure.

Vraiment! qu'est-ce que c'est que cette histoire?

ROSAURE, à Béatrix.

Sur quoi fondez-vous vos espérances?

BÉATRIX.

Sur quoi appuyez-vous les vôtres?

ROSAURE.

Mon père, je ne parle pas légèrement.

BÉATRIX, au docteur.

Je sais ce que je dis, soyez-en sûr.

LE DOCTEUR.

Voilà le plus joli roman du monde. Or sus, écoutez ce que j'ai à vous dire pour le terminer en peu de mots. Restez dans vos chambres, et ne sortez point sans ma permission. Si ce marquis vient me parler, je saurai ce qui en est, et laquelle de vous est préférée. Si ce n'est qu'une billevesée, comme je le crois, je serai fondé à dire, sans faire tort ni à l'une ni à l'autre, que vous êtes deux folles.

(Il sort.)

SCÈNE VI.

ROSAURE, BÉATRIX.

BÉATRIX.

Ma sœur, quel motif avez-vous de croire que M. le marquis se soit déclaré pour vous ?

ROSAURE.

Un motif irrécusable. Mais je ne suis pas obligée de vous dire tout.

BÉATRIX.

Oh ! je le sais, je le sais. Vous êtes sortie masquée, afin d'attirer le poisson dans vos filets ; mais cela ne vous réussira pas, je vous en avertis.

ROSAURE.

Quelles sont vos prétentions ? Vous a-t-il dit qu'il eût de l'inclination pour vous, qu'il voulût vous épouser ?

BÉATRIX.

Il m'a dit les mêmes choses qu'à vous ; et je ne comprends pas par quel privilége vous voulez qu'il vous appartienne.

ROSAURE.

Suffit ; on verra.

ACTE II, SCÈNE VI.

BÉATRIX.

Si j'apprends, ma sœur, que vous m'ayez joué quelque tour, vous me le paierez.

ROSAURE.

Il me semble que vous devriez avoir un peu de retenue. Je suis l'aînée enfin.

BÉATRIX, à elle-même.

De grâce, allez donc baiser la main à la signora votre aînée.

ROSAURE.

Nous ne pouvons nous accorder; je l'ai toujours dit.

BÉATRIX.

Sans vous, il y a plus de trois ans que je serais mariée. Cinquante partis me recherchaient, mais mon père n'a pas voulu faire tort à sa première fille.

ROSAURE.

Certes, vous avez eu de beaux prétendans! Entre autres, le charmant seigneur Octavio, qui, peut-être pour se venger de vos mépris, a inventé toutes les indignités qu'il a racontées à notre père.

BÉATRIX.

C'est Octavio qui a inventé cela?

ROSAURE.

Je le tiens de mon père lui-même.

BÉATRIX.

Ah! l'indigne! S'il me tombe dans les mains, il le sentira, j'en réponds.

ROSAURE.

Il mériterait d'être étranglé.

SCÈNE VII.

COLOMBINE, OCTAVIO ; les précédens.

COLOMBINE.

Mesdames, voici le seigneur Octavio qui demande à vous voir.

OCTAVIO.

J'arrive, plein de honte et de confusion.

ROSAURE.

Vous êtes un fourbe.

BÉATRIX.

Un imposteur.

OCTAVIO.

Mesdames, le fourbe, l'imposteur, ce n'est pas moi.

ROSAURE.

Qui a dit à mon père que nous avions eu une sérénade ?

OCTAVIO.

C'est moi, mais...

BÉATRIX.

Qui lui a dit que nous avions reçu pendant la nuit un étranger dans la maison ?

OCTAVIO.

C'est moi, mais sachez...

BÉATRIX.

Vous êtes un imposteur.

ROSAURE.

Un fourbe.

OCTAVIO.

Sachez que Lélio Bisognosi....

ROSAURE.

Avez-vous dit que nous sommes allées sur le alcon ?

OCTAVIO.

Oui, mesdames; écoutez-moi.

BÉATRIX.

Avez-vous dit que nous avons été traitées par un étranger ?

OCTAVIO.

Je l'ai dit, parce que lui-même...

BÉATRIX.

Vous êtes un fourbe. *(Elle sort.)*

ROSAURE.

Un imposteur.

(Elle sort.)

SCÈNE VIII.

OCTAVIO, COLOMBINE.

OCTAVIO.

Mais si vous ne voulez pas me laisser parler..... Colombine, je te recommande mon honneur. Va trouver tes maîtresses; dis-leur que si elles veulent m'écouter, elles seront contentes.

COLOMBINE.

Mais que pouvez-vous dire pour vous disculper ?

OCTAVIO.

Beaucoup de choses. Écoute, et juge toi-même.

COLOMBINE.

Venons au fait. Vous avez dit à mon maître que l'étranger est entré de nuit dans cette maison.

OCTAVIO.

Mais si...

COLOMBINE.

Vous avez dit qu'il a donné un souper.

OCTAVIO.

Oui, mais tout cela...

COLOMBINE.

L'avez-vous dit, ou ne l'avez-vous pas dit?

OCTAVIO.

Je l'ai dit...

COLOMBINE.

Donc vous êtes un fourbe, un imposteur.

(Elle sort.)

SCÈNE IX.

OCTAVIO, ensuite LE DOCTEUR.

OCTAVIO.

La suivante aussi se moque de moi. Certainement il y a un imposteur dans cette affaire; mais ce n'est pas moi qui le suis, et je ne puis me justifier! Le seigneur Florinde m'assure qu'il n'est pas vrai que Lélio ait été introduit dans la maison, et encore moins qu'elles aient soupé avec lui. Une sérénade est sans conséquence ; aussi je me repens d'avoir cru, et encore plus d'avoir parlé. Lélio est le menteur, Lélio est le fourbe ; et moi, aveuglé par la jalousie, j'ai eu la faiblesse de croire, et ne me suis pas donné le temps de réfléchir que Lélio est un jeune freluquet tout nouvellement débarqué de Naples. Comment me raccommoder avec Béatrix ? et, ce qui est bien plus important, comment me raccommoder avec son père ? Le voici qui vient ; je mérite ses reproches.

LE DOCTEUR.

Qu'est-ce, seigneur Octavio ? que faites-vous chez moi ?

OCTAVIO.

Seigneur, vous me voyez à vos pieds.

LE DOCTEUR.

Ainsi vous m'avez raconté des faussetés !

OCTAVIO.

Rien de ce que j'ai dit n'était de mon invention, mais j'ai cru trop facilement et vous ai reporté trop vite ce qu'un menteur m'avait affirmé.

LE DOCTEUR.

Et ce menteur, quel est-il ?

OCTAVIO.

Lélio Bisognosi.

LE DOCTEUR.

Le fils du seigneur Pantalon ?

OCTAVIO.

Lui-même.

LE DOCTEUR.

Est-ce qu'il est à Venise ?

OCTAVIO.

Il y est arrivé hier pour mon malheur.

LE DOCTEUR.

Où est-il ? chez son père ?

OCTAVIO.

Je crois que non. C'est un jeune libertin qui aime l'indépendance.

LE DOCTEUR.

Mais comment ce malheureux a-t-il pu dire tout ce qu'il a dit ?

OCTAVIO.

Il l'a dit avec une telle assurance, que j'ai été forcé de le croire ; et si le seigneur Florinde que je sais être un homme loyal et honorable, ne m'avait pas détrompé, peut-être serais-je encore dans l'erreur.

LE DOCTEUR.

J'admire comment cet homme à peine arrivé a eu le temps de construire tout cet édifice d'impostures. Sait-il que Rosaure et Béatrix sont mes filles ?

OCTAVIO.

Je crois que oui ; il sait qu'elles sont filles d'un médecin.

LE DOCTEUR.

Ah ! misérable ! Et voilà comment il les traite ! Certainement ma Rosaure n'est pas pour lui.

OCTAVIO.

Seigneur docteur, daignez me pardonner.

ACTE II, SCÈNE IV.

LE DOCTEUR.

Vous m'intéressez.

OCTAVIO.

Ne me retirez pas votre amitié.

LE DOCTEUR.

Nous demeurerons amis.

OCTAVIO.

Souvenez-vous que vous m'avez destiné la signora Béatrix.

LE DOCTEUR.

Je me souviens que vous l'avez refusée.

OCTAVIO.

Je vous conjure à présent de me l'accorder.

LE DOCTEUR.

Nous en reparlerons.

OCTAVIO.

Dites-moi oui, je vous en supplie.

LE DOCTEUR.

J'y penserai.

OCTAVIO.

Je ne vous demande que sa main ; je ne vous incommoderai pas pour la dot.

LE DOCTEUR.

C'est à merveille, nous en reparlerons.

OCTAVIO.

Je me soucie peu de perdre la dot, pourvu que Béatrix soit à moi. Mais peut-être sera-t-il malaisé de la reconquérir. Les femmes sont plus constantes en haine qu'en amour.

(Il sort.)

SCÈNE X.

Une chambre dans la maison de Pantalon.

LÉLIO, ARLEQUIN.

LÉLIO.

Arlequin, je suis amoureux tout de bon.

ARLEQUIN.

Avec votre permission, je n'en crois pas un mot.

LÉLIO.

Crois-moi, car cela est.

ARLEQUIN.

Non, d'honneur, je ne vous crois pas.

LÉLIO.

Il n'est pourtant que trop vrai.

ARLEQUIN.

Cela peut être, mais je n'en crois rien.

LÉLIO.

Et pourquoi ne pas le croire, si c'est la vérité ?

ARLEQUIN.

Parce qu'on ne croit pas un menteur, lors même qu'il dit vrai.

LÉLIO.

Cependant, aux soupirs continuels que je pousse, tu devrais reconnaître que je suis amoureux.

ARLEQUIN.

Ah bien oui ! comme si vous ne saviez pas soupirer et pleurer à volonté ! La signora Cléonice sait quelque chose de ce beau talent que vous avez là.

LÉLIO.

Elle a été un peu trop facile.

ARLEQUIN.

La pauvre dame romaine ! Vous lui aviez promis de l'épouser, et elle vous a cru.

LÉLIO.

Plus de douze se sont moquées de moi ; ne pourrai-je pas me moquer d'une ?

ARLEQUIN.

Suffit. Fasse le ciel que la chose tourne à bien, et que la dame romaine ne vienne pas vous trouver à Venise !

LÉLIO.

Elle n'aura pas cette hardiesse.

ARLEQUIN.

En fait d'amour, les femmes ne doutent de rien.

LÉLIO.

Sus, brisons ce discours importun. Je ne pense plus à Cléonice. J'aime Rosaure, et je l'aime d'un amour extraordinaire, d'un amour particulier.

ARLEQUIN.

On voit bien que vous l'aimez, aux folies que vous faites pour elle. Sangodémi ! dix sequins d'un seul coup !

LÉLIO, riant.

Qu'en dis-tu, Arlequin ? n'ai-je pas su adroitement tirer parti de la circonstance ?

ARLEQUIN.

Oh! c'est une de vos inventions ingénieuses. Mais, mon cher maître, est-ce qu'on ne mange pas dans la maison de votre père ?

LÉLIO.

Patience; ne sois pas si gourmand.

ARLEQUIN.

Comment est-il fait, votre père ? Je ne l'ai pas encore vu.

LÉLIO.

C'est un très-bon vieillard. Le voici qui vient.

SCÈNE XI.

PANTALON, les précédens.

PANTALON.

Je te cherchais, mon fils.

LÉLIO.

Me voici à vos ordres.

ARLEQUIN.

Seigneur don Pantalon, étant comme qui dirait le serviteur de votre postérité masculine, je me fais l'honneur d'être celui de votre seigneurie; et je vous proteste... Vous m'entendez assez sans que je parle.

PANTALON.

Oh ! le maître fou ! qui est cet homme ?

LÉLIO.

C'est un serviteur à moi; jovial, mais fidèle.

ACTE II, SCÈNE XI.

PANTALON.

Il est gai, et nous divertira.

ARLEQUIN.

Je ferai le bouffon, si vous l'ordonnez.

PANTALON.

Tu me feras plaisir.

ARLEQUIN.

Mais je vous préviens de me donner copieusement à manger, parce que les bouffons mangent plus que les autres.

PANTALON.

Tu as raison. Ton ordinaire ne manquera pas.

ARLEQUIN.

Je verrai si vous êtes un galant homme.

PANTALON.

Ce que je promets, je le tiens.

ARLEQUIN.

Vite à l'épreuve, mon estomac le demande.

PANTALON.

Eh bien, passe à la cuisine.

ARLEQUIN.

En effet, voilà un galant homme. Je vais trouver le cuisinier. Mon maître, un seul mot.

LÉLIO.

Qu'est-ce ?

ARLEQUIN, bas à Lélio.

J'ai peur que ce ne soit pas là votre père.

LÉLIO, bas.

Et pourquoi ?

ARLEQUIN.

Parce qu'il dit la vérité.

(Il sort.)

LÉLIO, à lui-même.

Ce faquin s'émancipe.

SCÈNE XII.

PANTALON, LÉLIO.

PANTALON.

C'est un drôle de corps que ton valet. Or donc, comme je te le disais, mon fils, j'ai à te parler.

LÉLIO.

Je vous prête la plus grande attention.

PANTALON.

Tu es l'unique héritier de ma maison; et, depuis que la mort de mon pauvre frère t'a laissé des richesses encore plus grandes que tu n'en dois avoir de ton père, il faut penser à la conservation de la famille. En deux mots, je veux te marier.

LÉLIO.

C'est à quoi j'avais déjà songé. J'ai quelque chose en vue, et je vous en parlerai quand il sera temps.

PANTALON.

Au temps d'aujourd'hui, la jeunesse, en fait de mariage, ne pense qu'à satisfaire son caprice; et au bout de quatre jours de noces, on en est aux regrets. Ce sont là des arrangemens dont il faut que les pères soient chargés. Ils ont les yeux ouverts sur les intérêts des enfans, plus que les enfans eux-mêmes, sans se laisser aveugler par la passion; ils font les choses avec plus de jugement; et, au bout du compte, les enfans s'en trouvent mieux.

LÉLIO.

Certainement je ne ferai rien sans vous. Je serai toujours soumis à vos conseils comme à votre autorité.

PANTALON.

Eh bien, mon fils, cela étant, sache que je t'ai marié, et que j'ai réglé ton contrat ce matin même.

LÉLIO.

Comment! sans moi?

PANTALON.

L'occasion ne pouvait être meilleure. Une fille de bonne maison avec une bonne dot, dont le père est un fort galant homme; Bolonais, mais établi à Venise. Je te dirai encore, pour te faire plaisir, que la jeune personne est belle et spirituelle. Que te faut-il de plus? Je suis engagé de parole avec son père; c'est une affaire conclue.

LÉLIO.

Pardon, mon père : les pères, il est vrai, pensent mûrement pour leurs fils; mais ce sont les fils eux-mêmes qui se marient, et il est juste qu'ils y trouvent contentement.

PANTALON.

Mon fils, ce ne sont point là ces sentimens d'abnégation parfaite que vous m'aviez d'abord étalés. Finalement, je suis père ; et si votre longue absence vous a désappris le respect filial, je suis encore à temps de vous l'enseigner.

LÉLIO.

Mais ne voulez-vous pas au moins que je la voie d'abord?

PANTALON.

Vous la verrez quand vous aurez signé le contrat. C'est la mode du vieux temps. Ce que j'ai fait, je l'ai bien fait. Je suis votre père, et cela suffit.

LÉLIO, à part.

C'est le cas d'appeler à mon secours quelque invention ingénieuse.

PANTALON.

Eh bien, qu'avez-vous à me dire?

LÉLIO.

Ah! mon père, votre autorité me met à une grande épreuve; je ne puis pas vous cacher plus long-temps un secret.

PANTALON.

Comment? qui a-t-il de nouveau?

LÉLIO.

Je tombe à vos pieds. Je sais que j'ai eu tort; mais j'ai été contraint.

PANTALON.

Au nom du ciel! dis-moi, qu'as-tu fait?

LELIO.

Je vous le dis les larmes aux yeux.

ACTE II, SCÈNE XII.

PANTALON.

Lève-toi. Parle.

LÉLIO.

Je me suis marié à Naples.

PANTALON.

Et c'est à présent que tu me le dis ? Et tu ne m'en as jamais rien écrit ? Et mon frère ne le savait pas ?

LÉLIO.

Il ne le savait pas.

PANTALON.

Lève-toi. Tu mériterais que ton père te désavouât et te chassât de sa maison. Mais je t'aime ; tu es mon fils unique ; et, puisque la chose est faite, il n'y a pas de remède. Si le mariage est sortable, si ma bru me fait écrire ou parler, peut-être la reconnaitrai-je.... Mais si tu avais épousé quelque malheureuse....

LÉLIO.

Oh! que dites-vous, mon père ? J'ai épousé une jeune personne fort honnête.

PANTALON.

De quelle condition ?

LÉLIO.

Fille d'un gentilhomme.

PANTALON.

Son pays ?

LÉLIO.

Napolitaine.

PANTALON.

Et la dot ?

LÉLIO.

Elle est fort riche.

PANTALON.

Et pourquoi me cacher un pareil mariage? Avais-tu peur que je disse non? Je ne suis pas fou. Tu as bien fait; mais encore une fois, pourquoi n'en rien dire ni à moi ni à ton oncle? tu l'as peut-être épousée à l'insu de ses parens?

LÉLIO.

Mon mariage est connu d'eux tous.

PANTALON.

Pourquoi donc ce silence?

LÉLIO.

Parce que j'ai fait le mariage *sur deux pieds*.

PANTALON.

Que veut dire un mariage sur deux pieds?

LÉLIO.

Je fus surpris par le père dans la chambre de ma femme.

PANTALON.

Et pourquoi aller dans la chambre de cette jeune personne?

LÉLIO.

Folies amoureuses; fruits de jeunesse.

PANTALON.

Étourdi! Enfin, le mariage raccommode tout. Comment s'appelle cette nouvelle mariée?

LÉLIO.

Briséis.

ACTE II, SCÈNE XII.

PANTALON.

Et son père?

LÉLIO.

Don Polycarpe.

PANTALON.

Mais le nom de famille?

LELIO.

Di Albacava.

PANTALON.

Est-elle jeune?

LÉLIO.

De mon âge.

PANTALON.

Comment as-tu lié connaissance avec elle?

LÉLIO.

Sa maison de campagne était voisine de la nôtre.

PANTALON.

Et tu t'y es introduit?..

LÉLIO.

Par le secours d'une femme de chambre.

PANTALON.

Et il t'a trouvé chez sa fille?

LÉLIO.

En tête-à-tête.

PANTALON.

De jour, ou de nuit?

LÉLIO.

Sur la brune.

PANTALON.

Et tu as été assez sot pour te laisser surprendre, au risque du poignard ?

LÉLIO.

Je me suis caché dans une armoire.

PANTALON.

Comment donc as-tu été découvert ?

LÉLIO.

Par un fatal accident ; ma montre a sonné.

PANTALON.

Oh ! diable ! Et qu'a dit le père ?

LÉLIO.

Il a demandé à sa fille de qui elle tenait cette montre.

PANTALON.

Qu'a-t-elle répondu ?

LÉLIO.

Qu'elle la tenait de sa cousine.

PANTALON.

Qui est sa cousine ?

LÉLIO.

La duchesse Mathilde, fille du prince Astolphe, sœur du comte Argant, surintendant des chasses de sa majesté.

PANTALON.

Ta femme a là une parenté magnifique.

LÉLIO.

Elle est de la plus haute noblesse.

ACTE II, SCÈNE XII.

PANTALON.

Hé bien! qu'a dit le père, au sujet de la montre?

LÉLIO.

Il a voulu la voir.

PANTALON.

La situation devient critique.

LÉLIO.

Briséis a entr'ouvert l'armoire, et m'a demandé la montre à voix basse.

PANTALON.

Fort bien; en la donnant, tu te trouvais hors de crise.

LÉLIO.

Comme je la tirais de mon gousset, la chaîne s'est embarrassée avec le chien d'un pistolet que je tenais armé; le pistolet est parti.

PANTALON.

Miséricorde! t'es-tu fait mal?

LÉLIO.

Non.

PANTALON.

Qu'est-il arrivé?

LÉLIO.

Grand tumulte dans la maison. Mon beau-père a appelé ses gens.

PANTALON.

On t'a trouvé?

LELIO.

Belle demande!

PANTALON.

Le cœur me bat; que t'a-t-on fait?

LÉLIO.

J'ai mis l'épée à la main, et tous ont fui.

PANTALON.

Et si l'on t'avait tué !

LÉLIO.

J'ai une épée qui ne craint pas cent hommes.

PANTALON.

Rengaîne, mon garçon, rengaîne. Alors tu as gagné le large.

LÉLIO.

Je n'ai pas voulu abandonner ma belle.

PANTALON.

Et qu'a-t-elle dit?

LÉLIO, d'une voix tendre.

Elle s'est jetée à mes pieds les larmes aux yeux.

PANTALON.

Tu as tout l'air de me conter un roman.

LÉLIO.

C'est pourtant la pure vérité.

PANTALON.

Comment a fini l'aventure?

LÉLIO.

Mon beau-père a eu recours à la justice. Il est venu un capitaine avec une compagnie de soldats qui m'ont fait signer le contrat, et, pour châtiment, m'ont assigné vingt mille écus de dot.

PANTALON, à part.

C'est peut-être la première fois que d'un mal soit résulté un bien.

LÉLIO, à part.

Je défie le premier gazetier d'Europe d'inventer un fait aussi bien circonstancié.

PANTALON.

Mon fils, tu as couru un grand risque; mais rends grâce au ciel d'en être sorti avec honneur, et pour l'avenir, aie un peu plus de jugement. Des pistolets, des pistolets! Cela n'est pas d'usage ici.

LÉLIO.

Depuis ce temps, je n'ai plus porté d'armes à feu.

PANTALON.

Mais pourquoi n'avoir pas parlé de ce mariage à ton oncle?

LÉLIO.

Quand la chose est arrivée, il était grièvement malade.

PANTALON.

Pourquoi ne m'en avoir pas écrit?

LÉLIO.

J'attendais de vous en parler.

PANTALON.

Pourquoi n'avoir pas amené ta femme à Venise?

LÉLIO.

Elle est grosse, dans son sixième mois.

PANTALON.

Grosse de six mois, et ne me point prévenir! Ton

beau-père dira que tu as un père bien impoli, de ne lui avoir pas écrit un seul mot d'excuse et de civilité. Mais ce que je n'ai pas fait, je vais le faire. C'est ce soir le courrier de Naples; je vais écrire sur-le-champ, et recommander qu'on ait grand soin de ma bru, et de l'enfant qu'elle doit mettre au jour. C'est l'enfant de mon fils! c'est le fruit de mes entrailles. Je vais tout de suite.... Mais je ne me souviens plus du nom de don Polycarpe. Redis-le moi mon fils.

LÉLIO, à part.

Peste! ni moi non plus, je ne m'en souviens pas. (*Haut.*) Don Polycarpe-Carciofoli.

PANTALON.

Carciofoli? Il me semble que tu m'avais dit autrement. Je m'en souviens à présent. Tu m'as dit d'Albacava.

LÉLIO.

Sans doute. Carciofoli est le nom de famille, et Albacava celui du fief. On dit indifféremment l'un et l'autre.

PANTALON.

J'entends. Je vais écrire. Je dirai qu'aussitôt que ma chère bru sera transportable, on me l'envoie à Venise. Il me tarde de la voir; il me tarde de baiser ce cher poupon, seule espérance, unique soutien de la maison Bisognosi, bâton de vieillesse du pauvre Pantalon.

(*Il sort.*)

SCÈNE XIII.

LÉLIO, seul.

Quelle terrible fatigue il m'a fallu essuyer pour échapper au mariage de cette Bolonaise, que mon père avait arrêtée pour moi ! Quand je ferai la folie de me lier des chaînes du mariage, je ne veux pas d'autre épouse que Rosaure. Elle me plaît trop. Elle a un je ne sais quoi qui m'a frappé dès la première vue. Après tout, c'est la fille d'un médecin ; mon père aurait mauvaise grâce à la dédaigner. Quand je l'aurai épousée, la Napolitaine se changera en Vénitienne. Mon père désire des bambins ? Je lui en ferai tant qu'il voudra.

(Il sort.)

SCÈNE XIV.

La rue et le balcon de la maison du docteur.

FLORINDE, BRIGHELLA.

FLORINDE.

Brighella, je suis au désespoir.

BRIGHELLA.

Pourquoi ?

FLORINDE.

J'ai entendu dire que le docteur Balanzoni voulait donner sa fille Rosaure à un marquis napolitain.

BRIGHELLA.

De qui tenez-vous cette nouvelle?

FLORINDE.

De la signora Béatrix sa sœur.

BRIGHELLA.

Ainsi, il n'y a plus de temps à perdre : il faut parler, vous déclarer.

FLORINDE.

Oui, Brighella, j'ai résolu de le faire.

BRIGHELLA.

Le ciel en soit loué! Peut-être une fois je vous verrai content.

FLORINDE.

J'ai fait un sonnet qui me servira de déclaration.

BRIGHELLA.

Laissez là les sonnets. Il vaut mieux parler en prose.

FLORINDE.

Ce morceau est assez clair pour qu'on ne puisse s'y méprendre.

BRIGHELLA.

A la bonne heure. Puis-je le voir?

FLORINDE.

Le voilà. Vois comme il est bien écrit.

BRIGHELLA.

Ce n'est pas là votre écriture.

FLORINDE.

Non; je l'ai fait écrire.

ACTE II, SCÈNE XIV.

BRIGHELLA.

Pourquoi cela ?

FLORINDE.

Pour qu'on ne connaisse pas ma main.

BRIGHELLA.

Vous ne voulez donc pas qu'on sache que c'est vous qui l'avez fait?

FLORINDE.

Vois si je puis parler plus clairement de moi-même.

SONNET.

Idole de mon cœur, ma seule jouissance,
Pour vous secrètement je nourris tant de feux
Que des torrens de pleurs s'échappent de mes yeux
Quand de vous posséder je vois fuir l'espérance.

Aucun titre éclatant n'illustre ma naissance ;
Je n'ai point de richesse et je n'ai point d'aïeux.
Je suis mon propre ouvrage, et la rigueur des cieux
Refuse à mes destins l'éclat de l'opulence.

Sous le ciel des Lombards mon œil s'ouvrit au jour.
Vous me voyez souvent près de votre séjour.
Mon feu, long-temps muet, aujourd'hui se dévoile.

Je reste dans l'espoir d'un fortuné retour.
L'avenir vous dira, Rosaure, mon étoile,
Le nom d'un malheureux qui brûle et meurt d'amour.

FLORINDE.

Eh bien, qu'en dis-tu?

BRIGHELLA.

Il est fort beau, fort beau, mais n'explique rien.

FLORINDE.

Comment, il n'explique rien! Ne parle-t-il pas de

moi en termes clairs? Le second quatrain me dépeint exactement. Et puis, lorsque je dis au premier vers du premier tercet :

Sous le ciel des Lombards mon œil a vu le jour,

ne me fais-je pas connaître pour Bolonais?

BRIGHELLA.

Nullement. La Lombardie a aussi Milan, Bergame, Bresse, Vérone, Mantoue, Modène, et tant d'autres villes! Comment deviner que c'est de Bologne qu'il s'agit?

FLORINDE.

Et ce vers :

Vous me voyez souvent près de votre séjour,

ne dit-il pas expressément que c'est moi?

BRIGHELLA.

Il pourrait, à la rigueur, s'appliquer à quelque autre.

FLORINDE

Allons, tu es trop subtil. Le sonnet parle clairement, et Rosaure le comprendra.

BRIGHELLA.

Si vous le donniez vous-même, elle le comprendrait mieux.

FLORINDE.

Je ne veux pas le lui donner.

BRIGHELLA.

Que voulez-vous donc faire?

FLORINDE.

J'ai pensé de le jeter sur le balcon. Elle le trouvera, le lira, et saura tout.

BRIGHELLA.

Et si c'est un autre qui le ramasse?

FLORINDE.

Qui que ce soit qui le trouve, on le fera lire à Rosaure. Chut! vois comme je m'y prends.

(Il jette le sonnet sur le balcon.)

BRIGHELLA.

Peste! vous êtes plus franc de la main que de la langue.

FLORINDE.

Il me semble voir venir quelqu'un sur le balcon.

BRIGHELLA.

Restons là pour voir ce qui se passe.

FLORINDE.

Non, non; allons-nous-en.

(Il sort.)

BRIGHELLA, le suivant.

Il parlera quand il ne sera plus temps.

SCÈNE XV.

COLOMBINE sur le balcon, et ensuite ROSAURE.

COLOMBINE.

J'ai vu tomber je ne sais quoi sur le balcon. Je suis curieuse de savoir ce que c'est. Oh! c'est un papier. Ce sera quelque billet doux. (*Elle l'ouvre.*)

Je suis contrariée de savoir si peu lire. (*Elle épelle.*) S o n son, n e t, net, *sonnet.* Madame, madame, venez au balcon; on y a jeté un sonnet.

ROSAURE, arrivant.

Un sonnet! qui l'a jeté?

COLOMBINE.

Je ne sais; je l'ai trouvé par hasard.

ROSAURE.

En ce cas, je peux le lire.

COLOMBINE.

Lisez-le, et puis vous m'en ferez part. Je cours repasser tandis que mes fers sont chauds.

(Elle sort.)

ROSAURE.

Je le lirai avec plaisir.

(Elle lit à voix basse.)

SCÈNE XVI.

LÉLIO dans la rue, ROSAURE sur le balcon.

LÉLIO.

Voici ma belle Rosaure. Elle lit avec attention. Je suis curieux de savoir ce que ce peut être.

ROSAURE, à elle-même.

Il y a dans ce sonnet des expressions qui me surprennent.

LÉLIO.

La signora Rosaure permet-elle que j'aie l'avantage de la saluer?

ACTE II, SCÈNE XVI.

ROSAURE.

Oh! pardon, monsieur le marquis; je ne vous avais pas vu.

LÉLIO.

Que lisez-vous là de beau? puis-je le savoir?

ROSAURE.

Je vais vous le dire. Colombine m'a appelée sur le balcon où elle a ramassé par hasard ce sonnet; elle me l'a remis; et il se trouve qu'il m'est adressé.

LÉLIO.

En connaissez-vous l'auteur?

ROSAURE.

Il ne porte aucun nom.

LÉLIO.

Mais l'écriture?

ROSAURE.

Inconnue.

LÉLIO.

Et vous n'imaginez pas qui peut l'avoir composé?

ROSAURE.

Je cherche et ne devine point.

LÉLIO.

Est-il beau, ce sonnet?

ROSAURE.

Il me paraît très-beau.

LÉLIO.

N'est-ce pas un sonnet amoureux?

ROSAURE.

Assurément, il parle d'amour. Un amant ne peut écrire avec plus de tendresse.

LÉLIO.

Et vous doutez encore de qui il vous vient ?

ROSAURE.

Je ne puis me le figurer.

LÉLIO.

C'est un enfant de ma muse.

ROSAURE.

Vous avez composé ce sonnet ?

LÉLIO.

Oui, moi, ma chère. Je ne cesse de penser aux différens moyens de vous assurer de mon amour.

ROSAURE.

Vous me rendez surprise.

LÉLIO.

Est-ce que vous ne me croyez pas capable de composer un sonnet ?

ROSAURE.

Pardonnez-moi ; mais il ne va pas à votre situation.

LÉLIO.

Le sonnet ne peint-il pas un cœur qui vous adore?

ROSAURE.

Écoutez le premier vers, et dites-moi s'il est vraiment de vous.

Idole de mon cœur, ma seule jouissance,
Pour vous secrètement je nourris tant de feux...

ACTE II, SCÈNE XVI.

LÉLIO.

Certainement, il est de moi.

> Idole de mon cœur, ma seule jouissance,
> Pour vous secrètement je nourris tant de feux...

Vous voyez, je le sais par cœur.

ROSAURE.

Mais pourquoi *secrètement*, puisque hier vous m'avez parlé ?

LÉLIO.

Je ne vous ai pas dit la centième partie de mes peines. Et puis, il y a un an que je me tais, de sorte que je peux dire que je brûle secrètement.

ROSAURE.

Poursuivons :

> Que des torrens de pleurs s'échappent de mes yeux
> Quand de vous posséder je vois fuir l'espérance.

Pourquoi cela ? quels rivaux avez-vous ?

LÉLIO.

Jalousie ordinaire des amans. Je n'ai point encore parlé à votre père ; vous n'êtes point encore à moi ; je doute toujours, et lorsque je doute, je pleure.

ROSAURE.

Monsieur le marquis, expliquez-moi ces quatre vers, qui sont très-beaux.

> Aucun titre éclatant n'illustre ma naissance ;
> Je n'ai point de richesse, et je n'ai point d'aïeux.
> Je suis mon propre ouvrage ; et la rigueur des cieux
> Refuse à mes destins l'éclat de l'opulence.

LÉLIO, à part.

Peste ! voici l'embarrassant.

ROSAURE.

Et vous persistez à dire que ce beau sonnet est de vous ?

LÉLIO.

Oui, signora, il est de moi. L'amour sincère et loyal qui m'unit à vous ne m'a pas permis de prolonger une fiction qui pouvait un jour être un sujet de chagrin pour vous et de honte pour moi. Je ne suis point gentilhomme, point titré ; j'en fais l'aveu. Je me supposai tel par bizarrerie, en me présentant à deux sœurs dont je ne voulais pas être connu. Je ne voulais pas m'aventurer ainsi en aveugle avant de savoir si je pouvais me flatter de vous plaire. A présent que je vous vois complaisante à mes honnêtes désirs, et que j'ai l'espérance de vous avoir pour maîtresse, j'ai résolu de vous dire la vérité ; mais, n'ayant pas eu le courage de prendre moi-même la parole, j'ai imaginé l'expédient d'un sonnet. Je ne suis pas riche, mais je ne suis point sans fortune ; et comme j'exerce à Naples la noble profession du commerce, il est vrai de dire que je suis l'ouvrage de ma propre industrie.

ROSAURE.

Votre aveu ne me surprend pas médiocrement. Je devrais vous bannir, comme menteur, de ma présence ; mais l'amour que j'ai conçu pour vous ne me le permet pas. Si vous êtes un négociant aisé, vous ne serez pas pour moi un parti méprisable.

ACTE II, SCENE XVI.

Mais le reste du sonnet m'inspire une curiosité encore plus grande. Je vais achever de lire.

LÉLIO, à part.

Que diable peut-il y avoir de pis ?

ROSAURE.

Sous le ciel des Lombards mon œil s'ouvrit au jour.

Comment expliquer ce vers, si vous êtes Napolitain ?

LÉLIO.

Naples est une partie de la Lombardie.

ROSAURE.

Je n'ai jamais entendu dire que dans la Lombardie soit compris le royaume de Naples.

LÉLIO.

Pardonnez-moi. Lisez l'histoire ; vous trouverez que les Lombards ont occupé toute l'Italie, qui, d'après cela, s'appelle Lombardie en style poétique. (*A part.*) Je puis faire de l'érudition avec une femme.

ROSAURE.

Soit. Avançons.

Vous me voyez souvent près de votre séjour.

Je ne vous ai vu que depuis hier ; comment pouvez-vous dire : Vous me voyez souvent ?

LÉLIO.

C'est une faute de copiste. J'avais mis : Vous me verrez...

Vous me verrez souvent près de votre séjour.

ROSAURE.

Mon feu, long-temps muet, aujourd'hui se dévoile.

LÉLIO.

Il y a un an que je me tais ; je n'y tiens plus.

ROSAURE.

Au dernier tercet...

LÉLIO, à part.

Si je m'en tire, ce sera un miracle.

ROSAURE.

Je reste, dans l'espoir d'un fortuné retour.

LÉLIO.

Sans vous, je serais à cette heure à Londres ou en Portugal. Mes affaires l'exigeraient ; mais l'amour que j'ai pour vous me retient à Venise.

ROSAURE.

L'avenir vous dira, Rosaure, mon étoile,
Le nom d'un malheureux qui brûle et meurt d'amour.

LÉLIO.

Oui, l'avenir me fera connaître. Il vous apprendra que mon nom n'est point Asdrubal di Castel d'Oro, mais Ruggiero Pandolfi.

ROSAURE.

Le sonnet, pour être compris, a besoin d'explication.

LÉLIO.

Les poëtes ont coutume de parler par figures.

ROSAURE.

Et vous avez étendu jusqu'au nom la fiction poétique.

LÉLIO.

Hier, j'étais en disposition de feindre.

ROSAURE.

Et aujourd'hui, en quelle disposition êtes-vous ?

LÉLIO.

Je dis ingénument la vérité.

ROSAURE.

Puis-je croire que vous m'aimez... sans fiction ?

LÉLIO.

Je brûle pour vous, et je ne puis avoir de repos sans l'espérance de vous posséder.

ROSAURE.

Je ne veux pas être exposée à de nouvelles tromperies. Parlez à mon père. Faites-vous connaître à lui; et s'il vous accepte, ne craignez pas un refus de moi. Encore bien que vous m'ayez trompée, je ne vous dédaigne pas.

LÉLIO.

Mais où pourrais-je trouver votre père ?

ROSAURE.

Le voici qui vient.

SCÈNE XVII.

LE DOCTEUR, les précédens.

LE DOCTEUR, de loin à Rosaure.

Est-ce lui ?

ROSAURE.

Oui, mais....

LE DOCTEUR, sans être entendu de Lélio.

Rentrez.

ROSAURE, rentrant.

Il faut que j'obéisse.

LÉLIO, à lui-même.

Vraiment, je m'en suis fort bien tiré. Gil Blas n'a jamais eu d'aussi plaisantes aventures.

LE DOCTEUR, à part.

Il a bien la tournure d'un grand seigneur, mais il me semble un peu fat.

LÉLIO, à part.

Maintenant il s'agit d'enjôler le père si c'est possible. (*Haut.*) Seigneur docteur, je vous fais ma révérence.

LE DOCTEUR.

Très-humble serviteur.

LÉLIO.

N'êtes-vous pas le père de la signora Rosaure ?

LE DOCTEUR.

Pour vous servir.

LÉLIO.

Je m'en réjouis infiniment, et je désire l'honneur de vous faire agréer mes services.

LE DOCTEUR.

Vous avez bien de la bonté.

LÉLIO.

Seigneur, je suis un homme qui en toutes choses va droit au but. Permettez-moi donc de vous dire sans réambule que je suis amoureux de votre fille, et ue je désire de l'épouser.

LE DOCTEUR.

J'aime qu'on s'explique ainsi laconiquement. Et oi, je vous réponds que vous me faites trop d'honeur, et que je vous accorderai ma fille très volon-iers, quand il vous plaira de produire en votre fa-eur de suffisans témoignages.

LÉLIO.

Puisque vous m'accordez la signora Rosaure, je ais me faire connaître immédiatement.

LE DOCTEUR.

N'êtes-vous pas le marquis Asdrubal ?

LÉLIO.

Je vous dirai, mon cher ami...

SCÈNE XVIII.

OCTAVIO, les précédens.

OCTAVIO.

Je vous cherchais. Vous avez à me rendre compte des impostures inventées contre l'honneur des filles de monsieur le docteur. Si vous êtes un galant homme, mettez la main à l'épée.

LE DOCTEUR.

Comment ? Monsieur le marquis...

OCTAVIO.

Que parlez-vous de marquis ? C'est Lélio, fils du seigneur Pantalon.

LE DOCTEUR.

Oh! diable! Qu'est-ce que j'apprends?

LÉLIO, mettant l'épée à la main.

Qui que je sois, j'aurai assez de cœur pour vous répondre.

OCTAVIO.

Nous allons voir : venez.

LE DOCTEUR, les séparant.

Halte-là; arrêtez-vous. Seigneur Octavio, je ne veux point de combat. — Pourquoi vouloir vous battre avec ce vilain fourbe? Allons, venez avec moi.

OCTAVIO.

Laissez-moi, je vous prie.

LE DOCTEUR.

Je ne veux pas, je ne veux pas absolument. Si vous tenez à la main de ma fille, suivez-moi.

OCTAVIO.

Je suis forcé d'obéir. Nous nous reverrons dans un autre moment.

LÉLIO.

En tout temps je serai prêt à vous donner satisfaction.

LE DOCTEUR, s'en allant avec Octavio.

Beau marquis! beau Napolitain! beau gentilhomme! menteur! fourbe! aventurier!

SCÈNE XIX.

LÉLIO, ensuite ARLEQUIN.

LÉLIO.

Maudit soit cet Octavio ! Il a pris à tâche de me persécuter ; mais je jure qu'il me le paiera. Cette épée le fera repentir de m'avoir insulté.

ARLEQUIN.

Seigneur, que faites-vous là l'épée à la main ?

LÉLIO.

J'ai été provoqué par Octavio.

ARLEQUIN.

Vous êtes-vous battus ?

LÉLIO.

Nous nous sommes battus trois quarts d'heure.

ARLEQUIN.

Qu'en est-il arrivé ?

LÉLIO.

D'une estocade, je l'ai transpercé de part en part.

ARLEQUIN.

Et il est mort ?

LÉLIO.

Rien que cela.

ARLEQUIN.

Où est le cadavre ?

LÉLIO.

On l'a retiré.

ARLEQUIN.

Bravo, mon cher maître ; je vous reconnais pour un galant homme. Vous n'en aviez jamais fait tant de votre vie.

SCÈNE XX.

OCTAVIO, les précédens.

(Stupéfaction d'Arlequin.)

OCTAVIO.

Je ne suis pas content de vous. Je vous attends demain à la Giudecca [6]. Si vous êtes homme d'honneur, vous y viendrez vous battre avec moi.

LÉLIO.

Vous pouvez m'attendre, je vous promets d'y aller.

OCTAVIO, s'en allant.

Vous y apprendrez à être moins menteur.

ARLEQUIN riant.

Seigneur, le défunt marche.

LÉLIO.

La colère m'avait aveuglé ; j'aurai tué quelque autre à sa place.

ARLEQUIN.

Je suppose que vous l'aurez tué avec une épée d'une invention ingénieuse.

(Il éternue et sort.)

SCÈNE XXI.

LÉLIO seul.

Point d'esprit sans invention. Ce sonnet pourtant m'a mis dans un grand embarras. Que pouvais-je dire de pis que : ... *Aucun titre éclatant n'illustre ma naissance;* et que : *je n'ai point de richesses, et je n'ai point d'aïeux !* et ensuite : *Sous le ciel des Lombards mon œil s'ouvrit au jour.* Ce rival inconnu m'a déconcerté d'abord ; mais mon habileté, mon adresse, ma promptitude d'esprit, mettent à fin les plus étranges aventures. Quand je ferai mon testament, je veux ordonner que sur ma tombe on grave cette épitaphe :

> Ci-gît, de façon assez triste,
> Ce Lélio, qui, pour piper,
> En savait plus qu'un journaliste,
> Plus qu'un avocat pour tromper.
> Sous la Parque alors qu'il succombe,
> La Parque a fait un tel effort,
> Que, couché là dans cette tombe,
> C'est tout au plus s'il est bien mort.

FIN DU DEUXIÈME ACTE.

ACTE TROISIÈME.

SCÈNE PREMIÈRE.

Une rue.

FLORINDE sortant de la maison, BRIGHELLA.

BRIGHELLA.

Sior Florinde, justement je vous cherchais.

FLORINDE.

Moi ! Que me veux-tu, mon cher Brighella ?

BRIGHELLA.

Avez-vous parlé ? vous êtes-vous déclaré à la siora Rosaure ?

FLORINDE.

Pas encore. Depuis le sonnet, je ne l'ai pas revue.

BRIGHELLA.

J'ai peur qu'il ne soit plus temps.

FLORINDE.

O Dieu ! Et pourquoi ?

BRIGHELLA.

Parce qu'un certain aventurier s'avance pour vous ôter du plat l'andouillette.

ACTE III, SCÈNE I.

FLORINDE.

Raconte-moi qui ce peut être. N'est-ce pas le marquis di Castel d'Oro ?

BRIGHELLA.

Justement. J'ai trouvé son valet qui est de mon pays ; et, comme il est un peu bavard, il m'a conté tout. Vous saurez qu'auprès de la signora Rosaure il s'est donné pour l'auteur de la sérénade, pour l'auteur du sonnet, et lui a enfilé mille bourdes à la suite les unes des autres. Vous semez, et il recueille. Vous soupirez, et il rit. Vous vous taisez, et il parle. Bref, il tâtera de la demoiselle, et vous la fera passer sous le nez.

FLORINDE.

Vraiment, Brighella, tu me racontes là de grandes choses.

BRIGHELLA.

Voilà le moment d'agir. Ou parler à l'instant même, ou perdre toute espérance.

FLORINDE.

Je parlerais bien, mais je n'en ai pas le courage.

BRIGHELLA.

Allez trouver son père.

FLORINDE.

Je n'oserai jamais.

BRIGHELLA.

Adressez-vous à quelque ami.

FLORINDE.

Je ne sais à qui me fier.

Théâtre de Goldoni.

BRIGHELLA.

Je parlerais bien, moi ; mais il ne sied pas qu'un valet se mêle de ces sortes d'affaires.

FLORINDE.

Conseille-moi.

BRIGHELLA.

Entrons dans la maison, et tenons conseil.

FLORINDE.

Si je perds Rosaure, je suis au désespoir.

BRIGHELLA.

Pour ne pas la perdre, il faut un prompt remède.

FLORINDE.

Oui, mettons le temps à profit. Cher Brighella, combien je t'ai d'obligations! Si j'épouse Rosaure, je reconnaîtrai que tout mon bonheur vient de ton amitié.

BRIGHELLA.

Peut-être alors ne vous souviendrez-vous plus de moi. Mais patience ; je vous veux du bien, et je travaille de bon cœur.

(Ils entrent dans la maison.)

SCÈNE II.

PANTALON, une lettre à la main.

Je veux aller moi-même mettre cette lettre à la poste pour Naples. Je ne dois pas m'exposer aux négligences d'un domestique; je ne veux pas manquer à ce que je dois au seigneur Polycarpe. Mais que d'extravagances de la part de mon fils ! Il est marié, et le voilà en intrigue avec la fille du docteur. Voilà ce que c'est de l'avoir envoyé à Naples. Si je l'avais gardé sous mes yeux, il ne serait pas ainsi. Mais il a beau être marié et grand garçon, je saurai bien le morigéner. Le docteur a raison d'exiger une réparation convenable. Le fourbe ! Marquis de Castel d'Oro, des sérénades ! des soupers !... S'amuser à mettre en pièces la réputation d'une honnête famille ! Il aura affaire à moi. Portons d'abord ma lettre, et puis je lui parlerai de la bonne manière.

SCÈNE III.

PANTALON, un Facteur.

LE FACTEUR.

Sior Pantalon, une lettre. Trente sous.

PANTALON.

De quel pays ?

LE FACTEUR.

Elle vient par le courier de Rome.

PANTALON.

Ce sera une lettre de Naples. Voilà trente sous. Elle est bien grosse.

LE FACTEUR.

Permettez. Qu'est-ce qu'un sior Lélio Bisognosi ?

PANTALON.

C'est mon fils.

LE FACTEUR

Depuis quand est-il ici?

PANTALON.

Il arrive de Naples.

LE FACTEUR.

J'ai aussi une lettre pour lui.

PANTALON.

Donnez-la-moi, puisque je suis son père.

LE FACTEUR.

La voici. Sept sous.

PANTALON.

Voilà sept sous.

LE FACTEUR, s'en allant.

Serviteur très-humble.

SCÈNE IV.

PANTALON seul.

De qui peut venir cette lettre, et que dit-elle? Le caractère me semble inconnu. Ouvrons, et je le saurai. Sottise ordinaire, vouloir deviner qui écrit avant d'ouvrir la lettre. « Mon très-honoré seigneur. » Quelle signature? « Masaniello Capezzali, Naples, 24 avril 1750. » Je ne sais qui c'est; voyons. « Ayant écrit deux lettres au seigneur Lélio, votre fils, sans en avoir eu de réponse... » Mon fils s'est arrêté à Rome; ces deux lettres seront restées à la poste.

ACTE III, SCÈNE IV.

« J'ai résolu d'écrire la présente à votre seigneurie, dans la crainte qu'il ne soit pas arrivé ou qu'il soit malade. Le seigneur Lélio, deux jours avant de quitter Naples, m'a recommandé, à moi son bon ami, de lui procurer les attestations de célibat nécessaires pour pouvoir se marier dans un autre pays... » Qu'est-ce que cela veut dire, puisqu'il est déjà marié ? « Personne ne pouvait mieux que moi le servir en cela, puisque, jusqu'au dernier moment de son départ, j'ai passé presque tout mon temps avec lui dans la plus étroite intimité. » Celui-là devrait savoir le mariage secret. « J'ai donc, de concert avec notre commun ami Nicoluccio, obtenu ces certificats, que je crois devoir, de peur qu'ils ne se perdent, vous envoyer en bonne forme, et dûment légalisés. » Comment ? Qu'est-ce que cela veut dire ? Des attestations de célibat ! Est-ce qu'il ne serait pas marié ? Ou les certificats sont faux, ou le mariage est un conte. Poursuivons. « C'est un miracle que le seigneur Lélio s'en retourne libre dans son pays, après les périls infinis dans lesquels son bon cœur l'a jeté ; mais je puis me vanter de l'avoir, par bonne amitié, soustrait à mille et mille écueils ; de sorte qu'il est parti de Naples sans engagement, ce qui ne fera pas un médiocre plaisir à votre seigneurie, qui pourra l'établir à sa convenance. J'ai l'honneur d'être... » Qu'est-ce que j'apprends là ? Lélio n'est point marié ! Voilà bien les attestations de célibat. Elles sont authentiques et bien conditionnées. Non, elles ne sauraient être fausses. Ce galant homme qui m'écrit, quel intérêt aurait-il d'inventer une fausseté ? cela ne peut être. Je n'en vois pas la raison; mais pourquoi Lélio serait-il venu me débiter ce mensonge? Je m'y perds. Voyons si cette autre lettre qui lui est adressée ne pourra pas m'apprendre quelque chose.

(Il se dispose à ouvrir la lettre.)

SCÈNE V.

LÉLIO, PANTALON.

LÉLIO.

Je suis bien aise de vous trouver, mon père.

PANTALON.

Et vous, mon fils, vous venez fort à propos. Dites-moi, connaissez-vous à Naples un certain sior Masaniello Capezzali?

LÉLIO, à part.

Je l'ai connu particulièrement. Il sait toutes mes folies, je ne voudrais pas que mon père s'avisât de lui écrire.

PANTALON.

Est-ce un galant homme, un homme franc, sincère?

LÉLIO.

Plus à présent.

PANTALON.

Et pourquoi?

LÉLIO

Parce que le pauvre homme est mort.

PANTALON

Depuis combien de temps?

LÉLIO.

Avant mon départ de Naples.

PANTALON.

N'y a-t-il pas trois mois que vous en êtes parti ?

LÉLIO.

Oui, environ.

PANTALON.

Je vais vous faire un grand plaisir. Votre cher ami Masaniello est ressuscité.

LÉLIO.

Quelle facétie !

PANTALON.

Voyez. N'est-ce pas son écriture ?

LÉLIO.

Eh non ! (*A part.*) Ce ne l'est que trop bien. Que diable peut-il lui écrire ?

PANTALON.

Vous êtes certain que ce n'est point là son écriture ?

LÉLIO.

Très-certain. D'ailleurs puisqu'il est mort...

PANTALON, à part.

Ou ces certificats sont faux, ou mon fils est le roi des menteurs. Usons d'adresse pour découvrir la vérité.

LÉLIO, à part.

Je serais curieux de savoir ce que contient cette lettre. (*Haut.*) Mon père, laissez-moi regarder mieux si je connais le caractère.

PANTALON.

Le sior Masaniello n'est-il pas mort ?

LÉLIO.

Sans aucun doute.

PANTALON.

Puisqu'il est mort, c'est fini. Venons à autre chose. Qu'avez-vous donc fait au docteur Balanzani?

LÉLIO.

Au docteur? Rien du tout.

PANTALON.

A lui, sans doute, rien ; mais à sa fille ?

LÉLIO.

C'est elle qui m'a fait quelque chose.

PANTALON.

Elle? Que diable peut-elle t'avoir fait ?

LÉLIO.

Elle m'a charmé, ensorcelé.

PANTALON.

Conte-moi donc comment cela.

LÉLIO.

Hier soir, je sortais pour mes affaires. Elle me vit de sa fenêtre : ce je ne sais quoi dans ma figure qui donne de l'amour à toutes les femmes, produisit sur elle un effet subit; elle me salua en poussant un profond soupir. Moi qui, lorsque j'entends soupirer une femme, tombe mort aussitôt, je m'arrêtai à la regarder. Mes yeux rencontrèrent les siens; il faut que dans ces yeux logent deux diables. Je suis un homme perdu, ruiné, sans aucun remède.

ACTE III, SCÈNE V.

PANTALON.

Tu vas vite en amour. Dis-moi, est-ce toi qui as donné cette sérénade?

LÉLIO.

Oh! bien oui! La sérénade passait par hasard, je m'arrêtai pour l'entendre. La jeune personne me l'attribua, et je la laissai dans l'erreur.

PANTALON.

Et tu as inventé de dire qu'après la sérénade tu étais entré dans la maison?

LÉLIO.

Je ne dis point de mensonges; je suis entré dans la maison.

PANTALON.

Et tu as soupé avec la jeune personne?

LÉLIO.

Oui, seigneur, c'est la vérité; j'ai soupé avec elle.

PANTALON.

Et tu n'as vu aucun mal à cela?

LÉLIO.

Elle m'a invité, je m'y suis rendu.

PANTALON.

Te semble-t-il qu'un homme marié doive faire pareilles choses?

LÉLIO.

Il est vrai, j'ai eu tort. Cela ne m'arrivera plus.

PANTALON.

Car tu es bien marié?

LÉLIO.

A moins que ma femme ne soit morte.

PANTALON.

Comment serait-elle morte ?

LÉLIO.

Elle a pu mourir en couches.

PANTALON.

Elle n'est grosse que de six mois.

LÉLIO.

Une fausse couche.

PANTALON.

Dis-moi un peu. Sais-tu qui est cette siora Rosaure qui t'a fait souper dans sa maison ?

LÉLIO.

C'est la fille du docteur Balanzani.

PANTALON.

Eh bien, c'est précisément celle-là même que ce matin je voulais te donner pour femme.

LÉLIO, vivement.

Celle-là ?

PANTALON.

Oui, celle-là.

LÉLIO.

Vous m'avez dit la fille d'un Bolonais.

PANTALON.

Le docteur Balanzani est de Bologne.

LÉLIO, à part.

Oh ! diable ! qu'ai-je fait !

ACTE III, SCÈNE V.

PANTALON.

Qu'en dis-tu? si tu eusses été libre, l'aurais-tu prise volontiers?

LÉLIO.

Oh! de grand cœur. Mon père, je vous en supplie, ne rompez point votre engagement avec le docteur; que sa fille soit à moi, je ne puis vivre sans elle!

PANTALON.

Mais puisque tu es marié.

LÉLIO.

Il se peut que ma femme soit morte.

PANTALON.

Ce sont là des espérances de fou. Aie du jugement; occupe-toi de tes affaires, et laisse-là les filles coquettes. J'ai remercié la siora Rosaure; et, pour donner satisfaction au docteur, je vais te renvoyer à Naples.

LÉLIO.

Au nom du ciel, n'en faites rien.

PANTALON.

N'auras-tu pas du plaisir à revoir ta femme?

LÉLIO.

Ah! vous voulez me voir mourir.

PANTALON.

Pourquoi?

LÉLIO.

Je mourrai si vous me privez de la signora Rosaure.

PANTALON.

Mais combien de femmes veux-tu donc? T'en faut-il sept comme aux Turcs?

LÉLIO.

Il ne m'en faut qu'une.

PANTALON.

Eh bien, tu as ta Briséis.

LÉLIO.

Hélas!... Briséis...

PANTALON.

Qu'est-ce que c'est?

LÉLIO.

Mon père, je tombe à vos pieds.

PANTALON.

Comment! que voulez-vous dire?

LÉLIO.

Je vous demande mille fois pardon.

PANTALON.

Expliquez-vous.

LÉLIO.

Briséis est un conte, et je ne suis point marié.

PANTALON.

Bravo! monsieur, bravo! Voilà donc les impostures que vous contez à votre père! Vil menteur! Et c'est là cette belle école de Naples! Vous revenez à Venise, et, à peine arrivé, avant de voir votre père, vous faites accroire à des personnes qui vous sont inconnues que vous êtes un Napolitain, don Adrusbal de Castel d'Oro, riche à millions, neveu de princes, et, peut s'en faut, frère d'un roi. Vous inventez mille fourberies à la honte de deux filles honnêtes et bien élevées. Après cela, c'est le tour de votre pauvre père d'être indignement trompé. Vous lui dites que vous êtes marié à Naples ; vous mêlez dans votre conte une Briséis, un Polycarpe, une montre, un pistolet ; vous lui faites répandre des larmes de plaisir pour une bru imaginaire, pour un petit enfant de votre invention ; vous souffrez que j'écrive à votre beau-père une lettre de compliment... Comment diable avez-vous fait pour imaginer toutes ces choses ? Où trouvez-vous le magasin de ces inventions diaboliques ? Monsieur, l'honnête homme ne se distingue point à sa naissance, mais à ses actions. Le crédit d'un marchand consiste à dire toujours la vérité ; notre meilleur fonds de commerce est la bonne foi. Si vous n'avez ni bonne foi ni réputation, vous serez toujours un homme suspect, un mauvais négociant, indigne de cette place, indigne de ma maison, indigne de porter l'honorable nom de Bisognosi.

LÉLIO.

Ah ! mon père, vous me faites rougir. L'amour que j'ai conçu pour la signora Rosaure, sans savoir que c'était elle que vous m'aviez destinée pour épouse, est ce qui m'a jeté dans cette série de mensonges, contre ma délicatesse et mon habitude.

PANTALON.

S'il était vrai que le repentir... Mais j'ai peur que vous ne soyez menteur par nature, et que ce vice ne s'aggrave encore avec le temps.

LÉLIO.

Non, certainement. Je déteste les mensonges, je les abhorre. Je serai toujours amant de la vérité. Je jure qu'il ne m'échappera jamais une syllabe, non-seulement fausse, mais équivoque. Obtenez-moi le pardon de ma chère Rosaure, sinon vous me verrez mourir. Tout à l'heure encore j'ai vomi le sang dans l'excès de mon amour.

PANTALON, à part.

Pauvre garçon ! il me fait peine. (*Haut.*) Si je pouvais me fier à toi, je tâcherais d'arranger la chose : mais j'ai peur...

LÉLIO.

Que la foudre m'écrase si je dis encore un seul mensonge.

PANTALON.

Ainsi tu n'es point marié à Naples ?

LÉLIO.

Non, mon père.

PANTALON.

Tu n'as d'engagement avec aucune femme ?

LÉLIO.

Avec aucune.

PANTALON.

Ni à Naples, ni ailleurs ?

LÉLIO.

Nulle part.

PANTALON.

Prends bien garde !....

ACTE III, SCÈNE V.

LÉLIO.

Je ne mentirais plus pour tout l'or du monde.

PANTALON.

As-tu tes attestations de célibat?

LÉLIO.

Je les attends à chaque moment.

PANTALON.

Si je venais de les recevoir?

LÉLIO.

Plût au ciel! j'espérerais obtenir plutôt ma chère Rosaure.

PANTALON, les lui donnant.

Tiens, n'est-ce pas cela?

LÉLIO.

Oh! oui, les voilà. Que je suis heureux!

PANTALON.

C'est bien dommage qu'elles soient fausses.

LÉLIO.

Comment, fausses? Ne voyez-vous pas le cachet?

PANTALON.

Elles sont fausses, te dis-je; c'est un mort qui les a expédiées.

LÉLIO.

Comment! un mort!

PANTALON.

Elles me sont envoyées par le sior Masaniello Capazzoli, que tu dis être mort depuis trois mois.

LÉLIO.

Laissez-moi voir... Maintenant je reconnais l'écriture. Ce n'est point le vieux Masaniello qui écrit; c'est son fils, mon ami intime.

(Il lui rend les certificats.)

PANTALON.

Et le fils a pour prénom Mazaniello, comme son père ?

LÉLIO.

Oui ; par des raisons d'hérédité, tous portent le même prénom.

PANTALON.

C'est ton ami intime, et tu ne connaissais pas son écriture ?

LÉLIO.

Vivant toujours ensemble, nous n'avions pas occasion de nous écrire.

PANTALON.

Et tu connaissais celle du père?

LÉLIO.

Oui, parce qu'il était banquier et me faisait des lettres de change.

PANTALON.

Mais pourquoi le fils, puisque son père est mort, ne cachète-t-il pas ses lettres avec de la cire noire?

LÉLIO.

Vous savez que la cire noire n'est plus d'usage.

PANTALON.

Lélio, je voudrais bien que tu ne me contasses pas de nouvelles sornettes.

LÉLIO.

Si je dis encore une seule tromperie, je veux mourir.

PANTALON.

Tais-toi, mauvais sujet. Ainsi donc, ces attestations sont bonnes?

LÉLIO.

Excellentes, et je puis me marier demain.

PANTALON.

Mais tu viens de passer à Rome deux mois et plus.

LÉLIO.

C'est ce que personne n'a besoin de savoir. Il est censé que je me suis rendu directement de Naples à Venise; je trouverai deux témoins qui l'attesteront.

PANTALON.

Et tu prétends que tu ne veux plus mentir!

LÉLIO.

Ce n'est pas là mentir; c'est faciliter les affaires.

PANNALON.

Il suffit : j'en causerai avec le docteur. Mais qu'est-ce que c'est que cette lettre que le facteur vient de me donner?

LÉLIO.

Est-elle pour moi?

PANTALON.

Oui, et taxée sept sous. Il faut qu'elle vienne de Rome.

LÉLIO.

Cela peut être. Donnez, que je la lise.

PANTALON.

Si vous le trouvez bon, je la lirai moi-même.

(Il rompt le cachet.)

LÉLIO.

Mais permettez... elle est pour moi.

PANTALON.

Eh! ne suis-je pas votre père?

LÉLIO.

Comme il vous plaira. (*A part.*) Je ne voudrais pas que cette lettre vînt à causer quelque nouvel imbroglio.

PANTALON lit.

« Mon très-cher époux. » (*Regardant Lélio.*) Mon très-cher époux!

LÉLIO.

Cette lettre n'est pas pour moi.

PANTALON.

Voyez l'adresse : « A l'illustrissime signor, signor et très-respectable patron, le signor Lélio Bisognosi, à Venise. »

LÉLIO.

Vous voyez bien qu'elle n'est pas pour moi.

PANTALON.

Pourquoi cela?

LÉLIO.

Nous ne sommes pas illustrissimes.

PANTALON.

Au temps qui court, les titres sont à bon marché, et si tu voulais, tu te ferais donner de l'altesse.

ACTE III, SCÈNE V.

Voyons qui écrit : « Votre très-fidèle épouse, Cléonice Anselmi. »

LÉLIO.

Quand je vous disais que la lettre n'était pas pour moi.

PANTALON.

Mais pourquoi?

LÉLIO.

Parce que je ne connais pas cette femme.

PANTALON.

Mensonge! je ne te crois plus.

LÉLIO.

Je suis corrigé, grâce au ciel!

PANTALON.

La belle assurance que j'ai là!

LÉLIO.

Je vous l'ai dit, puissé-je mourir si je mens encore!

PANTALON.

A qui veux-tu que cette lettre soit adressée?

LÉLIO.

A quelque autre, qui porte les mêmes noms que moi.

PANTALON.

Je n'ai jamais entendu dire qu'il y eût à Venise d'autre maison Bisognosi que la mienne.

LÉLIO.

Il y a des Bisognosi à Naples et à Rome.

PANTALON.

C'est à Venise que la lettre est adressée.

LÉLIO.

Et ne peut-il pas y avoir à Venise quelque Lélio Bisognosi de Naples ou de Rome ?

PANTALON.

Cela se peut. Voyons la lettre.

LÉLIO.

Pardon, mon père ; il n'est pas bien de lire les lettres des autres : quand on en ouvre une par erreur, on doit la refermer sans la lire.

PANTALON.

Je puis lire une lettre adressée à mon fils.

LÉLIO.

Mais si elle n'est pas pour moi ?

PANTALON.

Nous le verrons.

LÉLIO, à part.

Nul doute que Cléonice ne m'accable de reproches ; mais je parerai le coup avec mon adresse ordinaire.

PANTALON, lisant.

« Votre départ de Rome m'a jetée dans une tristesse affreuse. Vous m'aviez promis de me conduire avec vous à Venise, et vous êtes parti brusquement...»

LÉLIO.

J'avais raison de dire que la lettre n'était pas pour moi.

PANTALON.

Cependant on dit : « Parti pour Venise. »

LÉLIO.

Oui, cet autre Lélio.

PANTALON.

« Ressouvenez-vous que vous m'avez donné la foi de mariage. »

LÉLIO.

Décidément, elle n'est pas pour moi.

PANTALON.

En effet, vous n'avez d'engagement avec personne.

LÉLIO.

Non, certainement.

PANTALON.

Vous ne dites plus de menteries?

LÉLIO.

Plus du tout.

PANTALON.

Poursuivons.

LÉLIO, à part.

Cette lettre est le pendant du sonnet.

PANTALON.

« Si jamais vous aviez l'intention de m'abandonner, soyez sûr qu'en quelque lieu que ce fût, je saurais me faire rendre justice. »

LÉLIO.

Quelque pauvre diablesse délaissée.

PANTALON.

Il faut que ce Lélio Bisognoni soit un mauvais garnement.

LÉLIO.

Je suis fâché qu'il fasse tort à mon nom.

PANTALON.

Vous qui êtes un homme si loyal!...

LÉLIO.

Je m'en vante.

PANTALON.

Voyons la fin. « Si vous ne m'appelez pas auprès de vous pour m'épouser, je ferai écrire par des personnes d'autorité au seigneur Pantalon, votre père... »

LÉLIO.

Eh bien, voilà-t-il pas que le nom du père est aussi le même?

PANTALON.

« Je sais que le seigneur Pantalon est un négociant de Venise très-considéré. » De mieux en mieux! « Et quoique vous ayez été élevé à Naples par son frère... » A merveille. « Il aura pour vous de l'amour et de la sollicitude, et ne voudra pas que vous restiez en prison, jusqu'à la restitution des sommes que vous m'avez emportées à titre d'à-compte sur la dot... » (*D'un ton sévère.*) Monsieur...

LÉLIO.

Je jurerais que c'est quelque mauvaise plaisanterie d'un de mes amis.

PANTALON.

Une plaisanterie d'un de vos amis! Écoutez ce que

j'ai à vous dire sans plaisanter. Je vous défends, indigne, de mettre le pied dans ma maison ; je vous remettrai votre légitime. Allez à Rome acquitter la parole que vous avez donnée.

LÉLIO.

Comment, mon père...

PANTALON.

Sors d'ici, menteur effronté ; fourbe vil et incorrigible, laisse-moi.

LÉLIO.

Allons, il ne faut pas se déconcerter pour cette bourrasque. Cependant, j'en prends sérieusement la résolution, je ne veux plus proférer de mensonges ; je veux tâcher de dire toujours la vérité. Si pourtant je m'apercevais que la vérité nuisît à mes affaires?.. Oh! alors, je serais bien tenté de retourner aux menteries.

(Il sort.)

SCÈNE VI.

Une chambre dans la maison du docteur.

LE DOCTEUR, ROSAURE.

LE DOCTEUR.

Dites-moi un peu, ma fille, combien y a-t-il de temps que vous n'avez vu M. le marquis Asdrubal di Castel d'Oro?

ROSAURE

Je sais très-bien qu'il n'est pas marquis.

LE DOCTEUR.

Ainsi, vous savez qui il est.

ROSAURE.

Oui, mon père. Il s'appelle Ruggiero Pandolfi, négociant napolitain.

LE DOCTEUR.

Ruggiero Pandolfi?

ROSAURE.

C'est ainsi qu'il me l'a dit lui-même.

LE DOCTEUR.

Négociant napolitain!

ROSAURE.

Napolitain.

LE DOCTEUR.

Fille sotte et sans jugement! sais-tu qui est cet homme?

ROSAURE.

Qui peut-il être?

LE DOCTEUR.

Lélio, fils de Pantalon.

ROSAURE.

Celui que vous m'aviez proposé pour époux?

LE DOCTEUR.

Oui, ce bon sujet.

ROSAURE.

Eh bien, mon père, en ce cas, la chose devient facile à arranger.

LE DOCTEUR.

Apprends, malheureuse, apprends où pouvait te

conduire ton inconséquence, et la facilité avec laquelle tu as prêté l'oreille à un inconnu. Lélio Bisognosi, qui, sous un nom emprunté, a cherché à te séduire, est marié à Naples.

ROSAURE.

En avez-vous la certitude? Je ne puis le croire.

LE DOCTEUR.

Je le sais de bonne part. C'est son propre père qui me l'a dit.

ROSAURE, pleurant.

Malheureuse que je suis! Traître! déloyal!

LE DOCTEUR.

Tu pleures, écervelée! Il faut mettre dans sa conduite plus de jugement, plus de réflexion. Je ne puis veiller à tout; j'ai à remplir les soins de mon état: mais puisque tu manques de prudence, je te mettrai dans un lieu où les faiblesses ne seront pas à craindre.

ROSAURE.

Vous avez raison. Punissez-moi, je le mérite. (*A part.*) Scélérat! imposteur! le ciel te châtiera.

(Elle sort.)

SCÈNE VII.

LE DOCTEUR, et ensuite OCTAVIO.

LE DOCTEUR.

Je la plains et je lui pardonne; mais, pour le soin de sa réputation, il faut que je la mette en lieu sûr.

OCTAVIO.

Seigneur docteur, votre femme de chambre m'est venu dire que la signora Béatrix désirait me parler. Je suis homme d'honneur, et ne veux pas communiquer avec la fille sans l'agrément du père.

LE DOCTEUR.

A merveille; vous êtes un galant homme. J'ai toujours eu de l'estime pour vous, et maintenant vous mettez le comble à mes préventions favorables. Si cela vous convient, votre mariage avec ma fille sera signé aujourd'hui même. (*A part.*) Il me tarde que ma maison soit débarrassée de ce fardeau.

OCTAVIO.

Si cela me convient? assurément.

LE DOCTEUR.

Appelons Béatrix pour savoir sa volonté.

SCÈNE VIII.

COLOMBINE, les précédens.

COLOMBINE.

Seigneur, le signor Lélio Bisognosi, ci-devant marquis, voudrait vous dire un mot.

OCTAVIO.

Celui-là me le paiera, certainement.

LE DOCTEUR.

Reposez-vous du soin de son châtiment sur lui-même. Voyons un peu ce qu'il veut me dire. Faites entrer !

COLOMBINE.

Oh ! le fourbe ! Et puis on parle de nous autres femmes !

OCTAVIO.

Il aura monté quelque nouvelle machine.

LE DOCTEUR.

S'il est marié, ses machines avec Rosaure sont finies.

SCÈNE IX.

LÉLIO, OCTAVIO, LE DOCTEUR.

LÉLIO.

Seigneur docteur, je viens, plein de confusion et de honte, vous demander pardon.

LE DOCTEUR.

Maître fourbe !

OCTAVIO, à Lélio.

A demain notre explication particulière.

LÉLIO.

Vous voulez vous battre avec moi, vous voulez m'avoir pour ennemi, et moi, je viens implorer ici votre protection et votre amitié.

OCTAVIO.

Auprès de qui ?

LÉLIO.

Auprès du très-cher docteur.

LE DOCTEUR.

Que voulez-vous de moi ?

LÉLIO.

La main de votre fille.

LE DOCTEUR.

La main de ma fille ! et vous êtes marié ?

LÉLIO.

Moi, marié ! cela n'est pas vrai. Je serais un téméraire, un indigne, si, lorsque je vous fais une telle demande, j'étais engagé ailleurs par la moindre promesse.

LE DOCTEUR.

Voulez-vous me rendre dupe de quelque nouvelle imposture ?

OCTAVIO.

Vos mensonges ont perdu leur crédit.

LÉLIO.

Mais qui vous a dit que j'étais marié ?

LE DOCTEUR.

Votre père. Il m'a dit que vous aviez épousé la signora Briséis, fille de don Polycarpe.

LÉLIO.

Ah ! seigneur docteur, il m'est pénible de donner un démenti à mon père ; mais le soin de ma réputation et l'amour que j'ai conçu pour la signora Rosaure, me forcent de parler. Non, mon père ne vous a pas dit vrai.

LE DOCTEUR.

Taisez-vous, rougissez de parler ainsi. Votre père est un galant homme; il est incapable de mentir.

OCTAVIO.

Quand cesserez-vous de débiter des impostures?

LÉLIO.

Voyez si je mens, et quelles impostures je débite. Voici mes attestations de célibat que j'ai fait venir de Naples. Vous, seigneur Octavio, à qui ce pays est familier, vous pouvez dire si elles sont légitimes et authentiques.

(Il montre à Octavio les certificats venus de Naples.)

OCTAVIO.

Il est vrai, je connais les écritures et les cachets.

LE DOCTEUR.

Puissances du ciel! vous n'êtes pas marié?

LÉLIO.

Non, assurément.

LE DOCTEUR.

Mais pourquoi donc le seigneur Pantalon m'a-t-il déclaré que vous l'étiez?

LÉLIO.

Je vais vous dire pourquoi.

LE DOCTEUR.

Ne me fabriquez pas quelque histoire.

LÉLIO.

Mon père s'est repenti de la parole qu'il vous avait donnée pour moi.

LE DOCTEUR.

Pourquoi cela?

LÉLIO.

Parce que ce matin sur la place, un courtier, qui a su mon arrivée, lui a offert pour moi une dot de cinquante mille ducats.

LE DOCTEUR.

Le seigneur Pantalon me faire cette injure !

LÉLIO.

L'intérêt aveugle facilement.

OCTAVIO, à part.

Je demeure stupéfait. Je ne sais ce que je dois croire.

LE DOCTEUR.

Ainsi donc, vous êtes amoureux de ma fille ?

LÉLIO.

Oui, seigneur, il n'est que trop vrai.

LE DOCTEUR.

Comment avez-vous fait pour vous amouracher si vite ?

LÉLIO.

Comment si vite ? En deux mois l'amour a le temps de devenir un géant.

LE DOCTEUR.

Que me parlez-vous de deux mois, lorsque vous n'êtes arrivé qu'hier soir ?

LÉLIO.

Seigneur docteur, je vais vous dévoiler toute la vérité.

OCTAVIO, à lui-même.

Encore quelque fable.

ACTE III, SCÈNE IX.

LÉLIO.

Savez-vous combien il y a de temps que je suis parti de Naples?

LE DOCTEUR.

Votre père m'a dit qu'il y a environ trois mois.

LÉLIO.

Eh bien, où ai-je été durant ces trois mois?

LE DOCTEUR.

Il m'a dit que vous les aviez passés à Rome.

LÉLIO.

Voilà ce qui n'est pas vrai. Je ne m'arrêtai à Rome que trois ou quatre jours, et je vins en droiture à Venise.

LE DOCTEUR.

Et le seigneur Pantalon n'en a rien su?

LÉLIO.

Il n'en a rien su, parce qu'à mon arrivée, il était, selon sa coutume, à sa petite maison de campagne de la Mira.

LE DOCTEUR.

Mais pourquoi n'êtes-vous pas allé l'y retrouver?

LÉLIO.

Parce qu'ayant vu la signora Rosaure, je n'avais pas le courage de m'éloigner d'elle.

OCTAVIO.

Seigneur Lélio, vous les enfilez toujours plus grosses. Il y a deux mois que je loge à l'auberge de l'Aigle, et vous n'y êtes arrivé qu'hier soir.

LÉLIO.

Je logeais jusqu'alors à l'Écu de France, et c'est pour contempler plus à mon aise la signora Rosaure qu'hier je suis venu à l'Aigle.

LE DOCTEUR.

Pourquoi, si vous étiez amoureux de ma fille, inventer l'histoire de la sérénade et du souper?

LÉLIO.

La sérénade est vraie; je l'ai effectivement donnée.

LE DOCTEUR.

Mais le souper?

LÉLIO.

J'ai supposé avoir fait ce que j'aurais désiré de faire. J'ai dit des folies; je m'en repens. Je n'en dirai plus. Venons à la conclusion, seigneur docteur: je suis fils de Pantalon de' Bisignosi; cela, vous le croirez.

LE DOCTEUR.

C'est tout au plus.

LÉLIO.

Je suis libre, et en voici les certificats.

LE DOCTEUR.

Supposé qu'ils soient bons.

LÉLIO.

Le seigneur Octavio l'atteste.

OCTAVIO.

Certainement ils me paraissent tels.

LELIO.

Mon mariage avec la signora Rosaure a été arrêté entre mon père et vous.

LE DOCTEUR.

Je regrette que l'attrait de cinquante mille ducats ait pu porter le seigneur Pantalon à me manquer de parole.

LÉLIO.

Je vous dirai tout. La dot de cinquante mille ducats est allée en fumée, et mon père est fâché d'avoir inventé la fable de mon mariage.

LE DOCTEUR.

Pourquoi ne vient-il pas m'en parler ?

LÉLIO.

Il n'ose le faire ; mais il m'envoie à sa place.

LE DOCTEUR.

Il y a encore là-dedans de la manigance.

LÉLIO.

Non, je vous le jure sur mon honneur.

LE DOCTEUR.

Eh bien, qu'il en soit ce qu'il pourra, ma fille est à vous ; si tel est le désir du seigneur Pantalon, il sera satisfait. Si, au contraire, ce mariage ne lui convient pas, je me vengerai par-là de l'affront qu'il voulait me faire. Qu'en pensez-vous, seigneur Octavio ?

OCTAVIO.

Je suis de votre avis. Finalement, quand elle sera mariée, il n'y aura plus à s'en dédire.

LE DOCTEUR.

Donnez-moi vos certificats.

LÉLIO.

Les voici.

LE DOCTEUR.

Mais, durant ces trois mois, vous avez pu contracter des engagemens.

LÉLIO.

Si j'ai toujours été à Venise ?

LE DOCTEUR.

Dois-je le croire ?

LÉLIO.

Je ne dirais pas un mensonge pour devenir roi.

LE DOCTEUR.

Je vais appeler ma fille ; qu'elle en soit d'accord, et c'est chose conclue.

(Il sort.)

SCÈNE X.

LÉLIO, OCTAVIO, ensuite le DOCTEUR et ROSAURE.

LÉLIO, à part.

L'affaire est dans le sac. Si je me marie, les prétentions de la Romaine tombent par terre.

OCTAVIO.

Seigneur Lélio, vous êtes heureux dans vos impostures.

ACTE III, SCÈNE X.

LELIO.

Mon ami, je ne pourrai pas demain m'aller battre avec vous.

OCTAVIO.

Pourquoi ?

LÉLIO.

Parce que j'espère qu'un autre duel m'occupera.

LE DOCTEUR, à Rosaure.

Voici le seigneur Lélio. Il demande de t'épouser. Qu'en dis-tu ? Cela te convient-il ?

ROSAURE.

Mais ne m'avez-vous pas dit qu'il était marié ?

LE DOCTEUR.

Je le croyais ; il ne l'est pas.

ROSAURE.

Il me paraissait bien impossible qu'il fût capable d'une telle fausseté.

LÉLIO.

Non, chère Rosaure, je suis incapable d'user d'aucun détour avec vous, que j'aime tant.

ROSAURE.

Pourquoi m'avez-vous donc conté tant de mensonges ?

LE DOCTEUR.

Brisons là-dessus et finissons. Le veux-tu pour mari ?

ROSAURE.

Si vous me le donnez, je le prendrai.

SCÈNE XI.

PANTALON, les précédens.

PANTALON.

Sior docteur, avec votre permission, que fait ici mon coquin de fils?

LE DOCTEUR.

Vous me le demandez? Il donne satisfaction à ma maison du tort et de l'affront que vous m'avez faits.

PANTALON.

Moi! quel affront? quel tort?

LE DOCTEUR.

Vous m'avez donné à entendre qu'il était marié, pour vous dégager de l'obligation de lui faire épouser ma fille.

PANTALON.

J'ai dit qu'il était marié, parce que lui-même me l'avait fait accroire.

LÉLIO.

Mon père, tout est fini. Voici ma femme. Vous-même me l'avez destinée. Tout le monde est content. Taisez-vous, de grâce, ne dites plus rien.

PANTALON.

Que je me taise, misérable, que je me taise! Seigneur docteur, lisez cette lettre, et jugez si le mariage peut se faire.

(Il donne au docteur la lettre de Cléonice.)

ACTE III, SCÈNE XI.

LÉLIO.

Cette lettre ne s'adresse point à moi.

LE DOCTEUR.

Bravo, seigneur Lélio. Voilà deux mois et plus que vous êtes à Venise, et vous n'avez d'engagemens avec personne! Vous êtes libre, très-libre! Rosaure, sépare-toi de ce vilain imposteur. Il a séjourné trois mois à Rome, et a fait une promesse de mariage à Cléonice Anselmi. Il ne peut épouser une autre femme. Menteur impudent !

LÉLIO.

Puisque mon père s'obstine à vouloir me faire rougir, je suis obligé de dire que cette Cléonice est une malheureuse, avec laquelle je me suis trouvé par hasard logé à l'auberge à Rome pendant trois jours seulement. Un soir, troublé par le vin, j'ai été attiré dans ses filets, et elle m'a fait promettre, sans savoir ce que je promettais. J'aurai des témoins que j'étais hors de mon bon sens quand je parlai, quand j'écrivis.

LE DOCTEUR.

Il faut du temps pour éclaircir cette vérité. En attendant, faites-moi le plaisir de sortir de chez moi.

LÉLIO.

Vous voulez me voir mourir. Comment pourrais-je vivre loin de ma chère Rosaure ?

LE DOCTEUR.

Chaque moment me découvre de plus en plus votre odieux caractère, et je suis bien sûr que, quoique vous feigniez de mourir d'amour pour ma fille, vous ne vous en souciez pas plus que d'un fétu.

LÉLIO.

Pouvez-vous me tenir un tel langage ? Demandez-lui le cas que je fais de son amour, de ses bonnes grâces. Dites, signora Rosaure, quels soins, en peu d'instans, j'ai apportés à vous plaire. Racontez la magnifique sérénade que je vous ai donnée hier, et la sincérité avec laquelle je vous ait fait connaître mon véritable état sous le voile d'un sonnet.

SCÈNE XII.

FLORINDE, BRIGHELLA, les précédens.

FLORINDE

Seigneur docteur, signora Rosaure, avec votre permission, souffrez que j'ose vous révéler un secret que jusqu'à présent j'avais mis tant d'étude à tenir caché : un imposteur qui cherche à usurper le mérite de mes soins, me force à briser son masque, et à manifester au grand jour la vérité. Sachez tous que vous voyez en moi l'auteur de la sérénade et du sonnet.

LÉLIO.

Vous mentez. Cela n'est pas vrai.

FLORINDE.

Voici la barcarolle que j'ai composée, et voilà l'ébauche de mon sonnet. Signora Rosaure, je vous supplie de les confronter.

ACTE III, SCÈNE XII.

BRIGHELLA.

Sior docteur, si vous me le permettez, je dirai que c'est moi qui, par l'ordre du sior Florinde, ai commandé la sérénade ; et que j'étais présent lorsque, de sa propre main, il a lancé le sonnet sur le balcon.

LE DOCTEUR.

Que dit le signor Lélio ?

LÉLIO.

Ah ! ah ! ah ! ah ! laissez-moi rire tout à mon aise. Je ne pouvais préparer à la signora Rosaure une plus agréable comédie. Un jeune sot dénué de résolution fait faire une sérénade, et n'ose s'en déclarer l'auteur. Il compose un sonnet, le jette sur le balcon, se cache et se tait ; ne sont-ce pas là des choses à faire pouffer de rire ? Mais j'ai rendu la scène encore plus ridicule, lorsque, par mes inventions ingénieuses, j'ai contraint l'imbécile à se découvrir. Seigneur inconnu, que prétendez-vous ? vous vous y prenez un peu trop tard. La signora Rosaure m'appartient ; elle m'aime ; son père me l'accorde ; et si vous le trouvez bon, je l'épouserai en votre présence.

PANTALON, à lui-même.

Quel langue et quel front !

LE DOCTEUR.

Tout beau, seigneur aux inventions ingénieuses. Ainsi donc, seigneur Florinde, vous êtes amoureux de ma fille Rosaure ?

FLORINDE.

Seigneur, je n'osais pas manifester ma passion.

LE DOCTEUR.

Qu'en dites-vous, Rosaure? Prendriez-vous pour mari le seigneur Florinde?

ROSAURE.

Plût au ciel que je pusse l'obtenir! Lélio est un menteur que je n'épouserais pas pour tout l'or du monde.

PANTALON, à lui-même.

Il me prend des envies de le souffleter.

LÉLIO.

Comment, signora Rosaure, ne m'avez-vous pas donné votre foi?

LE DOCTEUR.

Allez épouser la Romaine.

LÉLIO.

Une femme de cette espèce ne peut me contraindre à l'épouser.

SCÈNE XIII.

Les précédens, ARLEQUIN.

ARLEQUIN, à Lélio.

Sauvez-vous, mon maître, sauvez-vous.

LÉLIO.

Qu'y a-t-il?

PANTALON, à Arlequin.

Dis-moi ce que c'est.

ARLEQUIN, à Lélio.

Adieu les mensonges, la dame Romaine est arrivée à Venise.

LE DOCTEUR.

Qui est cette Romaine?

ARLEQUIN.

La siora Cléonice Anselmi.

LE DOCTEUR.

Une courtisane?

ARLEQUIN.

Que dites-vous là? C'est la fille d'un des premiers négocians de Rome.

LÉLIO.

Cela n'est pas vrai; il ment. Je suis un galant homme; je ne dis pas de menteries.

OCTAVIO.

Vous, un galant homme! vous avez prostitué votre honneur, votre foi, par de faux sermens, par des témoignages mensongers.

LE DOCTEUR.

Sortez d'ici.

PANTALON, au docteur.

Vous chassez mon fils de la sorte?

LE DOCTEUR.

Un fils qui souille le caractère honorable de son père.

PANTALON.

Il est trop vrai. Un traître, un scélérat qui, à force de turpitudes, met sens dessus dessous ma maison, et me fait paraître un Cassandre. Fils indigne, fils misérable, je ne te veux plus voir. Va loin de mes yeux. Je te chasse de ma présence, aussi-bien que de mon cœur.

LÉLIO.

Mensonges maudits, je vous hais, je vous exècre. Langue menteuse, si tu en dis encore, je te coupe.

ROSAURE, appelant.

Colombine !

SCÈNE XIV.

COLOMBINE, les précédens.

COLOMBINE.

Madame? (*Rosaure lui parle à l'oreille.*) J'y vais.

(Elle sort.)

LE DOCTEUR.

N'avez-vous pas honte d'être ainsi reconnu pour un vil menteur?

LÉLIO.

Si vous me surprenez à dire encore un mensonge, réputez-moi un homme infâme.

OCTAVIO.

Changez d'habitudes, si vous voulez vivre parmi les honnêtes gens.

COLOMBINE, *apportant Rosaure la garniture de blonde.*

La voilà.

ROSAURE.

Reprenez ceci, monsieur le menteur; je ne veux rien de vous.

FLORINDE.

Comment! c'est la blonde que j'ai fait acheter.

BRIGHELLA.

Je l'ai payée dix sequins à l'enseigne du Chat, et je l'ai envoyée par le garçon de boutique sans dire de quelle part.

ROSAURE.

J'entends; le présent me venait de Florinde, et le fourbe s'en est fait honneur.

(Elle le reprend.)

LÉLIO.

Le silence du seigneur Florinde m'avait encouragé à me faire un mérite de ses soins. Pour soutenir cette fable, j'ai eu besoin de dire des menteries; et les menteries sont si fécondes de leur nature, qu'une seule suffit pour en enfanter cent. Je vais donc épouser ma jeune Romaine. Seigneur docteur, signora Rosaure, je vous demande humblement pardon, et promets de ne plus mentir dorénavant.

(Il sort.)

ARLEQUIN.

Cette promesse est une chanson que je sais par cœur. Plus de mensonges, oh! non; mais par-ci par-là, quelque invention ingénieuse.

LE DOCTEUR.

Allons, Rosaure épousera le signor Florinde, et le signor Octavio donnera la main à Béatrix.

OCTAVIO.

Nous serons quatre personnes heureuses, et nous goûterons les fruits de nos affections sincères. Nous aimerons toujours la vérité, si attrayante et si belle, et nous apprendrons à l'école de notre menteur, que les mensonges rendent l'homme odieux et ridicule; et que le moyen de les éviter, c'est d'être sobre de paroles, judicieux et prévoyant.

FIN DU TROISIÈME ET DERNIER ACTE.

NOTES

SUR

LE MENTEUR.

---

(1) On appelle ainsi à Venise une barque avec des siéges et une table, et pavoisée d'une étoffe rouge. Les péottes servent pour les petits voyages et pour les divertissemens.

(2) Diminutif de signora, dans le dialecte vénitien.

(3) Arlequin joue sur le mot *musa* qu'il prononce *mussa*, c'est-à-dire, ânesse.

(4) Allusion aux soupers de Lucullus.

(5) Mot à mot : « Afin d'attirer l'âne à votre moulin. »

(6) Petite île auprès de Venise.

MOLIÈRE,

COMÉDIE EN CINQ ACTES.

NOTICE

SUR

LE MOLIÈRE.

JE n'hésite point à regarder le *Molière* de Goldoni comme son chef-d'œuvre. L'idée en est heureuse, l'intrigue bien ourdie, les situations plaisantes, les caractères fortement tracés ; sauf celui du fourbe Pirlon qui aurait pu être creusé avec beaucoup plus de profondeur. Il est fâcheux surtout qu'il se convertisse à la fin. La nature est avare de cette subite extirpation des vices, et je crois surtout que celle de l'hypocrisie est au-dessus de ses forces. On peut revenir à la vertu quand on la méconnaît, jamais quand on s'est joué d'elle.

A cette faute près, qui est grave, et qui dépare un si bel ouvrage, on voit que l'auteur a écrit de verve. Il s'est fortement identifié avec les chagrins de Molière et les a peints avec une telle vérité que vous vous croyez transporté dans la maison même de ce grand homme, et que ses faiblesses et ses peines se découvrent au spectateur comme à un ami. Les querelles, les emportemens, les jalousies de la Béjart; la ténacité d'Isabelle à obtenir la main de Molière, dont on peut entrevoir déjà les futurs tourmens; la naïveté maligne de la servante Laforêt; l'épicurisme ou plutôt l'ivrognerie insouciante de Chapelle; l'honnêteté et le mérite de Baron : tout cela est représenté sur le théâtre comme l'histoire littéraire nous le décrit. Et quelle foule de scènes charmantes sont amenées par l'introduction de l'hypocrite Pirlon dans cet intérieur comique, où il sème la discorde et recueille la honte! Le second acte est un des plus beaux et des plus pleins que je connaisse.

Le dialogue se ressent, comme il arrive toujours, de l'heureuse combinaison de l'intrigue. C'était la première fois que l'auteur écrivait en vers. Son style s'est bien trouvé de cette contrainte qu'il se serait sans doute imposée plus souvent, sans la malheureuse nécessité de travailler vite. Ses vers ont une facilité brillante, au lieu que sa prose a trop souvent une facilité molle.

Il s'est avisé de cacher les noms de *Baron* et de *Chapelle* sous ceux de *Valère* et de *Léandre*. J'ai cru devoir briser ce masque, importun pour nous, et montrer à découvert des personnages de notre connaissance. C'est la seule altération que je me sois permise.

Le *Molière* a été adapté à la scène française par Pierre-Alphonse Guys, sous le nom de *Mercier le dramaturge*.

Cette pièce, en quatre actes, intitulée : *la Maison de Molière*, fut représentée en 1787 avec beaucoup de succès. Elle en aurait bien davantage encore aujourd'hui, mais on ne la permettrait pas ; la famille Pirlon est plus puissante, plus nombreuse et plus florissante que jamais. Tout ce qu'elle tolérerait vraisemblablement, c'est *Scaramouche ermite*, et ceux qui ne savent pas ce que c'est que *Scaramouche ermite*, l'apprendront par cette conversation de Louis XIV avec le prince de Condé. «Je voudrais bien savoir, disait Louis XIV en sortant de la représentation de cette farce, pourquoi les gens qui se scandalisent si fort de la comédie de Molière, ne disent mot de celle de Scaramouche. — La raison de cela, répondit le prince, c'est que la comédie de Scaramouche joue le ciel et la religion dont ces messieurs-là ne se soucient point, et que celle de Molière les joue eux-mêmes, ce qu'ils ne peuvent souffrir. » Molière prétendait que les fureurs et les anathèmes des faux dévots n'étaient que jalousie de métier; et comme le jésuite Maimbourg était alors célèbre par les bouffonneries qu'il mêlait à la parole de Dieu. « Est-il étonnant, disait l'immortel auteur du *Tartuffe*, que je mette des sermons sur la scène, lorsque le père Maimbourg fait des comédies en chaire? Qu'il me laisse tranquille sur mon théâtre; je ne le trouble pas sur ses tréteaux. »

MOLIÈRE.

PERSONNAGES.

MOLIÈRE, auteur comique et comédien français.
LA BÉJART, comédienne, demeurant dans la maison de Molière.
ISABELLE, fille de la Béjart, autre comédienne, demeurant dans la même maison.
BARON, comédien, ami de Molière.
M. PIRLON, hypocrite.
CHAPELLE, ami de Molière.
LE COMTE DE LASCA.
LAFORÊT, servante de Molière.
LESBIN, son valet.

La scène est à Paris, chez Molière, dans un salon au rez-de-chaussée, avec trois portes communiquant à d'autres appartemens.

MOLIÈRE.

ACTE PREMIER.

SCÈNE PREMIÈRE.

MOLIÈRE, CHAPELLE.

CHAPELLE.

Allons, Molière, mon ami, de la gaieté. Comment ! un auteur comique, qui a tant de verve et de sel, un homme qui fait rire tout le monde dans ses comédies, sera toujours triste avec ses amis et soucieux dans sa maison !

MOLIÈRE.

Je voudrais que mes comédies fussent au diable, et ma troupe aussi.

CHAPELLE.

Là, là ; il semble, à vous entendre, que ce soit un si fâcheux emploi que celui de poëte comique ; et cependant il vous a valu la protection du roi, et mille livres de pension.

MOLIÈRE.

Sans les biens qui m'attachent au service d'un si grand prince, j'irais tout à l'heure me faire soldat, ou ermite sur une montagne, plutôt que de mener plus long-temps la dure vie du théâtre.

CHAPELLE.

Mais dites-moi, de grâce, ce que vous avez.

MOLIÈRE.

Ah! ne me faites point parler. Par charité, taisez-vous. Le public est un maître exigeant que rien ne contente. Que de déplaisirs, que de dégoûts il m'a fait éprouver! Et, selon vous, est-ce une légère disgrâce que celle qui m'est suscitée aujourd'hui par des ennemis puissans?

CHAPELLE.

Vous voulez parler peut-être de la défense de jouer le *Tartuffe?*

MOLIÈRE.

Oui, monsieur, précisément. Nous étions tous prêts à entrer en scène, la salle était pleine; le théâtre même, selon la mauvaise coutume de France, regorgeait de spectateurs; un ordre du roi arrive : Défense de jouer la pièce !

CHAPELLE.

Ce contre-temps, ne vous l'êtes-vous pas attiré vous-même, puisque déjà la pièce avait été suspendue?

MOLIÈRE.

Le roi depuis voulut la lire ; lui-même l'approuva, et en permit la représentation. Malheureusement pour moi, il partit pour la Flandre, et je n'avais de lui qu'une permission verbale. Mais j'ai dépêché sur-le-champ un habile négociateur, et

ACTE I, SCÈNE I.

j'attends de moment en moment l'ordre royal expédié en bonne forme. Ils verront, ces ministres qui ne me croient pas sur parole, que c'est faire injure à Molière que de ne pas s'en rapporter à lui; et les hypocrites qui chantaient victoire n'auront pas long-temps, je l'espère, sujet de triompher.

CHAPELLE.

Convenez aussi, mon ami, que vous habillez les cagots de la bonne façon.

MOLIÈRE.

Oui, parce que ce sont des fourbes qu'il importe de démasquer. Des autres méchans, on peut s'en défendre; mais d'ennemis invisibles, non. Et croyez-moi, cher ami, c'est une œuvre louable, une œuvre sainte, que de dévoiler les intrigues de ces misérables.

CHAPELLE.

Oh! j'en suis d'accord. Mais je voudrais vous voir gai et sans souci comme moi.

MOLIÈRE.

L'homme chargé du lourd fardeau d'amuser les autres, ne peut guère s'amuser lui-même. Vous autres, vous ne pensez qu'à vous divertir pour votre compte; vous avez le privilége de vivre sans inquiétudes.

CHAPELLE.

Comment, sans inquiétudes? J'en ai tous les jours une fort sérieuse; celle de méditer le matin... quelle partie de plaisir je ferai le soir.

MOLIÈRE.

Ne plaisantez pas; je parle très-sérieusement.

CHAPELLE.

Ma foi, mon souci, à moi, c'est de vivre. Je ne suis pas un philosophe.

MOLIÈRE.

Précisément, pour bien vivre, il faut un peu de tempérance.

CHAPELLE.

Et je suis un débauché, selon vous.

MOLIÈRE.

On doit être franc avec ses amis; l'homme que vous étiez le matin, vous ne l'êtes plus le soir.

CHAPELLE.

Vous voulez dire que je bois?

MOLIÈRE.

Oui, un peu trop.

CHAPELLE.

Eh! le vin inspire la joie.

MOLIÈRE.

Quelquefois...

CHAPELLE.

Et votre lait vous rend hypocondriaque. Faites comme moi; buvez, et vive la joie! Du lait, rien que du lait! c'est mêler le blanc et le noir.

MOLIÈRE

Je ne m'instruirai pas à votre école.

CHAPELLE.

Ni moi à la vôtre, je vous en réponds.

ACTE I, SCÈNE I.

MOLIÈRE.

S'enivrer, fi!

CHAPELLE.

Dites-moi, mon ami, lequel de nous deux va au lit le plus gaîment?

MOLIÈRE.

Vous n'y allez pas, vous; on vous y porte [1].

CHAPELLE.

Oh! oh! la philosophie m'a désséché le palais, et je sens que votre morale m'altère.

MOLIÈRE.

Voulez-vous une tasse de thé avec du lait?

CHAPELLE.

Je vous remercie : j'aime mieux une bouteille de vin de Bourgogne ou du Rhin.

MOLIÈRE.

A l'heure qu'il est?

CHAPELLE.

Je ne bois pas, comme vous autres le croyez, à des heures réglées; je bois quand j'ai soif. Si vous étiez un galant homme, un véritable ami, vous me feriez apporter cela sur-le-champ.

MOLIÈRE.

Volontiers. Allez de ma part trouver la Béjart, et faites-vous donner le vin que vous aimerez le mieux.

CHAPELLE.

Ah! j'entends. C'est la Béjart qui est votre intendante.

MOLIÈRE.

C'est une brave personne, une actrice qui n'est pas sans talent. Il y a plusieurs années que nous vivons ensemble d'un bon accord; elle soigne fort bien mon petit ménage.

CHAPELLE.

A propos de cela, on me dit un jour que c'était à cause d'elle que vous vous étiez fait comédien.

MOLIÈRE.

Sornettes !

CHAPELLE.

Tais-toi, fripon ; tu aimes les femmes.

MOLIÈRE.

Autant que vous aimez le vin.

CHAPELLE.

Observez que le vin ne peut jamais me nuire autant que les femmes quelquefois nuisent aux hommes.

MOLIÈRE.

Voici la fille de la Béjart.

CHAPELLE.

Ami, que vous conseille l'occasion ? La fille et la mère, c'est le même sang.

MOLIÈRE.

Finissez. Vous êtes fou.

CHAPELLE.

Vous allez voir que j'aurai scandalisé ce poëte comique ! Dis ce que tu voudras ; le monde est per-

ACTE I, SCÈNE II.

suadé que tu joues les mêmes rôles dans ta maison qu'au théâtre.

MOLIÈRE.

Un peu de raison, extravagant que vous êtes; un peu de raison, si vous pouvez.

CHAPELLE.

Vois si j'ai de la raison; je sors pour ne pas vous gêner. Adieu.

MOLIÈRE.

Où allez-vous ?

CHAPELLE.

Boire ma bouteille, et occuper la mère pendant que tu causeras avec la fille.

(Il sort.)

SCÈNE II.

MOLIÈRE, et ensuite ISABELLE.

MOLIÈRE.

L'heureux naturel ! c'est dommage qu'il soit gâté par le vin. Combien je l'aimerais mieux s'il buvait moins... Mais voici tout ce que j'aime ; elle seule peut éclaircir les nuages de mes sombres idées ; sa vue a le pouvoir de me consoler de toutes mes peines.

ISABELLE.

Puis-je entrer ?

MOLIÈRE.

Sans doute.

ISABELLE.

Les genoux me tremblent.

MOLIÈRE.

Pourquoi ?

ISABELLE.

Ma mère me suit ; elle est sur mes talons.

MOLIÈRE.

Croyez-vous qu'elle s'aperçoive de mon amour ?

ISABELLE.

Non pas du vôtre, mais du mien.

MOLIÈRE.

Pourquoi de l'un plutôt que de l'autre ?

ISABELLE.

Parce que ces deux amours-là ne se ressemblent pas ; parce que je vous aime cent fois plus que vous ne m'aimez : une passion comme la vôtre se cache facilement.

MOLIÈRE.

Ah ! petite méchante ! le ciel me confonde si je vous crois !

ISABELLE.

Mais enfin, vous voyez mon amour ; où sont les preuves du vôtre ? Je vous aime assez pour venir vous trouver au risque d'être battue. Si vous étiez venu à moi, je n'aurais pas eu besoin d'aller à vous.

MOLIÈRE.

Ah ! combien de fois j'irais auprès de vous goûter le bonheur, si je ne craignais d'irriter votre mère ?

ISABELLE.

Mais s'il est vrai que vous m'aimiez, pourquoi me donner tout ce trouble d'esprit ? Tirez-moi de peine en m'épousant.

MOLIÈRE.

Juste Dieu! si votre mère se doutait seulement de notre intelligence, toute la maison seroit en feu, et elle serait femme à nous égorger. Elle ne veut pas entendre...

ISABELLE.

Oh! oui, je sais tout.

MOLIÈRE.

Que voulez-vous dire?

ISABELLE.

Que ma discrète mère a des prétentions sur votre cœur, et voilà pourquoi plus je vous aime, plus je suis malheureuse; voilà pourquoi je serai bientôt dédaignée, abandonnée peut-être.

MOLIÈRE.

Que votre mère change de visée. Je ne serai pas assez fou pour sacrifier la jeune à la vieille [2].

ISABELLE.

C'est une maîtresse femme que ma mère.

MOLIÈRE.

Ah! malicieuse que vous êtes! ah! petits yeux fripons! Je vous ai aimée dès le berceau, je vous ai vue naître et embellir.

ISABELLE.

Vous m'avez vue naître! O ciel! je ne voudrais pas que ce fût là un obstacle à notre mariage.

MOLIÈRE.

Vous me faites rire.

ISABELLE.

Ce rire me déplaît.

MOLIÈRE.

Rassurez-vous, chère Isabelle ; je n'aurai d'épouse que vous.

ISABELLE.

Ciel ! j'entends ma mère.

MOLIÈRE.

Il faut user de ruse. Auriez-vous là quelque rôle ?..

ISABELLE.

Voilà celui de Marianne.

MOLIÈRE.

Bien, dans le *Tartuffe*. Allons vite. « Acte second, Orgon et Marianne.

« Marianne !

ISABELLE, répétant son rôle.

Mon père !

MOLIÈRE, répétant aussi.

Approchez ; j'ai de quoi » Vous parler en secret.

SCÈNE III.

LA BÉJART, les précédens.

(La Béjart reste dans l'enfoncement à écouter.)

MOLIÈRE.

J'ai, Marianne, en vous
Reconnu de tout temps un esprit assez doux ;
Et de tout temps aussi vous m'avez été chère.

ISABELLE.

Je suis fort redevable à cet amour de père.

MOLIÈRE, bas à Isabelle.

Elle nous écoute.

ISABELLE, bas à Molière.

Je crois qu'elle a des soupçons.

(La Béjart s'avance tout doucement.)

MOLIÈRE, continuant de répéter.

Que faites-vous là ?
La curiosité qui vous presse est bien forte ,
Ma mie, à nous venir écouter de la sorte.

LA BÉJART, à Molière.

Avez-vous des secrets que je ne doive pas savoir ?

MOLIÈRE.

Avec votre permission, nous répétions la scène entre Orgon et Marianne ; je ne vous avais pas vue. La réplique est ici : *La curiosité qui vous presse...* C'est Orgon qui parle.

LA BÉJART.

Mais quel besoin de répéter une pièce défendue?

MOLIÈRE.

Revienne seulement notre camarade Baron, et vous verrez si la défense ne sera pas levée. Celui que j'ai chargé d'aller se jeter aux pieds du monarque, pour obtenir cette grâce, est, vous le savez, un jeune homme charmant, un acteur parfait.

LA BÉJART, à Isabelle.

Et vous, mademoiselle, qui vous a permis de venir ici répéter vos rôles avec Molière?

MOLIÈRE.

Eh! votre fille est une fille honnête.

ISABELLE.

Jamais, ma mère, je ne me suis montrée à lui différemment.

LA BÉJART.

Laissez-nous, petite effrontée.

ISABELLE, à part.

C'est bon, c'est bon, gronde tant que tu voudras.

(Elle reprend son rôle.)

Ah! je sais de mes maux l'infaillible remède.

LA BÉJART.

Comment! que dites-vous?

ISABELLE.

Je répète mon rôle.

MOLIÈRE, à part.

Sous cet air doux et simple, il y a bien de la ruse de cachée.

ACTE I, SCÈNE IV.

LA BÉJART.

Vous repasserez vos rôles avec moi.

ISABELLE, s'en allant.

Ce que Molière m'apprend, vous ne pourriez me l'apprendre.

SCÈNE IV.

MOLIÈRE, LA BÉJART.

LA BÉJART.

Entendez-vous l'insolente?

MOLIÈRE.

Pardon, madame, mais pourquoi m'enlever la gloire d'être son maître?

LA BÉJART.

Mon Dieu, l'homme de bien, elle n'est pas si simple qu'elle en a l'air, et je vous connais tous deux.

MOLIÈRE.

En vérité, je ne comprends pas...

LA BÉJART.

Je vais me faire comprendre. Vous regardez, selon moi, ma fille avec trop de tendresse.

MOLIÈRE.

Je l'aimai dès le berceau.

LA BÉJART.

Soit : mais autre temps, autres soins.

MOLIÈRE.

Sans doute : alors je l'embrassais sans conséquence, aujourd'hui cela ne se pourrait plus; voilà toute la différence, je crois.

LA BÉJART.

Allons, allons, si vous l'aimez, n'en faites pas un secret à sa mère.

MOLIÈRE, à part.

Je n'ose lui faire ma confidence. (*Haut.*) Je l'aime... comme un père.

LA BÉJART.

S'il est vrai que vous l'aimez comme un père, ne rejetez donc pas l'occasion de lui assurer un sort.

MOLIÈRE.

Est-ce que vous voulez la marier?

LA BÉJART.

Elle est encore trop jeune.

MOLIÈRE.

Point du tout, elle est dans l'âge parfait pour le mariage. Mais que puis-je faire pour elle?

LA BÉJART.

Vous voulez lui servir de père, n'est-ce pas?

MOLIÈRE.

C'est mon plus cher désir.

LA BÉJART.

Eh bien, épousez la mère.

MOLIÈRE.

C'est-à-dire, vous.

LA BÉJART.

Apparemment. Me croyez-vous indigne de recevoir de vous le titre d'épouse ?

MOLIÈRE.

Madame... en vérité... vous méritez... certainement....

LA BÉJART.

Trouvez-vous quelque chose à reprendre à ma conduite ?

MOLIÈRE.

Je vous estime, et je vous ai toujours estimée.

LA BÉJART.

Quant à l'âge, je crois...

MOLIÈRE.

Eh ! ne parlons pas de cela.

LA BÉJART.

Je ne manque pas de talent dans ma profession.

MOLIÈRE.

Je le sais, et je suis le premier à vous rendre justice.

LA BÉJART.

C'est la meilleure dot qu'une femme puisse apporter à un comédien.

MOLIÈRE.

La dot serait au-dessus de ce que je mérite.

LA BÉJART.

Pourquoi ne pas dire *oui*, tout bonnement ?

MOLIÈRE.

Madame, à vous dire vrai, le mariage m'effraie un peu.

LA BÉJART.

Pourquoi?

MOLIÈRE.

Parce que je suis jaloux à la rage.

LA BÉJART.

Je ne crois pas que vous ayez en tête une telle folie. Mais si cela était, si vous laissiez jamais le cruel serpent de la jalousie déchirer votre sein, une femme qui ne serait plus jeune vous causerait moins de craintes et de tourmens.

MOLIÈRE.

Au contraire, les ruses des femmes croissent avec les années. En vieillissant, elles deviennent plus artificieuses et non plus sages.

LA BÉJART.

Ah! Molière, ce discours n'est pas digne de vous.

MOLIÈRE.

Laissez-moi rire un instant. Je n'ai que des jours pleins d'amertume, et quand parfois je trouve une plaisanterie innocente, je ris, et c'est un bon moment de passé.

LA BÉJART.

Je suis charmé de vous voir gai, de voir votre front s'éclaircir.

SCÈNE V.

BARON, les précédens ; ensuite LESBIN.

MOLIÈRE.

O mon cher Baron! venez, que je vous embrasse. Eh bien, quelle nouvelle m'apportez-vous?

BARON.

Voici l'ordre du roi, qui révoque et annule la défense.

MOLIÈRE.

Que je suis heureux! Holà, quelqu'un.

LESBIN.

Monsieur.

MOLIÈRE.

Qu'on affiche pour ce soir le *Tartuffe*. Allez.

LESBIN, s'en allant.

Ah! que je suis content! Ce soir, les hypocrites n'auront pas beau jeu.

MOLIÈRE, à la Béjart.

Allons, madame, un petit coup d'œil aux rôles; repassez le vôtre et faites répéter votre fille.

LA BÉJART, à elle-même.

Un homme d'un si grand mérite et un époux si aimable! quel trésor! Ne négligeons rien pour me l'assurer.

SCÈNE VI.

MOLIÈRE, BARON.

MOLIÈRE.

Eh bien, mon ami, racontez-moi comment la chose s'est passée.

BARON.

Le roi, avec une bonté parfaite, a reçu la requête et fait expédier l'ordre. Il m'a dit ensuite de sa propre bouche qu'il ne haïssait rien tant que l'hypocrisie ; que sa volonté souveraine était que les vils imposteurs se reconnussent eux-mêmes dans la peinture de leurs scélératesses, que leurs fourberies fussent mises au grand jour, et que l'auteur courageux qui les démasque reçût les applaudissemens qui lui sont dus.

MOLIÈRE.

Cet ordre, mon cher ami, me fait un plaisir extrême. Le court triomphe de mes ennemis est à son terme. Chose bizarre ! je ne fais de mal à personne, et l'on me persécute, et je ne recueille que des insultes pour prix des services que j'ai rendus à la société. Avant moi, vous le savez, la comédie en France était abandonnée à des rustres plutôt faits pour conduire la charrue. Ce n'était que des canevas improvisés, propres à exciter le gros rire de la multitude, et les gens bien élevés venaient perdre des heures précieuses à de si misérables divertissemens. Les plus abjects histrions accouraient d'Italie pour emporter notre argent en se moquant de nous. Témoin Scaramouche qui, comme on sait, se fait douze mille livres de rente, et dont les Français paient au poids de l'or les plates bouffonneries. Poussé par mon génie et par un zèle honorable, je me dévouai tout entier à l'œuvre du théâtre. Je mis tous mes soins à en réformer les mauvaises mœurs ; Plaute et Térence furent mes guides et ma lumière. Vous savez quel succès couronna mes premiers travaux. L'*Étourdi* fut généralement applaudi ; le *Dépit amoureux*, les *Précieuses ridicules*, me valurent à la fois de la gloire et du profit. C'est à la dernière de ces pièces que j'entendis sortir du parterre cette voix d'un connaisseur : « Courage, Molière, courage ! voilà la bonne comédie. »

BARON.

D'après tout cela, vous devriez vous applaudir et non regretter d'avoir quitté le barreau pour le théâtre [2 bis.] ; et de mon côté je répéterai aussi : Courage, Molière, courage !

MOLIÈRE, avec ironie.

Oui, courage ! sans doute ; il m'encourage puissamment, ce public reconnaissant et éclairé ! Scaramouche, dont je parlais tout à l'heure, était retourné à Florence avec les fruits heureux de ses économies. Ses enfans le maltraitent ; sa femme le bâtonne ; bref, il leur abandonne ses biens pour avoir la paix. De retour à Paris, il remonte sur les tréteaux de la foire ; et le public, qui, pendant ses absences, avait montré quelque étincelle d'un meilleur goût, déserte en foule mon spectacle pour le sien. Voilà donc le prix de mes fatigues et de mes efforts ! On m'abandonne, ô indignation ! pour courir à Scaramouche.

BARON.

Sied-il à un homme tel que vous de se troubler pour si peu de chose ? Ne voyez-vous pas que ce n'est que le caprice d'un moment, qu'un feu de paille que le premier souffle va dissiper ? Ne vous suffit-il pas d'avoir pour vous le suffrage constant des honnêtes gens et des hommes de lettres ? De quels chagrins cette gloire ne peut-elle pas consoler !

MOLIÈRE.

Je m'afflige de voir la mobile inconstance du public.

BARON.

Le public, vous le savez, est un grand corps dont tous les membres ne peuvent pas être parfaits.

MOLIÈRE.

Allons voir quel effet aura produit notre affiche sur la tourbe des dévots, et savoir ce qu'en disent les *Tartuffes* jaseurs.

BARON.

Vous verrez que tout le monde attend impatiemment cette comédie.

MOLIÈRE.

Quel doux plaisir, mon ami, que celui de la vengeance ! j'entends d'une vengeance qui ne blesse point l'équité, et qui profite au bien public, en même temps qu'à nos intérêts particuliers. C'est la seule que je veuille connaître ; mes seules armes sont l'honneur et la vérité.

(Il sort.)

BARON.

Armes bien dignes de lui ! bien dignes du grand homme qui a reçu du ciel le don puissant de corriger les vices et les ridicules, et qui, habile à emmieller les bords du vase, nous mène à vertu par le plaisir même !

FIN DU PREMIER ACTE.

ACTE DEUXIÈME.

SCÈNE PREMIÈRE.

PIRLON, LAFORÊT.

PIRLON.

N'y a-t-il personne ici ?

LAFORÊT.

Votre servante, monsieur Pirlon. Qui cherchez-vous ? qui demandez-vous ?

PIRLON.

Où est votre maître ?

LAFORÊT.

Il est sorti.

PIRLON.

Ah ! pauvre malheureux !

LAFORÊT.

Grand Dieu ! que lui est-il arrivé ?

PIRLON.

Molière est un homme perdu.

LAFORÊT.

Parlez ; de quoi s'agit-il ?

PIRLON.

J'ai vu cette fatale affiche qui deviendra la cause de sa ruine ; et la charité me fait accourir pour l'avertir du mal qui arrivera, s'il n'y porte un prompt remède.

LAFORÊT.

Mais si sa comédie n'attaque que les hypocrites, est-ce que cette maudite race trouvera encore des défenseurs ?

PIRLON.

Ah ! Laforêt, vous ne savez rien. Ces artifices d'un méchant échappent à une fille simple comme vous. Tout en ayant l'air de n'attaquer que l'imposture, c'est en effet aux hommes de bien qu'il en veut. Il jette du louche sur les meilleures actions, et les plus sages, les plus pieuses, ne sont pas hors de ses atteintes. Un saint personnage se fait-il directeur d'une jeune fille ? à en croire ce libertin, il lui donne des leçons d'amour. Celui qui va de maison en maison semer dévotement d'utiles conseils, n'y va que pour séduire les femmes et pour corrompre les enfans. Secourir les malheureux, les assister de ses devoirs, devient un acte d'avarice et de calcul intéressé. Il confond les bons et les méchans, ébranle la foi des âmes pieuses ; et le peuple ignorant qui l'écoute, croit bonnement tout ce qu'il dit. Au surplus, je ne juge rien par moi-même ; je n'en parle que par zèle. Que la raison l'éclaire, et que le ciel le bénisse !

LAFORÊT.

Mais que pensez-vous donc qui puisse lui arriver

de mal, s'il ne profite pas à temps de votre avis généreux?

PIRLON.

Il se prévaut d'une permission ou fausse ou au moins surprise, et c'est une audace qu'il paiera de sa tête. Les pauvres innocens qui ont affaire à lui, seront châtiés pour ses fautes.

LAFORÊT.

Moi, monsieur, je souffrirais de tout cela! Je suis sa servante, à la bonne heure, mais innocente de tout.

PIRLON.

Ce n'est jamais sans grand péril qu'on reste au service d'un méchant.

LAFORÊT.

Vous me jetez là un grand trouble dans l'esprit. J'ai cependant regret.... Monsieur me donnait de bons gages.

PIRLON.

Ne craignez rien, le ciel protége les bonnes âmes. Si vous sortez d'ici, je vous trouverai une maison.

LAFORÊT.

Je gagne six écus par mois [3].

PIRLON.

Vous aurez les six écus.

LAFORÊT.

Et nourrie.

PIRLON.

Vous serez nourrie; c'est juste.

LAFORÊT.

Mais quel sera ce nouveau maître ? je voudrais le connaître.

PIRLON.

N'en dites rien, c'est moi. Je suis seul dans ma maison où personne ne m'observe. Avec le temps, vous deviendrez plus maîtresse que servante. Vous aurez les clefs du pain, du vin, de l'argent même, et du moins vous vivrez chez moi plus convenablement. Le bel honneur pour vous de servir des gens de théâtre, gens oisifs et misérables ! Avec moi du moins vous direz : Je suis au service d'un négociant riche, homme de considération, de crédit, et surtout d'argent comptant.

LAFORÊT.

Ce dernier article me plaît fort.

PIRLON.

Eh bien, que résolvez-vous ?

LAFORÊT.

Monsieur, c'est tout résolu ; j'irai chez vous si vous voulez. Au fait, je suis lasse de servir des femmes acariâtres qui ne font que quereller dès qu'elles ont les yeux ouverts, et un maître qui se met en colère à propos de rien, et qui fait trembler tout son monde quand quelque chose lui trotte dans la cervelle.

PIRLON.

Voilà donc notre homme de bien, qui se fait le précepteur des autres, et qui lui-même ne sait pas réprimer sa colère ! Or ça, dites-moi en confidence, comment Molière vit-il avec ses deux femmes ?

LAFORÊT.

Ma foi, il en conte à toutes les deux.

PIRLON.

Oh! le réprouvé de comédien! Et avec vous, mon enfant, cet homme audacieux n'a-t-il jamais voulu prendre de privautés?

LAFORÊT.

Par-ci par-là quelques petites badineries.

PIRLON.

Fuyez, fuyez vite. Venez chez moi retrouver votre honneur. Mais dites-moi, ne pourrai-je pas, pour le salut de leurs âmes, adresser quelques mots à ces deux malheureuses créatures qui se perdent ici?

LAFORÊT.

La mère est à sa toilette, à s'attiffer et à consulter son miroir.

PIRLON.

La malheureuse! Je parlerai à la fille.

LAFORÊT.

Je vais vous l'envoyer. Demain je suis à vous.

PIRLON.

Si le ciel le permet, nous vivrons tous deux en bonne intelligence.

LAFORÊT, s'en allant.

Servir un homme seul, riche et déjà vieux! Voilà de quoi faire ma fortune en peu de temps.

SCÈNE II.

PIRLON, et ensuite ISABELLE.

PIRLON.

Ah! Molière nous traduit sur la scène, il nous traite sans pitié, et nous resterions les bras croisés à recevoir ses coups! Sa langue maudite nous ôte à la fois l'honneur et la paix, et la nature elle-même nous aiguillonne à nous venger. Si le métier de cet homme vil est de vivre de poésie, le nôtre à nous, pauvres bonnes gens, est de vivre doucement de dévotion. Je sèmerai la discorde entre ces femmes et lui, je mettrai tout en œuvre pour qu'elles le quittent, et si le sort favorise mon dessein, l'infâme pièce, j'en réponds, ne sera pas jouée aujourd'hui.

ISABELLE.

Qui me demande?

PIRLON.

Le ciel vous soit en aide, ma belle enfant. Pardonnez, je vous prie, à la hardiesse de mon zèle qui m'attire auprès de vous pour votre bien; et veuille le ciel compatissant donner à mes discours le pouvoir de vous éclairer!

ISABELLE.

Vous me surprenez, monsieur. Qu'avez-vous à me dire?

PIRLON.

Dépêchons-nous avant que Molière vienne nous interrompre. Ma fille, vous êtes belle, vous êtes jeune, mais vous êtes poussée par le démon dans une carière infernale. Chacun gémit de vous voir, pleine de grâces et d'attraits, prostituer votre honneur sur un théâtre. Quel meurtre, hélas! quel meurtre que ce charmant visage soit exposé aux ris et aux brocards d'une volage multitude! N'est-ce pas grand dommage que celle qui pourrait rendre heureux un gentilhomme, se voie sur la scène à la suite d'un Molière? Mais ce qu'il y a de plus affreux, on murmure et l'on dit que vous êtes ici deux rivales, la fille et la mère, et que ce ridicule et infâme charlatan vous instruit, malheureuse! dans plus d'un art à la fois.

ISABELLE.

Vous m'étonnez, monsieur. Je suis une honnête fille; Molière est un homme de bien, qui ne me donne point de mauvais conseils.

PIRLON.

Il ne suffit pas, ma fille, de pouvoir se dire à soi-même : Je n'ai rien à me reprocher; il faut encore réparer le scandale que l'on cause. Parlez-moi en confidence; mais songez à ne point mentir, vous vous tromperiez vous-même en me trompant. Le ciel, qui voit toute chose, m'inspire et m'envoie à vous. C'est lui qui vous interroge par ma bouche et qui vous demande : Avez-vous pour Molière quelque tendresse dans le cœur?

ISABELLE, à part.

Il ne faut pas mentir. (*Haut.*) Oui, monsieur, j'ai de l'affection pour lui.

ACTE II, SCÈNE II.

PIRLON.

Bien, bien ; continuez. Quelle sorte d'affection ?

ISABELLE.

Il m'a donné sa parole de m'épouser.

PIRLON.

Votre mère y consent-elle ?

ISABELLE.

Ma mère n'en sait rien.

PIRLON.

Vous paraît-il qu'un tel attachement convienne à une jeune personne ? Une fille honnête ne s'engage qu'avec le consentement de son père ou de sa mère. Pourquoi ne pas me charger de dire....

ISABELLE.

Oh ! pourquoi, pourquoi !... J'ai mes raisons.

PIRLON.

Ne craignez rien, mon enfant, mon zèle vous est connu.

ISABELLE.

Et ma mère aussi m'est connue... hélas !

PIRLON.

Allons, parlez.

ISABELLE.

Elle-même aime Molière.

PIRLON.

Grand Dieu ! je suis anéanti. Séducteur perfide ! homme sans mœurs ! Et le ciel ne te punit pas, ne te foudroie pas à l'instant ! Fuyez, ma fille, fuyez un tel homme, avant que sa perversité vous fasse un plus grand tort.

ISABELLE.

Mais comment pourrais-je m'éloigner de Molière! Pauvre fille que je suis! j'ai besoin d'un soutien, d'un mari.

PIRLON.

Je vous en trouverai un. Je vous trouverai une dot. Je vous confierai, en attendant, à des dames pieuses et bienveillantes. Je connais un jeune gentilhomme qui soupire pour vous et qui voudrait vous épouser : il est arrêté par l'horrible métier que vous faites. Mais si vous quittez le théâtre et montrez du repentir, l'amant qui vous adore sera satisfait. Réfléchissez bien sérieusement, avant d'abandonner la fortune que Dieu vous présente.

ISABELLE.

Et le pauvre Molière?

PIRLON.

Regrets inutiles. Charité bien ordonnée, ma fille, commence par nous-mêmes.

ISABELLE.

Hélas !

PIRLON.

Allons, du courage. Mon enfant, je vous promets un jeune et brillant époux. Consentez seulement à ne pas paraître aujourd'hui sur la scène, sauf à y remonter demain, si je ne vous dis pas la vérité.

ISABELLE, à part.

Non, je ne puis me résoudre à trahir mon cher

Molière. (*Haut.*) Monsieur, je ne mérite point de devenir l'épouse d'un gentilhomme. Je suis fille de comédien, et n'ai appris d'autre art que ce bel art de la comédie dont je n'ai entendu dire de mal qu'à vous.

PIRLON.

Je le crois, si vous vous en rapportez à vos adulateurs, qui donnent aux fautes le nom de vertu. Mais moi qui suis vrai, et dont l'habitude n'est pas de flatter, je soutiens que le théâtre est l'écueil de l'innocence.

ISABELLE.

Voici ma mère; par pitié, monsieur, ne lui révélez point ce que je vous ai avoué.

PIRLON.

Soyez tranquille; j'ai su garder de plus grands secrets. (*A part.*) Ou je ne puis rien, ou tu ne joueras pas aujourd'hui.

SCÈNE III.

LA BÉJART, les précédens.

LA BÉJART.

En vérité, ma fille, vous vivez sans gêne. Rien ne vous plaît moins que de rester dans votre appartement.

ISABELLE.

Madame...

PIRLON.

Pardonnez-lui, c'est moi qui suis coupable. Mais

mademoiselle peut sans danger s'entretenir avec moi ; vous me connaissez.

LA BÉJART.

Si je l'avais trouvée avec d'autres qu'avec vous, elle aurait eu affaire à moi. Petite effrontée ; elle a déjà été corrigée ce matin. Allez repasser votre rôle de Marianne.

ISABELLE, bas à Pirlon, en s'en allant.

Au nom du ciel, monsieur, ne me trahissez pas.

SCÈNE IV.

PIRLON, LA BÉJART.

LA BÉJART.

Quels sots discours vous tenait cette petite créature?

PIRLON.

Je viens de la questionner pour son intérêt et pour le vôtre, et j'ai découvert des choses que vous ignorez sans doute. Madame, il est temps de préparer une dot à votre fille.

LA BÉJART.

Quoi ! veut-elle un mari ?

PIRLON.

Elle en veut un, et l'a trouvé.

LA BÉJART.

Quel est-il ?

PIRLON.

Molière.

ACTE II, SCÈNE IV.

LA BÉJART.

Molière ! ah ! le scélérat !

PIRLON.

Mais il y a quelque chose de pis.

LA BÉJART.

Vous me faites frémir.

PIRLON.

Il veut l'épouser ce soir même.

LA BÉJART.

Comment ?

PIRLON.

Il médite de l'enlever sur le théâtre. Après la comédie, qui lui tient à cœur comme vous pouvez croire, un carrosse les attend, et ils s'enfuiront ensemble.

LA BÉJART.

Ah ! traître !

PIRLON.

J'ai reçu à temps cet avis. J'ai réprimandé Isabelle, et le mal est en partie réparé. Cependant je vous conseille de ne pas l'emmener jouer aujourd'hui ; les séductions et l'enlèvement pourraient prévaloir sur mes conseils. Restez avec elle à la maison ; donnez à entendre que vous savez quelque chose. Molière peut, s'il lui plaît, aller faire seul le bouffon.

LA BÉJART.

Ah ! je vous réponds bien que ni ma fille ni moi ne paraîtrons ce soir sur le théâtre. Je rends grâces au ciel et à vous de m'avoir avertie. Je suis trahie, assassinée par un perfide.

PIRLON.

Je vous laisse ; car si Molière survenait, il dirait que cette bonne œuvre est pure hypocrisie. S'il sait que c'est moi qui suis venu découvrir son secret, Dieu ! quel torrent d'injures va s'échapper de sa langue effrénée ! Cependant le ciel m'est témoin que je ne suis conduit ici que par le zèle et la charité. Qu'il arrive de moi et de ma réputation ce que le sort voudra ; pour être utile à mon prochain, je braverais la mort.

(Il sort.)

SCÈNE V.

LA BÉJART, LAFORÊT.

LA BÉJART.

Ah ! traître Molière ! Fille trompeuse et scélérate ! Laforêt.

LAFORÊT.

Madame.

LA BÉJART.

Faites-moi venir Isabelle. (*Laforêt sort.*) Je m'étais bien aperçue qu'il l'aimait, l'indigne ! mais je ne croyais pas que les choses en fussent arrivées à ce point. Et avec moi il badine et fait le jaloux ! et tout cela tromperies ! O fourbe de comédien !

SCÈNE VI.

LA BÉJART, ISABELLE, LAFORÊT.

LA BÉJART.

Approchez, charmante personne; j'ai deux mots à vous dire. Répondez : prétendez-vous donc vous jouer de moi? Impudente, savez-vous qui je suis !

ISABELLE, à part.

Ah! le traître Pirlon ! (*Se jetant à ses pieds.*) Madame, j'implore mon pardon.

LA BÉJART.

Levez-vous.

ISABELLE.

Je ne me lèverai point tant que je vous verrai en colère.

LAFORÊT, à part.

Isabelle, à ce que je vois, a fait quelque frasque.

LA BÉJART.

Levez-vous, vous dis-je.

ISABELLE, se levant.

Ma mère !...

LA BÉJART.

Malheureuse ! je ne sais qui me tient que je ne t'applique un soufflet.

LAFORÊT.

Qu'a-t-elle donc fait, madame?

LA BÉJART.

Ce qu'elle a fait !... L'amour avec Molière.

LAFORÊT.

C'est assez là le passe-temps des jeunes filles.

LA BÉJART.

L'indigne créature ! Elle était toute prête à l'épouser.

LAFORET.

Écoutez donc, la petite est d'âge à en sentir la démangeaison.

LA BÉJART.

Pécore que tu es ! serais-tu donc fille à la soutenir ?

LAFORÊT.

Dame ! je compatis... Mais chut ! voici monsieur.

SCÈNE VII.

MOLIÈRE, les précédens.

MOLIÈRE.

Qu'ils frémissent, les audacieux ! qu'ils écument de colère ! C'est au théâtre, au théâtre que je les attends ce soir. Mesdames, je me recommande à vous : l'honneur d'un pauvre auteur est dans vos mains ; selon que vous jouerez bien ou mal...

LA BÉJART.

Isabelle a la migraine ; ne comptez pas sur elle. (*A Isabelle.*) Allez vous mettre au lit.

MOLIÈRE.

Qu'entends-je ? Vous m'assassinez. (*A Isabelle.*) Au nom du ciel, ma chère petite enfant...

LA BÉJART.

Je vous dis qu'elle ne jouera pas. Partez donc, mademoiselle.

ISABELLE, à part.

Malheureuse! faut-il m'être livrée à ce méchant! Ah! du moins le fourbe me donne une bonne leçon.

SCÈNE VIII.

MOLIÈRE, LA BÉJART, LAFORÊT.

MOLIÈRE.

O ciel! qu'est-il donc arrivé? Que peut avoir la petite Isabelle? Si elle ne joue pas ce soir, je suis un homme perdu. On dira que le *Tartuffe* est défendu pour la seconde fois; que l'ordre était faux, que je suis un imposteur. (*A la Béjart.*) Mon intérêt, madame, n'est-il pas le vôtre?

LA BÉJART.

Isabelle ne joue pas; et moi, je ne veux pas jouer.

MOLIÈRE.

Comment? quel est donc ce langage? Ne vous souvient-il plus de votre engagement? Vous êtes une folle.

LA BÉJART, sortant.

Et vous un monstre.

SCÈNE IX.

MOLIÈRE, LAFORÊT.

MOLIÈRE.

Laforêt, d'où lui vient cette étrange colère ?

LAFORÊT.

Monsieur, je vous prie de me donner mon compte.

MOLIÈRE.

Que dis-tu ?

LAFORÊT.

Oui, mon compte, pour m'en aller.

MOLIÈRE.

Tu veux me quitter sans sujet ? Dis-moi la vérité, ou tu ne sortiras pas.

LAFORÊT.

Ma foi, je n'ai pas fait vœu de rester fille éternellement. Je veux me marier. Je m'ennuie de mon état. Je ne veux plus servir. Votre très-humble, monsieur.

(Elle sort.)

SCÈNE X.

MOLIÈRE seul.

Qu'est-ce que cela veut dire ? Trois femmes liguées ensemble contre moi! Que leur ai-je fait? Ont-elles juré de me rendre fou ? Et Isabelle qui m'aime, ou qui du moins a l'air de m'aimer, conspire ma perte avec sa cruelle mère ! Mais les affreux chagrins de mon amour méprisé cèdent au péril imminent de mon honneur compromis. Ah! maudit soit le jour où je me fis comédien! mieux valait cent fois rester tapissier comme mon père. Mon oncle, en m'enlevant à ma boutique pour me jeter dans cette carrière fatale, a donné la mort à mes parens et consommé ma propre perte. J'ai étudié, il est vrai; mais à quoi m'ont servi ces malheureuses études, si, après avoir suivi quelques instans le barreau, j'ai cédé au démon d'une profession attrayante? Voilà donc le prix de mes travaux! Le caprice de deux femmes m'expose à être déshonoré!* M'être donné bien de la peine à composer un pareil ouvrage; obtenir l'ordre royal de le faire représenter; dire partout, faire circuler dans les rues et sur les places que c'est chose faite; tout cela, deux folles vont le rendre inutile! Et je serais assez sot pour garder un métier où il y a tant de risques à courir, et si peu d'avantage à espérer!

SCÈNE XI.

BARON, MOLIÈRE.

BARON.

Molière, toutes les loges sont prises; le parterre, l'amphithéâtre, tout est plein; le public, joyeux et impatient, appelle à grands cris le *Tartuffe*.

MOLIÈRE.

Je voudrais voir le théâtre et la salle brûlés, et les acteurs et actrices au fond de l'enfer.

BARON.

Bien obligé. L'auteur, où l'envoyez-vous ?

MOLIÈRE.

Divertir Pluton au milieu des damnés.

BARON.

Mais vous parlez là en homme au désespoir.

MOLIÈRE.

C'est que je suis au désespoir, en effet.

BARON.

Mon Dieu ! qu'est-il donc survenu ?

MOLIÈRE.

La Béjart, courroucée je ne sais pourquoi, dispose d'elle-même et de sa fille, au mépris de son engagement, et me soutient en face qu'elles ne mettront pas le pied sur la scène. Je lui demande la raison de cette bizarrerie ; elle m'injurie et s'en va. Vous connaissez l'orgueil révoltant de ces dames. Comme si j'avais le temps d'entrer en pointilleries avec elles !

BARON.

Comment ! il sera au pouvoir de deux bégueules de ruiner notre société ! Vos ennemis ne nous ont déjà fait que trop de mal. Je vais voir ces dames, et tous nos camarades se réuniront à moi pour empêcher ce dommage. Elles joueront, Molière, soyez-en sûr. J'emploîrai, s'il le faut, jusqu'à la menace auprès de ces péronelles.

(Il sort.)

SCÈNE XII.

MOLIÈRE seul.

Allons, allons, j'espère que les efforts de Baron parviendront à conjurer cet orage. Mais comment la mère et la fille ont-elles changé en un moment? Et jusqu'à la servante! Il faut que quelque mauvais génie ait soufflé sur elles, que quelque artisan de discordes les empoisonne de ses conseils et les repousse de moi. Mais gare à lui si je le découvre! il se souviendra de moi, j'en réponds [4].

SCÈNE XIII.

MOLIÈRE, CHAPELLE.

CHAPELLE.

Molière, tu peux jeter ta cave à la rivière. Ah! je viens de boire ici près deux bouteilles d'un vin qui enchanterait un dieu. Ton bourgogne amer ne me plaît pas du tout. Vive le vin de Champagne dont un ami vient de me régaler! Avec deux petites croûtes de pain salé et grillé, je vous ai sablé mes deux bouteilles le plus joliment du monde.

MOLIÈRE.

Grand bien vous fasse! (*A lui-même.*) O femmes, femmes endiablées!

CHAPELLE.

Sec, mousseux, et d'un blanc!...

MOLIÈRE.

Mon Dieu ! vous m'excédez.

CHAPELLE.

Eh bien, voilà-t-il pas votre maudite humeur noire ! Vous êtes bon à vivre avec les ours. Eh ! mon ami, faites votre métier gaiement sans penser à rien. A tous les trois ou quatre vers, avalez-moi un verre de vin ; à chaque scène, au moins une bouteille ; et à la fin de chaque acte, un broc énorme. L'ouvrage fini, vous sentez-vous le cerveau fatigué ? buvez, morbleu ; et, tout chaud de la bouteille, allez vous mettre au lit. C'est le vin qui anime notre imagination ; et au poëte comique il faut de la gaieté.

MOLIÈRE.

Si vous aviez à composer de la prose ou des vers, je crois que vous feriez de belles choses avec votre bouteille.

CHAPELLE.

Oh ! si je me mêlais d'écrire, mes ouvrages seraient plus agréables que les vôtres ; et j'en bannirais les fadaises. Tenez, mon cher Molière, convenez-en, il y a toujours du bouffon dans vos comédies. Il semble que vous ne puissiez pas sortir du trivial et du bas. Votre style est bon, mais inégal.

MOLIÈRE.

Je reçois sans murmure les critiques d'un ami. Mon style est inégal, je l'avoue ; mais ce n'est pas sans dessein. Je m'adresse au peuple comme à la bonne compagnie, et je dois parler à chacun son langage ; de sorte que, variant mon style dans le même ouvrage, j'ai ici une scène pour le grand

ACTE II, SCÈNE XIII.

monde, et là une scène pour la multitude. Si je ne travaillais que pour la gloire, et si je n'avais pas besoin, pour le profit, de tâcher de plaire à tous, peut-être avec du temps et de la peine je saurais faire des vers pompeux et ronflans tout comme un autre.

CHAPELLE.

Que ne me confiez-vous vos ouvrages ? Ils en seraient meilleurs, et prêteraient moins à la critique.

MOLIÈRE.

Oh ! si j'en voulais croire les beaux conseils que me donnent tous les jours les premiers talens, il n'y a pas une de mes pièces qu'il ne me fallût refaire trois, quatre et six fois au moins d'un bout à l'autre. Mais, si vous l'ignorez, voici la règle que je me suis tracée : écouter tout le monde, et puis faire à ma tête.

(Il sort.)

CHAPELLE seul.

Comment diable ! je m'aperçois que je n'ai point encore dîné. Mes jambes n'ont pas la force de me porter, et je me sens surpris d'un sommeil que je ne peux vaincre. Bon, j'aperçois un canapé dans la chambre voisine. C'est à merveille ; je vais me jeter dessus. Je reposerai jusqu'à ce que le bruit des verres me réveille ; et si Molière dîne chez lui, je lui tiendrai compagnie.

FIN DU DEUXIEME ACTE.

ACTE TROISIÈME.

SCÈNE PREMIÈRE.

MOLIÈRE seul.

Chapelle repose encore. Le pauvre diable en a son compte. Quel vice honteux cependant que cette malheureuse passion du vin ! Je le tance et je le supporte ; c'est l'amitié qui le veut. Nous avons suivi tous deux ensemble les leçons de Gassendi. Il faut avouer que ce grand homme a bien perdu sa peine. Il a fait là vraiment deux fameux élèves : l'un ne connaît d'autre étude que de boire, et l'autre se dessèche dans le plus ingrat des métiers.

SCÈNE II.

MOLIÈRE, BARON.

MOLIÈRE.

Voici Baron de retour. Il a l'air joyeux. Il m'apporte, je l'espère, quelque bonne nouvelle. Eh bien, Baron ?

BARON.

Allons, allons, ce ne sera rien. La mère est toujours dans ses furies ; la fille se désole ; mais elles joueront; elles feront leur devoir. Il ne faut pas que le devoir souffre de toutes ces bourrasques. Seulement la Béjart vous demande votre parole de ne rien entreprendre contre l'honneur de sa fille.

MOLIÈRE.

Eh! qui songe à faire insulte à Isabelle?

BARON.

Elle prétend que vous avez dessein de l'enlever.

MOLIÈRE.

Moi, dessein!... quel conte!

BARON.

Je le sais bien. Laforêt m'a déjà mis au courant de bien des choses. Ici, pendant votre absence, est venu le perfide Pirlon, ce courtier d'impostures et de cafarderies.

MOLIÈRE.

Vraiment, je le connais; c'est précisément l'original de mon *Tartuffe*. Dites-moi, qu'a-t-il donc fait?

BARON.

Il est parvenu, par les raffinemens de son art diabolique, à tirer de la petite Isabelle le secret de son amour pour vous; puis il est allé raconter tout à la mère, et lui a conseillé de ne point mener aujourd'hui sa fille sur le théâtre, si elle ne voulait la perdre. Ainsi...

MOLIÈRE.

Ainsi ce fourbe se flattait d'arrêter l'ouvrage dont la représentation lui déchire l'âme!

BARON.

Il avait embauché Laforêt pour l'attirer à lui ; mais, avec un peu de réflexion et à l'aide de mes conseils, cette bonne fille a eu regret de son étourderie, et elle vous supplie de la garder.

MOLIÈRE.

Ah ! tout cela m'anime encore plus à jouer mon *Tartuffe*. Vous verrez, vous verrez sur la scène Pirlon trait pour trait. Il ne me manque qu'une seule chose. Oh ! si je pouvais avoir... Laforêt serait fille à me faire ce plaisir, si elle voulait ; elle a assez d'esprit pour cela.

BARON.

Quelle est donc cette nouvelle idée ?

MOLIÈRE.

Je voudrais me procurer le manteau et le chapeau de Pirlon ! Avec une perruque et des moustaches pareilles aux siennes, j'achèverais sa caricature. Oh ! ce serait frappant de vérité.

BARON.

Mais le moyen de lui ôter le manteau des épaules et de lui faire déposer son chapeau ?

MOLIÈRE.

Une idée bizarre vient de me passer par la tête, et je réponds de tout, pourvu que Laforêt me seconde adroitement. Je vais l'amadouer, lui faire la leçon, et tâcher que Pirlon revienne ici. Le scélérat ! Grâce à ses manœuvres, le secret de mon amour est dévoilé; et sans votre assistance, mon cher et prudent ami, nous perdions à la fois notre honneur et nos recettes. Mais Pirlon va être immolé en personne aux brocards et aux huées du parterre. Je veux me venger en poëte comique.

(Il sort.)

SCÈNE III.

BARON, et ensuite LESBIN.

BARON.

Ainsi Molière n'est pas à l'abri des faiblesses de l'amour, et c'est dans la société des femmes de théâtre qu'il cultive son génie. Contre l'amour, la philosophie ne peut rien, et les plus savans n'ont pas un cœur de pierre. Isabelle, d'ailleurs, est une actrice d'un tel talent qu'elle mérite bien d'être aimée du restaurateur de notre théâtre.

LESBIN.

Monsieur, voilà M. le comte Lasca qui demande mon maître.

BARON.

Molière va revenir; mais je suis ici. Dis au comte que j'offre de l'aller trouver ou de l'attendre.

(Lesbin sort.)

SCÈNE IV.

BARON, ensuite le comte LASCA.

BARON.

Le comte est un bavard et un ignorant. Il ne sait, n'a appris, ne goûte, n'entend rien, et veut trancher sur tout.

LE COMTE.

Où est Molière ?

BARON.

Il va rentrer, monsieur.

LE COMTE.

Il n'y a pas moyen de se placer sans la protection de l'auteur. Les loges sont louées, la salle sera pleine. Je voudrais pour ce soir une place sur le théâtre.

BARON.

Nous nous ferons un devoir d'obliger un seigneur aussi aimable.

LE COMTE.

Vraiment, Baron, vous êtes un jeune homme charmant. Vous jouez la comédie comme un ange, et vous n'avez aucun des défauts de Molière.

BARON.

Il y a entre lui et moi une petite différence. Je suis un acteur médiocre, et Molière est un homme plein de science, un auteur accompli.

LE COMTE.

Molière un homme plein de science ! Molière un

auteur accompli! Vous avez dit là, mon cher Baron, une lourde bévue. Il ne sait que charger des caractères déjà forcés. La nature, la nature, voilà ce qu'on ne trouve nulle part dans Molière.

BARON.

Vous voulez dire qu'il connaît l'optique de la scène. Réfléchissez, je vous prie, qu'au théâtre les miniatures ne font point d'effet.

LE COMTE.

Quel diable de sujet trivial et incongru! Quel titre indécent! *Le Cocu imaginaire!*

BARON.

Mon Dieu! ceux qui ne sont qu'imaginaires devraient se consoler. Mais ils sont rares, et les réels en grand nombre.

LE COMTE.

L'*École des Femmes* est une pièce insipide.

BARON.

Il est vrai qu'elle n'a pas réussi; mais cela ne prouve rien.

LE COMTE.

Peut-on dire une plus lourde sottise que *Tarte à la crème?*

BARON.

Est-ce là tout ce que vous y trouvez à reprendre?

LE COMTE.

Fi donc! *Tarte à la crème!*

BARON.

Un mot trivial ne gâte pas toute une comédie.

LE COMTE.

Tarte à la crème ! Quelle platitude ! quelle absurdité !

BARON.

Monsieur, avez-vous entendu la pièce jusqu'au bout ?

LE COMTE.

Pas si fou que de perdre ainsi une soirée. J'écoute une scène, puis je vais, je viens. Je fais des visites dans les loges; je parcours la salle; je cause avec mes amis ; je dis des galanteries aux femmes. Il n'y a pas de comédie qui mérite qu'un galant homme se taise pendant trois heures à l'écouter.

BARON.

De sorte que vous jugez les ouvrages sans les avoir entendus.

LE COMTE.

A un connaisseur, une scène suffit.

BARON.

On sait pourquoi l'*École des Femmes* n'a pas réussi. Le beau sexe a été piqué de voir faire sa critique. Les femmes ont déclaré la guerre à l'auteur qui les blessait, et leurs amans ont fait tomber la pièce.

LE COMTE.

Vous verrez d'un jour à l'autre Molière couler tout à plat. Scaramouche, ma foi, vaut mieux que lui.

BARON.

Ah ! je ne puis souffrir cet indigne parallèle d'un auteur avec un saltimbanque [5].

ACTE III, SCÈNE IV.

LE COMTE.

Y a-t-il rien au-dessous de *Don Garcie de Navarre?*

BARON.

Y a-t-il rien au-dessus de l'*École des maris?*

LE COMTE.

Aussi l'a-t-il dérobée. Ce sont, si vous ne le savez pas, les *Adolphes* de Térence.

BARON.

Vous voulez dire les *Adelphes*.

LE COMTE.

Adolphes, et non *Adelphes*. Je veux dire comme il me convient. Il serait plaisant qu'un ignorant de comédien osât me reprendre.

BARON.

J'ai lu Térence, je connais très-bien ses ouvrages et leurs titres.

LE COMTE.

Allez, vous êtes un histrion.

BARON.

Monsieur, apprenez à ne point mépriser une profession honnête : je fais rire sur la scène, et vous dans le monde.

LE COMTE.

Si je prends un bâton!...

BARON.

Nous verrons si vous l'osez.

LE COMTE.

Insolent!

BARON.

C'est vous qui l'êtes.

SCÈNE V.

CHAPELLE, les précédens.

CHAPELLE.

Holà! eh! que diable faites-vous?

LE COMTE.

Il me manque de respect.

BARON.

Monsieur me traite d'histrion.

LE COMTE.

Il défend son Molière.

BARON.

C'est la raison que je défends.

CHAPELLE.

En attendant, vous m'avez réveillé par vos cris tandis que je buvais en songe un muscat!.. un muscat délicieux!

LE COMTE (6).

Chapelle, vous qui êtes homme de sens et de savoir, dites : peut-on tenir aux pièces de Molière?

CHAPELLE.

Sunt bona mixta malis; sunt mala mixta bonis.

LE COMTE.

Le mauvais saute aux yeux, mais le bon, où est-il? *Redde rationis.*

BARON.

Rationis au génitif? Ah! ah! ah!...

LE COMTE.

Qu'en savez-vous, ignorant faquin?

BARON.

Je sais...

CHAPELLE, à Baron.

Paix!

LE COMTE.

Laissez-le parler.

CHAPELLE, au comte.

Calmez-vous.

LE COMTE.

Il m'a offensé.

CHAPELLE.

Je sais comment arranger l'affaire. Vous en rapportez-vous tous les deux à ma décision?

BARON.

J'y souscris.

LE COMTE.

Moi de même, pourvu que mon honneur n'y soit pas blessé.

CHAPELLE.

Suivez-moi, le cabaret n'est pas loin; allons noyer dans le vin toutes les querelles.

BARON.

Monsieur!..

CHAPELLE.

Point de réplique.

LE COMTE.

Mais je...

CHAPELLE.

L'arrêt est sans appel. Je suis l'homme qu'il faut pour accommoder les différens. Allons, cher comte, allons casser la croûte, et puis vous entendrez la comédie dans ma loge.

LE COMTE.

Je suis à vous. (*A part.*) Je ne me promets pas grand plaisir aux sottises accoutumées de Molière.

CHAPELLE, à Baron.

Venez-vous?

BARON.

Monsieur, je vous demande pardon; vous savez que j'ai mon rôle à remplir.

CHAPELLE.

Restez; au surplus, vous n'êtes pas fait pour me tenir tête le verre à la main. (*A part.*) Parbleu, je veux tâcher de griser le comte de la bonne manière.

(Il sort.)

SCÈNE VI.

BARON seul.

Voilà quelles sortes de gens s'acharnent sur les bons auteurs comiques; les sots, les ignorans, les méchans, les fourbes. Éponges sales et altérées, ils s'imbibent de tout ce qu'il y a de plus mauvais et expriment ensuite leur venin dans les salons et aux promenades. Cependant le peuple ne sait ce qu'il doit croire ; mais, dans l'opinion d'un vulgaire ignorant, la médisance finit par l'emporter. Ainsi, l'impuissance de produire se venge en critiquant (7).

(Il sort en voyant venir Laforêt et Pirlon.)

SCÈNE VII.

PIRLON, LAFORÊT.

LAFORÊT.

Ici, ici ; il n'y a personne. Venez, monsieur Pirlon ; l'appartement de nos dames est très-éloigné de cette salle.

PIRLON.

Où est Molière ?

LAFORÊT.

Un huissier est venu le chercher ; le tribunal le demande. Je crois que c'est au sujet du *Tartuffe*.

PIRLON.

C'est un homme perdu. Il n'y va de rien moins pour lui que des galères ou de la potence. Cela lui apprendra à parler mieux des gens de bien.

LAFORÊT.

Mais la charité chrétienne ne vous dit-elle rien pour lui ?

PIRLON.

Un pécheur endurci comme il l'est ne mérite aucune compassion. Mais, mon enfant, que me voulez-vous? Un jeune homme est venu me dire que vous me demandiez.

LAFORÊT.

Que le ciel récompense votre zèle! Il me tardait de vous apprendre que je suis déjà renvoyée, et que je brûle de me rendre chez vous.

PIRLON.

Fort bien, ma chère; mais je tremble...

(Il regarde aux portes)

LAFORÊT.

Chut! chut! attendez. (*Elle ferme la porte d'entrée.*) A présent, vous pouvez parler librement.

PIRLON.

Ma chère fille.

LAFORÊT.

Puisque nous sommes seuls, ne nous gênons pas. Asseyez-vous.

(Elle lui donne une chaise.)

PIRLON.

Le ciel vous tienne en joie! mais asseyez-vous donc aussi.

LAFORÊT.

Oh! je ne prendrai jamais cette liberté.

PIRLON.

Je le veux.

LAFORÊT, s'asseyant.

C'est pour vous obéir.

PIRLON.

Un peu plus près.

ACTE III, SCÈNE VII.

LAFORÊT.

Je fais ce que vous voulez.

(Elle approche sa chaise.)

PIRLON, s'essuyant le front.

Oh ! quelle chaleur !

LAFORÊT.

Quittez-moi ce chapeau.

(Elle lui ôte son chapeau qu'elle suspend au dos d'une chaise.)

PIRLON.

Comme il vous plaira.

LAFORÊT.

Vous avez bien meilleure mine comme cela.

PIRLON.

Oui ! qu'en pensez-vous ? Ne suis-je pas bien conservé ?

LAFORÊT.

Oh ! vous êtes d'une santé, d'une fraîcheur !

PIRLON.

C'est une grâce que le ciel me fait. Dites-moi : y a-t-il eu du bruit entre la mère et la fille ?

LAFORÊT.

Toute la journée ça été un tapage d'enfer !

PIRLON.

Ah !

LAFORÊT.

Qu'avez-vous donc ?

PIRLON.

Je sens.... je ne sais quelle chaleur nouvelle....

LAFORÊT.

Venez ici; quittez votre manteau.

(Laforêt se lève et s'efforce de lui détacher son manteau; il s'y oppose; elle le lui arrache.)

PIRLON.

Non! non!

LAFORÊT.

Si! si! je le veux.

PIRLON.

Non, vous dis-je.

LAFORÊT.

Si, vous dis-je, vous serez mieux.

(Elle met le chapeau et le manteau dans un coffre.)

PIRLON, à part.

Diable! me voilà engagé...

LAFORÊT.

Quelle taille svelte! Savez-vous que vous êtes un homme bien fait?

PIRLON.

Qui vit avec innocence ne devient pas bossu. Ma belle petite enfant...

(Il s'approche de Laforêt)

LAFORÊT.

J'éprouve avec vous un plaisir!...

(On frappe très-fort à la porte.)

PIRLON.

Ciel! on frappe.

LAFORÊT.

Bon Dieu! c'est Molière.

ACTE III, SCÈNE VII.

PIRLON.

Je suis perdu.

(Il se lève.)

LAFORÊT.

Je vous cacherai là-dedans; venez.

PIRLON.

Où?

LAFORÊT.

Dans ce petit cabinet.

PIRLON.

Au nom du ciel, ne me trahissez pas.

LAFORÊT.

Vite! vite!

(Elle ouvre le cabinet; on frappe de nouveau.)

PIRLON.

Me voici : donnez-moi mon manteau.

LAFORÊT.

Je n'ai pas le temps.

PIRLON.

Mon manteau, mon chapeau.

LAFORÊT.

Ils sont serrés dans le coffre ; j'en aurai soin. Entrez, entrez vite.

PIRLON.

Je meurs de peur.

(Laforêt le pousse dans le cabinet, et y entre avec lui.)

SCÈNE VIII.

BARON, et ensuite LAFORÊT.

BARON.

Non, je n'ai vu de ma vie scène plus plaisante. Je n'aurais jamais cru que Laforêt eût tant d'esprit.

LAFORÊT, paraissant.

T'y voilà, restes-y, vieux coquin d'hypocrite. Toi-même as tendu le piége où tu es tombé.

BARON.

Où l'avez-vous donc mis ?

LAFORÊT.

En bel et bon lieu ; sous l'escalier, et j'ai fermé le verrou. (*Elle tire du coffre le chapeau et le manteau.*) Où est monsieur ?

BARON.

Il vous attend avec les dépouilles que vous avez conquises.

LAFORÊT.

Les voilà. Oh ! en fait de malice, je ne le cède ni au diable ni à sa femme.

(Elle sort.)

SCÈNE IX.

BARON seul.

Molière n'omet rien pour ajouter au succès de ses immortels ouvrages. Maître consommé du théâtre, il sait tout, il voit tout, et soigne à la fois les grandes et les petites choses. O France ! que tu es heureuse de posséder un tel homme ! Tu dois à Molière le sceptre de la comédie. Sa gloire est à lui seul, et il n'y a ni *Scaramouche*, ni *Zanni*, ni *Fiammetta* [8] qui puissent la lui dérober.

SCÈNE X.

BARON, MOLIÈRE habillé en Tartuffe, avec le manteau et le chapeau de Pirlon, la chevelure et les moustaches semblables aux siennes.

MOLIÈRE.

Qu'en dites-vous ? Suis-je bien ?

BARON.

Oh ! excellente figure ! On ne peut pas une meilleure charge. Voilà Pirlon en personne.

MOLIÈRE.

Que le fourbe reste enfermé ici jusqu'à ce que ses guenilles aient joué leur rôle sur la scène. Mais voici le moment de se rendre au théâtre. Il est quatre heures. Voyez si ces dames nous feront la grâce de se dépêcher, et si leur toilette est finie.

Vous connaissez les volontés du maître : il entend que le spectacle finisse avant la nuit.

BARON.

Voici la mère et la fille.

MOLIÈRE.

La colère étincelle dans les yeux de l'une, et l'amour dans ceux de l'autre.

SCÈNE XI.

LA BÉJART, ISABELLE, en habits de théâtre, les précédens.

LA BÉJART.

Molière, je jouerai ce soir et ma fille jouera, puisque l'intérêt commun l'exige ; mais si je surprends entre vous deux un seul regard d'intelligence, la comédie finira, je vous le jure, par une scène tragique.

MOLIÈRE, prenant le rôle et l'accent du Tartuffe.

Madame, puisque Dieu, confondant mon espoir,
Tel qu'un pécheur indigne, à vos yeux me fait voir,
J'ose implorer de vous le pardon d'un coupable.
J'aurai sur le visage un masque impénétrable,
Pour ne point d'Isabelle admirer les appas,
Et que le ciel et vous....

LA BÉJART.

Jouez-vous la comédie avec moi, monstre que vous êtes ?

MOLIÈRE, toujours du même ton.

Madame, au nom du ciel, calmez cette colère !

ACTE III. SCÈNE XI.

BARON, à part.

Il me fait rire.

LA BÉJART.

Le voilà cet amour de père que vous disiez avoir pour Isabelle !

MOLIÈRE, de même.

Ah ! ma confusion...

LA BÉJART.

Traître, il ne te sera pas difficile de représenter un fourbe.

MOLIÈRE.

Accablez-moi d'affronts ; votre ressentiment
Sera de mes péchés le juste châtiment.

LA BÉJART.

Tu n'a pas besoin, scélérat, d'étudier ton rôle ; tu le sais de longue date.

MOLIÈRE.

Que le ciel vous pardonne !

LA BÉJART.

Et toi, qu'il te confonde !

MOLIÈRE.

Souffrez que je vous quitte, et daignez recevoir
Le très-humble salut d'un homme au désespoir.

(Il sort.)

SCÈNE XII.

LA BÉJART, ISABELLE, BARON.

BARON, à part.

Comme il se moque d'elle!

LA BÉJART, à Isabelle.

Prétend-il se jouer de moi? Il ne sait pas ce que peut ma vengeance. (*A Isabelle.*) C'est pourtant à cause de vous, effrontée....

BARON.

Ah! madame, voulez-vous entrer sur la scène en cet état de fureur? De grâce, calmez-vous.

LA BÉJART.

Maudit métier! Montrer un visage riant quand on a la mort dans l'âme, et déclamer une scène d'amour avec son plus odieux ennemi! Allons. Mais j'ai laissé mon rôle sur la table. Laforêt! Laforêt! Elle n'entend pas.

BARON.

Je vais aller voir.

LA BÉJART.

Vous ne le sauriez pas trouver. Restez avec Isabelle; je reviens dans un moment.

(Elle sort.)

SCÈNE XIII.

ISABELLE, BARON, et ensuite MOLIÈRE.

BARON.

Ne redoutez rien du courroux d'une mère violente. Molière vous adore et fera un jour votre bonheur.

ISABELLE.

Ah! ma patience succombe à tant d'injures répétées. Cette cruelle mère me réduira au désespoir; elle ne me laisse pas vivre un seul moment en paix; elle me menace, m'insulte, me bat... et sa langue ne s'arrête jamais. Je sèche, je me consume de chagrin; je ne sais plus ce que je fais. Comment se peut-il faire que je plaise sur la scène?

MOLIÈRE.

Ma chère Isabelle, ramenez la sérénité dans vos yeux charmans. J'ai songé aux moyens de finir vos maux.

ISABELLE.

Molière, ô ciel! je me sens défaillir par degrés.

MOLIÈRE.

Doux espoir de ma vie, conservez-moi votre tendresse. Attendez seulement que la cour revienne à Paris; et, en dépit de votre mère, vous serez mon épouse.

ISABELLE.

Combien faut-il encore attendre?

MOLIÈRE.

Un mois tout au plus.

ISABELLE.

Souffrir encore un mois ce que je souffre ! Je ne crois pas mon cœur capable d'un tel effort.

BARON, à lui-même.

La pauvre petite est pressée de finir.

MOLIÈRE.

Ma bonne amie, il ne faut rien précipiter.

SCÈNE XIV.

LA BÉJART, les précédens.

LA BÉJART, dans l'éloignement.

Molière parle à Isabelle.

MOLIÈRE, d'un ton pédantesque, en voyant la Béjart.

Oui ma fille, il le faut, et je vous parle en père :
Étouffez votre amour, cédez à votre mère.

(Bas.)

Elle est là.

Croyez-en mes conseils, et que le ciel sur vous
Verse profusément tous ses dons les plus doux.

ISABELLE, à part.

Je comprends pourquoi il a changé de ton.

BARON, à part.

Molière est un comédien parfait.

LA BÉJART, à elle-même.

Oh! je ne me fie point à lui... J'aurai les yeux incessamment ouverts. (*A Isabelle*). Allons.

ISABELLE.

Je vous suis.

LA BÉJART.

Tu seras la cause de ma mort.

ISABELLE.

Madame, de grâce...

LA BÉJART.

Taisez-vous.

(Elles sortent.)

BARON.

Ah! veuille le ciel qu'enfin elles entrent en scène et prennent un air plus serein et plus tranquille, pour que le *Tartuffe* soit applaudi à tout rompre, que la caisse se remplisse, et que l'auteur soit porté aux nues.

FIN DU TROISIÈME ACTE.

ACTE QUATRIÈME.

SCÈNE PREMIÈRE.

LAFORÊT, LESBIN avec le manteau et le chapeau de Pirlon.

LAFORÊT.

Lesbin, la pièce est finie?

LESBIN.

Oui.

LAFORÊT.

A-t-elle réussi ?

LESBIN.

Par-dessus les toits. Nobles, bourgeois, marchands, hommes de cour, artisans, peuple, tous battaient des mains à qui mieux mieux; et lorsque les derniers vers, prononcés par Orgon, se sont fait entendre, ç'a été un déluge d'applaudissemens et de bravos de tous les coins de la salle. Aux habits et aux gestes de notre maître, tout le monde, dans Tartuffe, a reconnu Pirlon. C'était une imitation si parfaite, une caricature si juste, que les ris et l'indignation des spectateurs se manifestaient tout ensemble; et l'on a entendu des gens dire à haute voix: Scélérat de Tartuffe! maudit Pirlon!

LAFORÊT.

Quand notre maître est joyeux, je m'en ressens. Au lieu que si ses pièces vont mal, il est triste et maussade. Mais que faut-il faire de ce bel attirail?

LESBIN.

Monsieur veut qu'avant son retour Pirlon mette le pied hors d'ici. Donne-lui son chapeau et son manteau, et que le fourbe s'en aille à tous les diables.

LAFORÊT.

Comment, monsieur ne garde pas ce costume original?

LESBIN.

Demain il en fera faire un tout pareil.

LAFORÊT.

Allons tirer mon prisonnier de sa cachette.

(Elle sort.)

LESBIN.

Je vais me tenir derrière la porte pour voir passer le coquin. S'il eût été remis à ma discrétion, j'aurais voulu lui brûler les moustaches.

(Il sort.)

SCÈNE II.

LAFORÊT, PIRLON.

PIRLON.

Ouf!... Je n'en puis plus. Je suis tout brisé. Vous m'avez tenu quatre heures plié en deux dans ce bouge.

LAFORÊT.

Oh! si vous saviez ce que j'ai souffert pour vous?

Vite, vite, prenez votre manteau et votre chapeau, sortez, sortez avant que monsieur entre.

PIRLON.

Eh quoi! Molière n'est donc pas allé en prison?

LAFORÊT.

Il achève de jouer *Tartuffe*.

PIRLON.

Que dites-vous?

LAFORÊT.

Délogez, monsieur, délogez sur-le-champ.

PIRLON.

Comment, on a joué...

LAFORET.

S'il vous trouve ici, vous n'en sortirez pas entier.

PIRLON.

Ils ont joué *Tartuffe*!

LAFORÊT, le poussant dehors.

Oui, et puissiez-vous en crever de rage!

PIRLON.

Je sors. (*A lui-même.*) Ces misérables ont donc mis Tartuffe sur la scène! Ah! j'en frissonne de tous mes membres.

LAFORÊT.

Vilain chien de cafard! vous vous vantiez...

PIRLON.

Je sors; ne m'insultez pas. (*A part.*) O la carogne de femme! ô siècle pervers!

(Il sort.)

SCÈNE III.

LAFORÊT seule.

Si le public a reconnu Pirlon sur la scène, il va être la fable et la risée de tout Paris. Et moi aussi j'avais été assez sotte pour prêter l'oreille à ses impostures. Que devenais-je si M. Baron ne m'eût dévoilé sa noirceur? Comment, encore lui! Qu'est-ce que cela veut dire?

SCÈNE IV.

LAFORÊT, PIRLON.

LAFORÊT.

Que revenez-vous faire ici?

PIRLON.

Par charité, Laforêt, je vous en conjure, remettez-moi dans ma cachette. (*A lui-même.*) L'indigne canaille! J'étouffe de fureur.

LAFORÊT.

Qu'est-ce que c'est, monsieur? Qu'avez-vous à craindre?

PIRLON.

A peine la populace m'a-t-elle aperçu, qu'elle s'est mise à crier: Pirlon! Pirlon!

LAFORÊT.

Et que puis-je faire pour vous?

PIRLON.

Souffrez que je rentre dans mon trou jusqu'à la nuit noire. Je me cacherais, je crois, dans un tombeau.

LAFORÊT.

Allons donc, est-ce qu'un homme de bien doit avoir peur comme ça?

PIRLON.

Laforêt, voilà dix écus dans cette bourse. Je vous les donne si vous me cachez. Cette nuit, quand les lumières sont éteintes, quand tout le monde repose, je pars, et la récompense est à vous.

LAFORÊT.

J'ai pitié de votre état.

PIRLON.

Vite, car je tremble de peur.

LAFORÊT.

Entrez dans ce petit cabinet.

PIRLON.

Là du moins je serai mieux.

(Il entre.)

SCÈNE V.

LAFORÊT, ensuite LA BÉJART et ISABELLE.

LAFORÊT.

Aurait-il des remords? Conscience troublée s'effraie de tout. Mais voici les deux rivales.

ACTE IV, SCÈNE V.

LA BÉJART.

Croyez-vous, petite mijaurée, que jusqu'au moindre mot, jusqu'au moindre geste, je ne sache pas tout interpréter ? Vous ne pouvez ni parler ni regarder que je ne vous observe. Chaque fois que Molière passe, ce sont des regards languissans... des roulemens d'yeux amoureux et tristes ; puis de temps en temps il s'échappe de votre belle bouche des soupirs, oh ! des soupirs ! On tâche de s'asseoir en face de ce cher tyran, et là on fait des mines, des contorsions à faire mal au cœur. Mais continue ce beau manége ; je saurai bien y mettre ordre. Oh ! ce n'est pas moi que l'on trompe. J'ai l'œil en sentinelle et l'oreille au guet.

ISABELLE.

Puis-je vous dire un seul mot ?

LA BÉJART.

Que pourrez-vous me dire, effrontée ?

ISABELLE.

Enfermez-moi dans un couvent [9] pour le reste de mes jours.

LA BÉJART.

Que je vous enferme dans un couvent ! Baliverne ! Il faut faire son état et gagner sa vie. Mais si vous avez la soif du mariage, Baron, ce me semble, serait pour vous un meilleur parti. Dis, veux-tu que je lui parle ?

ISABELLE.

Attendons. Qui n'a jamais été mariée n'éprouve pas un grand désir de l'être.

LA BÉJART.

Insolente! est-ce une épigramme qui s'adresse à moi?

ISABELLE.

Mais je ne vois pas, madame, à quel propos vous vous fâchez.

LA BÉJART.

Allez dans votre appartement, déshabillez-vous et couchez-vous. Laforêt, accompagnez-la.

ISABELLE, à part.

Je suffoque de dépit. Ah! si une fois Molière m'épouse, alors j'irai de pair avec elle, et je saurai bien lui renvoyer tous ses traits.

SCÈNE VI.

LA BÉJART, et ensuite MOLIÈRE.

LA BÉJART.

J'attends ici le perfide Molière; je veux lui parler sans témoins. Je veux qu'il me donne sa parole de renoncer à ma fille, ou je m'engage ailleurs avec elle. Molière sentira ce que je vaux quand il ne m'aura plus; il aura beau faire de bonnes comédies, elles tomberont toutes. Qu'est-ce que sa troupe sans la Béjart? C'est moi qui fais le principal succès de ses ouvrages, et l'ingrat me paie de mépris! Ah! quoique ingrat, je l'aime. Je suis encore son amie; et, s'il me demande pardon, tout est oublié. Le voici.

MOLIÈRE.

O plaisir divin des auteurs qui réussissent!

douce récompense de mes travaux, de mes veilles!
(*A la Béjart qui s'avance pour lui parler.*) De grâce,
madame, laissez-moi savourer en paix un moment
cette joie vive qui remplit mon âme, et à laquelle
je suis si peu accoutumé! Je pardonne à tous ceux
qui m'ont fait de la peine; mon bonheur en devient
plus pur et plus doux. Amis, ennemis, tout s'offre
à moi sous un aspect riant et sous des auspices heureux. Ceux qui avaient montré le plus de mépris
pour ma pièce, aujourd'hui, dans le suffrage commun, sont les premiers à l'exalter. Tant il est vrai que
l'événement incline et fait pencher le peuple mobile, comme le souffle des vents fait plier les épis!

LA BÉJART.

Molière, je suis heureuse de votre joie; car mon
cœur n'est pas insensible comme le vôtre. Mais sans
troubler l'allégresse qui remplit votre âme, et seulement pour soulager mes peines, m'est-il permis au
moins de parler?

MOLIÈRE.

Puisque décidément vous voulez empoisonner
mes courts instants de bonheur, il faut bien que je
m'y résigne, et que je m'explique enfin. Depuis
quinze ans que nous sommes unis d'amitié, l'idée
de m'épouser ne vous était pas tombée dans l'esprit;
mais aujourd'hui que je me sens épris de votre fille,
vous voilà subitement enflammée; je ne sais si c'est
d'amour ou de jalousie. Vous me laissiez tranquille
quand vous étiez jeune, et à présent...

LA BÉJART.

Courage, épuisez ma patience à vous écouter.

MOLIÈRE, à part.

J'ai touché là une corde qui résonne toujours aigrement aux oreilles d'une femme.

LA BÉJART.

Au fait, que concluez-vous?

MOLIÈRE.

Ma foi, je vous dirai franchement que c'est parler un peu tard.

LA BÉJART.

Un peu tard pour moi, c'est possible; mais pour Isabelle, c'est assez tôt. D'abord je vous déclare que je quitte votre troupe.

MOLIÈRE.

Nous trouverons des actrices, madame. J'ai regret de vous perdre, mais si cela vous arrange, il faut bien que j'en prenne mon parti. Cependant, accordez-moi d'abord Isabelle.

LA BÉJART.

J'aimerais mieux la tuer de ma main que de vous la donner.

MOLIÈRE.

La tuer! quels discours extravagans! quelles folles menaces! A la fin je perds patience. Quel est donc l'empire que vous croyez avoir sur votre fille, et qui vous souffle l'odieux conseil de la tyranniser ainsi? Vous êtes sa mère, il est vrai; mais le ciel qui vous l'a donnée, ne vous a point attribué sur elle une autorité sans limites. Si la fille doit obéir aux volontés d'une bonne mère, la mère ne doit pas imposer à la fille des lois inhumaines. Il est un privilége incontestable que le ciel accorde aux enfans; c'est de ne prendre décidément conseil que d'eux-mêmes dans le choix de leur état. Qu'une mère empêche les travers, le déshonneur de sa fille, cela doit être; mais une fortune solide, elle ne le peut. La tuer! la tuer! quel délire! songez qu'elle est engagée au service d'un monarque qui sait punir le crime. Que vous le vouliez ou ne le vouliez pas, cela m'est égal. Votre fille sera ma femme en dépit de vous.

LA BÉJART.

Je vous répète que je la tuerais plutôt de mes propres mains. Je suis mère, et disposerai de ma fille à ma volonté.

(Elle sort.)

SCÈNE VII.

MOLIÈRE, ensuite BARON.

MOLIÈRE.

Elle sort irritée et hors d'elle-même. Ah! je ne voudrais pas que sa colère insensée cherchât à s'assouvir sur l'innocente Isabelle. Suivons là de loin, la soirée s'avance; je me tiendrai dans le voisinage de son appartement.

(Il va pour suivre la Béjart.)

BARON.

Ah! mon ami, je partage votre triomphe. Vive à jamais l'auteur du Tartuffe!

MOLIÈRE.

Eh bien, que disent les méchans?

BARON.

Chacun vous rend hommage. Qu'un comte Lasca

vienne dire à présent que dans les ouvrages de Molière on cherche en vain la nature.

MOLIÈRE.

Je suis inquiet... Permettez que je vous quitte ; je reviens tout à l'heure. Je ne suis point encore heureux dans cet heureux jour. (*Il appelle très-fort.*) Laforêt !

SCÈNE VIII.

LAFORÊT, les précédens.

LAFORÊT.

J'accours.

MOLIÈRE.

Dis-moi, que fait Isabelle ?

LAFORÊT.

La pauvre enfant s'est couchée pour obéir à sa mère.

MOLIÈRE.

Couchée, vraiment ?

LAFORÊT.

Je l'ai déshabillée moi-même, et l'ai vue se mettre au lit.

MOLIÈRE.

Et quand la mère est montée, elle a bien crié, n'est-ce pas ? Ne lui a-t-elle rien dit ?

LAFORÊT.

La petite dormait, où faisait semblant de dormir.

MOLIÈRE.

Que fait maintenant la Béjart?

LAFORÊT.

Dans sa colère, elle veut aller aussi se coucher sans souper.

MOLIÈRE.

Qu'elle se ronge et se consume dans sa jalousie. Donnez-moi de la lumière, et le souper tout de suite.

(Laforêt sort.)

SCÈNE IX.

MOLIÈRE, BARON, et ensuite LESBIN.

MOLIÈRE.

Me voilà plus tranquille. Isabelle est couchée, et pour le moment les fureurs de sa mère ne troublent pas son repos.

BARON.

Se peut-il bien qu'un philosophe tel que vous se laisse abattre ainsi par une passion impérieuse?

MOLIÈRE.

Mon ami, le doux attrait d'un sexe pour l'autre est profondément empreint dans nous par la nature. Cet attrait se retrouve jusque dans les animaux et dans les plantes. Nous nous aimons nous-mêmes dans ce qui nous plaît, dans ce qui nous flatte; et cet amour-propre est la source de tous les autres amours. Que chérit-on dans sa femme, dans sa maîtresse? L'accomplissement de ses désirs, légitimes ou non. Qu'aimons-nous dans nos enfans ? Notre image, nos rejetons, notre gloire. C'est leur sympathie, leur assistance que nous recherchons dans nos parens, dans nos amis. Oui, mon ami, tout amour ici-bas est amour-propre. La philosophie l'enseigne, et l'expérience nous l'apprend.

LESBIN, entre avec deux flambeaux allumés, les pose sur une table, et s'approche de Molière.

Voilà M. Chapelle et le comte Lasca qui viennent ensemble pour vous voir.

MOLIÈRE.

Faites entrer.

(Lesbin sort.)

BARON.

Ils viennent critiquer sans doute.

MOLIÈRE.

Permis à eux. C'est m'être utile et non me blesser que de me reprendre en face.

SCÈNE X.

CHAPELLE, le comte LASCA, les précédens.

CHAPELLE.

Vive Molière à jamais ! vive cette muse admirable qui sait instruire et charmer ! Jamais je n'avais eu tant de plaisir. Molière, je vous le proteste, vous m'avez enchanté.

MOLIÈRE.

Je vous rends grâces, mon ami.

ACTE IV, SCÈNE X.

LE COMTE.

Quel style ! quelle noblesse ! quelle force dans les passions ! quel naturel dans les sentimens !

MOLIÈRE.

Monsieur, c'est trop de bonté.

CHAPELLE.

Je n'ai jamais vu de caractère plus profondément tracé ; on eût dit Pirlon lui-même.

MOLIÈRE.

Vous me rendez confus.

LE COMTE.

Quelle énergie ! quelle morale ! Je ne connais pas d'ouvrage aussi piquant.

MOLIÈRE.

Vous me flattez, monsieur.

CHAPELLE.

Illustre et grand auteur !

LE COMTE.

Maître de la scène et honneur de la France !

BARON, bas à Molière.

Je ne sais pas si ces éloges-là partent du cœur.

MOLIÈRE, à voix basse.

Les ignorans ne gardent point de mesures ; ils passent d'un extrême à l'autre.

CHAPELLE.

Savez-vous bien, Molière, qu'il y a ici près un cabaret où se trouve le meilleur vin que j'aie bu de ma vie ?

MOLIÈRE, à part.

Voilà son style accoutumé.

LE COMTE.

Oui, mais ce vin est un peu brutal.

CHAPELLE.

C'est un pauvre buveur que le comte.

LE COMTE.

Et vous, vous êtes un convive sans quartier.

CHAPELLE.

Il m'a suivi au théâtre, et ne voyait pas son chemin. Nous sommes allés, trébuchant, jusqu'à ma loge. Arrivés là, tout pleins des fumées d'un vin capiteux, nous nous sommes assis..., et le comte a dormi à la comédie trois bonnes heures.

MOLIÈRE.

Trois heures !

BARON, à part.

Il a bien entendu la pièce, et est en état d'en parler !

CHAPELLE.

Pour moi, j'ai fait ce que j'ai coutume de faire quand je me sens un peu lourd. Je suis allé au dehors respirer un air moins chaud, moins épais ; puis je suis rentré à peu près à la dernière scène, et monsieur que voilà dormait encore.

BARON, à part, ironiquement.

De sorte qu'il n'en a pas perdu un mot.

MOLIÈRE.

A ce que je vois, l'un n'a fait que dormir ; l'autre s'est tenu dehors, et cependant vous avez pu juger...

ACTE V, SCÈNE X.

LE COMTE.

Je n'ai besoin que d'entendre le commencement.

CHAPELLE.

Et moi, la fin.

LE COMTE.

Je saisis les choses au vol.

CHAPELLE.

Le public vous applaudit, et j'en suis ravi.

LE COMTE.

Vos bons mots, vos plaisanteries sont déjà dans toutes les bouches.

CHAPELLE.

Il y a un tailleur qui a pris note de toutes les pensées morales de la pièce.

BARON, bas à Molière.

Voilà sur quelles autorités leurs jugemens se fondent!

MOLIÈRE, bas à Baron.

Et voilà devant quels juges je tremble, et suis tout en émoi.

CHAPELLE.

Mon ami Molière, après vous avoir admiré sur la scène, nous voulons que vous nous donniez à souper.

MOLIÈRE.

Mais en sera-t-il du souper comme de la comédie, c'est-à-dire, que l'un dormira et que l'autre ira se promener?

CHAPELLE.

Allons, allons, nous sommes vos amis; nous

sommes ici pour vous défendre, et quiconque vous attaquerait, aurait affaire à nous.

LE COMTE.

Je me fais le champion de la gloire de Molière.

CHAPELLE.

Quel homme rare !

LE COMTE.

Quel merveilleux génie !

MOLIÈRE, à part.

Il est cependant bon d'avoir de telles gens pour soi. (*Haut.*) Vous voulez donc que je vous donne à souper ? Je n'ai pas besoin de vous le dire : Molière possède peu, mais offre de bon cœur, et il ne voudrait avoir plus que pour donner davantage.

CHAPELLE.

Comte, je vous défie à boire.

LE COMTE.

J'accepte le défi.

CHAPELLE.

Vous serez hors d'état de vous rendre chez vous.

LE COMTE.

Molière nous donnera un lit.

(*Ils sortent.*)

BARON.

Comment pouvez-vous souffrir de pareilles gens ?

MOLIÈRE.

Vous êtes jeune encore ; écoutez, et apprenez. Il vaut bien mieux ménager la mauvaise espèce que la bonne, afin que s'ils n'ont pas de bien à dire de nous, du moins ils n'en disent pas de mal : feindre pour tromper est une bassesse ; mais dissimuler dans des vues honnêtes est quelquefois un mérite.

(Il sort.)

BARON.

Molière est un sage, Molière est un homme tel que la France n'en a jamais eu et n'en aura jamais de pareil. Et comment pourrait-il être sur la scène un grand poëte comique, s'il n'était pas un excellent philosophe dans sa maison ?

FIN DU QUATRIÈME ACTE.

ACTE CINQUIÈME.

SCÈNE PREMIÈRE.

MOLIÈRE seul.

O quel délire de débauche! les malheureux! ils sentent si peu le prix de la vie, qu'ils s'encouragent mutuellement à l'abréger dans l'intempérance. Pauvre humanité! comme si tu ne traînais pas assez de maux après toi, sans que les excès viennent en enfanter de nouveaux? La chimie sait, des poisons même, extraire des spécifiques; eux, changent en poison le baume salutaire du vin. Que Chapelle, que le comte s'enivrent tout à leur aise; je veux éviter de les voir venir aux querelles et aux méchans propos, alors que le vin, comme dit Lucrèce [10], serpentant dans tous les canaux et dans toutes les fibres, monte à la région des esprits subtils, et, les surchargeant d'atomes épais et grossiers, exalte le cerveau et paralyse les sens. De là vient que la raison, étouffée sous la fumée du vin, ne nous laisse plus voir les objets qu'avec une trompeuse apparence... Hélas! les effets de l'amour ne sont-ils pas les mêmes? N'est-il pas pour nous, tristes mortels, une source d'emportemens ou de larmes ? Mais l'amour, quand la raison le tempère, est une douce chose ; de même que le vin, pris avec modération, est un breuvage bienfaisant.

SCÈNE II.

MOLIÈRE, ISABELLE en déshabillé.

MOLIÈRE.

C'est vous, ma chère Isabelle !

ISABELLE.

Je me jette à vos pieds, je suis au désespoir.

MOLIÈRE.

Ah ! levez-vous, ma bonne amie. Juste ciel ! qu'est-il donc arrivé ?

ISABELLE.

Ma mère...

MOLIÈRE.

Mère impitoyable ! je serai vengé.

ISABELLE.

Oppressée par la douleur...

MOLIÈRE.

Attendez, attendez. (*Il ferme la porte.*) Tu n'entreras pas ici du moins. Poursuivez, chère petite.

ISABELLE.

Oppressée par la douleur, j'étais dans cet état d'anéantissement qui n'est ni le sommeil ni la veille, et je ne pouvais fermer entièrement les yeux, quand ma mère, le visage enflammé, s'approche de mon lit en criant : Songez à être levée demain au point du jour. A ces mots, elle emporte la lumière, et disparaît. Je me trouvai comme quelqu'un qu'un songe pénible réveille en sursaut. « Est-ce ma mère, me disais-je, ou quelque fantôme? » Je pleurais, je tremblais, je cherchais à expliquer ses paroles, et j'étais assaillie de mille soupçons sinistres. « Pourquoi me lever demain au point du jour? pourquoi vient-elle m'en donner l'ordre à cette heure et avec tant de courroux? Ah! demain, les premiers rayons du soleil éclaireront ma perte. » Puis, je me disais : « L'attendrai-je tranquillement dans mon lit? O Molière! mon unique bien, je te perds, si je reste. » En disant cela, je saute à bas du lit, je m'habille en désordre, et j'ouvre la porte doucement. Ma mère dormait; je m'avance alors avec timidité, comme un voleur dans les ténèbres, posant un pied et tenant l'autre suspendu jusqu'à la seconde porte, qui par bonheur était ouverte. Soudain, j'accélère le pas; et, d'un saut, je suis au salon. Je tire le verrou, descends précipitamment l'escalier, et j'arrive à votre appartement, où je viens chercher, à vos pieds, refuge et protection.

MOLIÈRE.

Levez-vous, mon Isabelle. Mais qu'avez-vous fait, grand Dieu? songez à votre honneur, au mien. De nuit, une jeune fille, à peine vêtue, sans lumière, quitter son lit pendant que sa mère repose; que voulez-vous qu'on dise d'une démarche aussi hardie?

ISABELLE.

On dira que l'amour a guidé l'épouse de Molière auprès de son mari.

MOLIÈRE.

Mais nous ne sommes pas encore mariés !

ISABELLE.

Je ne vous quitte pas que nos sermens ne soient reçus par le ciel. C'est l'amour, c'est la crainte de vous perdre qui seule m'a poussée à cette démarche hardie. Si vous connaissez ma faute, vous en connaissez le motif ; c'est à vous à sauver ma réputation. Donnez-moi votre main ; et, l'anneau conjugal au doigt, je pourrai dire : Qu'avez-vous à m'objecter ? Molière est mon époux.

MOLIÈRE.

Événement inattendu ! Ma chère Isabelle, demain je me charge de remédier à tout. Mais retournez, et n'apprêtez point à rire à nos dépens.

ISABELLE.

Pauvre abusée que je suis ! non, cruel, vous ne m'aimez pas. Sans doute, à force d'artifices et de séductions, ma mère est parvenue à m'enlever votre cœur et à m'attirer ces mépris. Mais apprenez, barbare, que si je suis trahie par vous, par vous que j'adore, je puis bien, après vous avoir donné mon cœur, vous donner encore ma vie. Non, je ne retournerai point auprès de ma mère ; je ne le puis, ni ne le veux. J'ai perdu mon repos et mon honneur, le monde en saura la cause, et j'irai où me poussera mon désespoir.

MOLIÈRE.

Isabelle, mon bien, ma vie !

ISABELLE.

Molière, c'est sur vous que ma mort...

MOLIÈRE.

N'achevez pas; soyez sûre que je serai votre époux.

ISABELLE.

Avec le titre d'épouse, aujourd'hui pour dot je vous apporte l'honneur; demain la honte, si mes folles démarches sont connues et mal interprétées. Oh! que tant de soupirs et de tourmens ne soient pas vains!

MOLIÈRE.

Je n'y résiste plus. Mon bien, mon épouse, voilà ma main.

ISABELLE.

A présent je suis contente. Que ma mère frémisse et sèche de jalousie.

MOLIÈRE.

Demain nous confirmerons ces saints nœuds devant les autels.

ISABELLE.

L'anneau, du moins, ne me le donnez-vous pas?

MOLIÈRE, ôtant d'un de ses doigts une bague qu'il lui présente.

Ah! de tout mon cœur!

ISABELLE.

Cher époux, qu'elle est belle! Mais placez-la vous-même à mon doigt.

MOLIÈRE.

Oui, recevez de moi ce gage solennel.

(Il prend la bague et la lui met au doigt.)

ACTE V, SCÈNE II.

ISABELLE.

Que ma mère vienne à présent, je puis braver ses clameurs.

MOLIÈRE.

Mais il ne convient pas, chère Isabelle, que nous restions seuls ici.

ISABELLE, s'adressant à l'anneau.

Qu'il me sied bien! Que je suis fière de le posséder!

MOLIÈRE.

J'ai quelques amis à souper; une telle scène leur paraîtrait fort ridicule. Entrez dans cette chambre; vous y serez en sûreté.

(Il lui indique le cabinet où est caché Pirlon.)

ISABELLE.

Quoi! seule dans cette chambre? J'y mourrais de peur.

MOLIÈRE.

La nuit s'avance. Je vais envoyer Laforêt vous tenir compagnie. Soyez aussi prudente, Isabelle, que vous êtes honnête. Voici la lumière. J'ouvre; venez.

ISABELLE.

C'est bien à contre-cœur.

MOLIÈRE, ouvre la porte et voit Pirlon.

Ah! traître! que vois-je?

SCÈNE III.

PIRLON sortant du cabinet, les précédens.

PIRLON.

Je tombe à vos genoux ; je m'humilie sous ma destinée. Accablez-moi de mépris ; donnez-moi la mort. Ce n'est point une vile crainte, c'est le repentir, le remords, la honte, qui me précipitent à vos pieds. Dans cet obscur réduit où j'étais caché, le ciel m'a éclairé d'un rayon de lumière ; mon danger m'a ouvert les yeux sur ma conduite. Les cris d'un peuple déchaîné contre moi me prouvent combien je suis indigne de la confiance d'autrui. J'ai redouté les sanglans aiguillons de vos vers, et j'ai fait mon possible pour dérober aux regards du monde le portrait d'un misérable qui au fond ne me ressemble que trop. Repentant de mes fautes, je déteste l'usure que j'ai exercée ; je renonce à l'hypocrisie et à toutes les mauvaises pratiques. Je vais me faire connaître au monde pour ce que je suis ; et je vous demande pardon, Molière, de toutes les manœuvres que j'ai ourdies contre vous.

MOLIÈRE.

Et moi, je vous demande pardon de l'injure que je vous ai faite de jouer Tartuffe avec vos habits. Mais plutôt je me félicite de mon ouvrage et de ma ruse, si je leur dois votre conversion. Rendons gloire à la vérité ; souvent le ciel emploie de pareils moyens pour éclairer le cœur des malheureux mortels.

ISABELLE.

Et moi, monsieur Pirlon, je vous dois des remercîmens et non pas des reproches. Votre infidélité est devenue la source du bonheur dont je jouis. Plus tôt le secret de mes feux a été découvert, plus tôt je suis devenue l'épouse de Molière.

PIRLON.

Laissz-moi profiter du temps où tout repose dans mon voisinage pour regagner ma maison sans insulte.

MOLIÈRE.

Je vais vous faire accompagner... Mais qui frappe à cette porte ?

ISABELLE.

Bon Dieu ! ma mère s'est aperçue de ma fuite !... Mais je ne redoute plus rien ; Molière est mon mari ; cet anneau à mon doigt va la mettre en fureur.

SCÈNE IV.

LAFORÊT, les précédens.

MOLIÈRE.

Que veux-tu ?

LAFORÊT.

Grand tumulte dans la maison. Madame Béjart court après sa fille... Ciel ! Isabelle est avec vous ! Ah ! vous n'avez qu'à vous bien tenir.

(*Elle sort.*)

SCÈNE V.

LA BÉJART légèrement vêtue, les précédens.

LA BÉJART.

Malheureuse ! quel dessein t'a conduite auprès de Molière ? Ah ! traître Molière, tu me l'as séduite ! Rends-la moi, rends-moi ma fille, scélérat.

MOLIÈRE.

Elle n'est plus à vous.

LA BÉJART.

Je te prouverai, perfide, qu'elle est toujours à moi. J'ai contre ta violence le ciel et les tribunaux. Suivez-moi, Isabelle.

ISABELLE.

Madame, cet anneau me le défend.

LA BÉJART.

Je te l'arracherai du doigt.

ISABELLE.

Oh ! non, non.

LA BÉJART.

Suis-moi, effrontée.

ISABELLE.

Respectez-moi ; je suis la femme de Molière.

MOLIÈRE.

Calmez ce courroux ; c'est ce que vous avez à faire de mieux. Je suis l'époux d'Isabelle, et je veille pour sa défense. Je défie qui que ce soit de l'arracher de mes bras. Nous vivrons unis jusqu'au tombeau. Zèle ou colère, je brave votre fureur ; ce qui est lié dans le ciel ne se délie pas sur la terre.

LA BÉJART.

Non, je n'y survivrai pas. Molière, âme lâche et sans foi, celle qui t'aima jadis te voue à présent une haine implacable. Et toi, fille ingrate, demeure auprès de ton bien-aimé, et puisse le lit conjugal te rendre heureuse... comme je le suis moi-même ! Je fuis l'aspect odieux d'un traître, et je vais pour me venger me réunir à Scaramouche.

ISABELLE, à part.

Bon voyage.

MOLIÈRE.

De grâce, modérez cette colère.

PIRLON.

Madame, la vengeance conseille mal, croyez-m'en. Vous vous repentirez un jour d'avoir méconnu le cœur de Molière.

LA BÉJART.

Ce fourbe ne s'avise-t-il pas de me donner des avis !

SCÈNE VI.

BARON, les précédens.

BARON.

Mon cher Molière, rien ne manque au bonheur de ce jour. Je vous annonce un nouveau triomphe. Scaramouche vaincu vous cède la place ; il quitte

Paris avec sa troupe. Le succès éclatant de votre ouvrage le force à la retraite, et lui fait abandonner la partie.

LA BÉJART.

Ainsi tout est conjuré contre moi !

MOLIÈRE.

Le ciel ne veut pas que ma joie soit parfaite. Si vous m'aimez, Isabelle, suppliez votre mère de mettre le comble à mon bonheur en nous pardonnant.

ISABELLE, à part.

Mon époux le commande, et mon cœur me le conseille. (*Haut.*) Ma mère, excusez la témérité de votre fille. L'amour seul a pu m'inspirer tant de hardiesse. Je ne me console pas de vous avoir offensée, et vous pouvez juger de ma douleur par mes larmes. Hélas ! vous avez fait tomber sur moi des paroles de colère. « Puisse le lit conjugal, avez-vous dit, te rendre heureuse comme je le suis moi-même ! » O ciel, suis-je donc à ce point haïe de ma mère ?

LA BÉJART.

Ah !..... que le ciel te bénisse ! Je t'embrasse et te pardonne.

MOLIÈRE.

Vive la bonne mère ! vive ma chère Isabelle ! Je serai toujours pour l'une un tendre époux, et pour l'autre un sincère ami. Mais Chapelle et le comte, où sont-ils ?

BARON.

Vaincus par le sommeil, ils se sont endormis, le nom de Molière à la bouche. Ils ne tarissaient pas sur votre éloge, et chaque verre de vin était accompagné d'un hymne à la louange de Molière. Ce qui prouve que, dans ses jours heureux, l'homme, de quelque côté que ses yeux s'ouvrent, ne compte que des amis.

MOLIÈRE.

Oui, ce jour peut s'appeler un heureux jour. Je n'y vois rien de douteux, rien de funeste. Le public m'applaudit, les Tartuffes se corrigent; je gagne des amis, et l'amour me couronne. (*Au public.*) Messieurs, battez des mains, la gloire de Molière sera complète.

FIN DU CINQUIÈME ET DERNIER ACTE.

NOTES

SUR

LE MOLIÈRE.

---

(1) Mot à mot : « Vous ne pouvez pas dire que vous allez au lit avec joie; un homme ivre n'est pas en état de se sentir. » J'ai rendu la même idée d'une manière plus vive et plus courte.

(2) (*Litt.*) « La génisse à la vache. »

(2 bis) Ici, Goldoni se désigne trop à découvert sous le nom de Molière, qui n'a jamais suivi la carrière du barreau.

(3) Dans une première édition, il y avait : Deux écus.

(4) Cette petite scène, et le monologue qui ouvre le troisième acte, ont été supprimés dans les dernières éditions; apparemment Goldoni a jugé qu'ils faisaient longueur, et que Molière n'était pas en situation d'écouter les balivernes de Chapelle et d'y répondre; mais la scène est fort gaie : Molière, qui attend le retour de Baron, n'est pas pressé d'agir, et d'ailleurs la suppression des ridicules critiques de Chapelle laisse sans effet la scène où après le succès du *Tartuffe*, le même homme accable Molière de louanges extravagantes. J'ai donc cru devoir rétablir ce morceau.

(5) Cette fin de scène ne se trouve plus dans les dernières éditions, et pourtant elle est plaisante, et d'ailleurs nécessaire pour motiver le bruit qui réveille Chapelle.

(6) Détails ajoutés dans les dernières éditions, jusqu'au mot : Calmez-vous.

(7) L'auteur n'indique pas que, pendant la scène de Pirlon et Laforêt, Baron se tient caché de manière à observer tout; mais cela doit être, puisque c'est lui qui frappe au moment où il juge que l'interruption devient nécessaire, et puisque ses premiers mots en reparaissant, sont : « Je n'ai vu de ma vie scène plus plaisante. »

(8) Nom des principaux acteurs du théâtre de Scaramouche.

(9) Le texte porte seulement *ritiro*, lieu de retraite. En Italie, il n'est pas permis de prononcer sur la scène le mot de *couvent*.

(10) J'ai ajouté ces mots, *comme dit Lucrèce*, pour justifier cette explication pathologique de l'ivresse, dans laquelle Molière fait allusion à un passage de son poëte favori.

TÉRENCE,

COMÉDIE EN CINQ ACTES.

NOTICE
SUR
LE TÉRENCE.

L'action de cette pièce est faible et lente ; les situations, les caractères, en sont légèrement dessinés ; le dialogue est quelquefois vague et subtil, et cependant elle a beaucoup de mérite et est agréable, à la lecture surtout. Son charme est d'offrir avec vérité un tableau, pour ainsi dire unique sur la scène, des mœurs familières des Romains, et d'apparaître en quelque sorte à nos yeux comme un phénomène solitaire, dans l'immense lacune qui sépare la comédie grecque de la comédie moderne. Une telle considération eût suffi pour lui donner place dans ce recueil, si d'ailleurs elle ne se recommandait à plusieurs titres comme un des meilleurs ouvrages de Goldoni. Qu'on réfléchisse que le seul affranchissement de Térence, et les petites passions qui se groupent auprès de ce simple événement, fournissent au poëte la matière de cinq actes, et sans doute on admirera les ressources fertiles de son esprit. Si l'on blâme dans le sénateur Lucain un amour ridicule, dans sa fille adoptive une fierté quelquefois outrée, quelquefois basse; dans Térence lui-même un peu de cette dissimulation et de cette faiblesse qui faisaient dire à Homère que le jour qu'un homme devient esclave il perd la moitié de sa vertu, les ressorts que l'auteur met en jeu pour soutenir son intrigue, la peinture de l'esclave ignorant et envieux, du méprisable client et du grossier parasite, l'élévation des sentimens de Créuse, et ce vif amour de sa patrie déchue, qui la poursuit dans l'exil et dans les fers, sont des choses auxquelles on ne peut refuser son suffrage.

Goldoni s'est peint souvent lui-même dans les discours de Térence. Il a mis sous le nom du poëte latin des plaintes touchantes sur les injustices dont il était personnellement la victime, et de justes témoignages des services qu'il a rendus à l'art de la comédie en le perfectionnant et en l'épurant.

Quelques mots par lesquels il indique sa

possibilité de mettre Plaute sur la scène, de même qu'il y a transporté Térence, sont sans doute ce qui a donné l'idée à M. Lemercier de son ingénieuse comédie de *Plaute*, trop peu souvent représentée.

Si l'on voulait récapituler tout ce que le théâtre français doit à l'auteur italien, on trouverait que cette dette est immense ; et plus il sera connu de nous, plus elle sera susceptible de s'accroître.

TÉRENCE.

PERSONNAGES.

LE PROLOGUE.
LUCAIN, sénateur.
LIVIE, fille adoptive de Lucain.
LÉLIUS, patricien.
TÉRENCE, Africain, esclave de Lucain.
PUBLIUS, préteur.
CRÉUSE, Grecque, esclave de Lucain.
FABIUS, client de Lucain, flatteur.
LISCA, parasite.
DAMON, Africain, eunuque, esclave de Lucain.
CRITON, athénien, aïeul paternel de Créuse.
UN SCRIBE. ⎫
SIX LICTEURS de la suite du préteur. ⎟
CLIENS DE LUCAIN. ⎬ personnages muets.
ESCLAVES DE LUCAIN. ⎟
SUITE DU PRÉTEUR. ⎭

Le théâtre représente une salle du palais de Lucain.

TÉRENCE.

LE PROLOGUE.

Quel est celui d'entre vous, messieurs, quelque versé qu'il soit dans l'histoire, qui pourrait reconnaître à la mine le personnage antique que je représente? Mais quand je vous aurai dit qu'avant que la comédie commence, c'est moi qui suis dans l'usage de haranguer seul le public, vous saurez tout de suite que je m'appelle *le Prologue*. Ne croyez pas que le poëte m'envoie uniquement par la vanité d'avoir chaussé l'antique brodequin; ce qu'il veut, c'est que je vous explique son but et que je vous dévoile ses pensées.

Cette comédie nouvelle, qui se recommande à votre indulgence, vous transporte à deux mille ans, aux plus beaux jours de la république romaine, victorieuse des rois barbares. L'auteur sait que chacun pourra se dire : « Ce qui nous plaît surtout, c'est le tableau de nos propres mœurs. Comment pouvons-nous arrêter nos yeux et exercer agréablement notre esprit sur des personnages dont nous ne nous faisons pas une idée précise? » Je répondrai pour l'auteur que cela est vrai en partie, et que l'art de plaire au théâtre est surtout celui de savoir peindre les mœurs contemporaines; mais l'exemple des plus habiles auteurs nous prouve qu'un poëte comique peut très-bien, à l'aide des morts, faire la critique des vivans. Plaute et Térence, si admirés des Romains, avaient puisé leurs sujets à des sources étrangères ; c'était sous le masque grec qu'ils châtiaient les vices et les ridicules des Romains. Les passions des hommes se ressemblent en tout temps. Tous les peuples se meuvent au fond par les mêmes ressorts ; les siècles n'apportent de changemens qu'aux coutumes et aux habitudes ; et il convient aux descendans de s'instruire de celles de leurs aïeux.

L'auteur se propose donc d'amuser les modernes par un spectacle pris chez les anciens. Si la tragédie nous les montre dans leur gloire, il est juste que la comédie nous les présente dans leurs ridicules, et qu'on voie, par le parallèle, que sous des noms différens, les hommes de tous les âges sont les mêmes. Le parasite gourmand, le client adulateur, sont aussi des hommes de notre époque. L'envie règne entre nos valets comme parmi les esclaves des anciens, et les eunuques sont des monstres que nous n'avons pas laissés à l'antiquité. L'amour et l'orgueil sont choses qui ne changent point. Chercher son propre bien et le mal d'autrui, cela se voit à toutes les époques.

Il faut pourtant être vrai. L'excessive fierté des dames romaines semble, dans les femmes de nos jours, s'être singulièrement adoucie. Aujourd'hui l'orgueil du beau sexe ne va pas jusqu'à dédaigner les hommes. On les traite avec hauteur tant qu'on les voit à ses genoux ; mais s'agit-il de les retenir, on s'humanise jusqu'aux prières. Cette différence de mœurs peut produire sur la scène un effet assez piquant.

Il reste à justifier le style élevé de cet ouvrage, les passions héroïques qu'il peint, les traits d'érudition dont il est semé. Le poëte, messieurs, vous dit, pour ses raisons, qu'ainsi l'exigent son sujet et le genre de sa pièce, qui est une comédie à toge et à manteau ; mélange familier aux anciens et aux modernes, des plus hauts personnages et d'acteurs pris dans les derniers rangs de la société : vous l'appellerez, si vous voulez, tragi-comédie. Mais c'est trop abuser de l'impatience des spectateurs. J'ai rempli ma mission en leur expliquant notre but. Nous recevrons les critiques avec soumission ; notre poëte n'est pas un écrivain superbe et présomptueux. Il vous prie par ma bouche, messieurs, d'excuser ses défauts, et place son Térence sous votre patronage.

TÉRENCE.

ACTE PREMIER.

SCÈNE PREMIÈRE.

LUCAIN, DAMON.

LUCAIN.

Parle, que veux-tu?

DAMON.

Je voudrais, Lucain, te dire trois choses, dont l'une ne presse pas, mais dont les deux autres sont urgentes.

LUCAIN.

Laisse de côté ce qui est inutile ; et ce qui est nécessaire, dis-le-moi.

DAMON.

Vive mon maître ! oh ! tu es le modèle des maîtres. Des deux choses importantes, voici la première. Je ne cesse d'être en butte aux moqueries de Térence : sa pièce intitulée *l'Eunuque*, est pleine de sarcasmes et d'applications contre moi. L'autre chose que j'ai à te dire, mon maître, est celle-ci : l'Africain Térence n'est, au bout du compte, qu'un esclave comme moi ; mais lui, c'est un savant que tu destines à écrire, tandis que mon emploi, à moi, pauvre hère, est aux jardins et à la cuisine. Cependant si tout son mérite est de savoir faire rire, je t'assure que je puis exceller comme lui au métier de bouffon ; je sais manier aussi l'aiguillon et le fouet.

LUCAIN.

Tes deux choses importantes sont deux balivernes, voyons la troisième.

DAMON.

La troisième n'est rien. C'est seulement que l'ami de Térence, Lélius, voudrait te parler.

LUCAIN.

Le patricien Lélius ?

DAMON.

Oui.

LUCAIN.

Qu'il vienne.

DAMON.

Ma raison, vois-tu...

LUCAIN.

Ma raison, à moi, si tu tardes, sera le bâton.

DAMON.

Non, non, mon maître ; point de raison, je t'en supplie. Je ne me sens pas disposé à sentir tes bonnes grâces sur mon dos. (*A part en s'en allant.*) Fortune inhumaine, tu me traites avec rigueur, mais le poëte comique me le paiera.

SCÈNE II.

LUCAIN, ensuite LÉLIUS.

LUCAIN.

Le sort ne change point les inclinations des hommes ; toute condition est également propre à manifester les caractères. De deux esclaves que j'ai, attachés à la même chaîne, l'un est dévoré par la basse envie ; l'autre suit les mouvemens de la vertu.

LÉLIUS.

Que tes pénates, Lucain, t'apportent paix et santé !

LUCAIN.

Reçois des tiens les mêmes dons, Lélius !

LÉLIUS.

Je viens me féliciter avec toi de l'heureux événement qui a conduit à Rome le génie de Lucain. Il fut ton prisonnier dans la guerre punique, et sa gloire devient la tienne ; son mérite le rend cher aux premiers personnages de l'état. Il est aimé du jeune Scipion, neveu de l'Africain ; et moi, je le chéris à l'égal de Scipion même.

LUCAIN.

Tes sentimens pour lui me remplissent de joie, je te le jure. Je me réjouis que mon esclave ait de tels amis ; et je regarde ce noble butin rapporté d'Afrique, comme le plus beau fruit de mes victoires. Rome prend plaisir à ses ouvrages ; Rome l'applaudit et le loue. Les édiles eux-mêmes, ces surintendans de nos théâtres, admirent le naturel et la pureté de son style, et chacun s'étonne qu'un Africain écrive notre langue avec autant de perfection que s'il était né à Rome.

LÉLIUS.

Tu as eu raison de me citer les édiles. C'est en leur nom que je viens te trouver, c'est au nom de tous que j'implore une grâce de toi. Térence, l'amour de Rome et la gloire de notre âge, mérite l'honneur de l'affranchissement : cette justice, que tu lui rendras, accroîtra encore ton mérite. Térence ne cessera pas d'être l'affranchi de Lucain, et cependant nous aurons acquis un étranger illustre, pour compatriote et pour fils. Ce nom abject d'esclave flétrit les lauriers dont sa tête se couronne, au lieu que la liberté relèvera encore la gloire de ses poëmes; car tu sais combien les circonstances extérieures ont de prise sur les jugemens publics; souvent le plus sublime mérite est méprisé par cela seul que la fortune le maltraite.

LUCAIN.

Cette demande, mon ami, m'est douce et honorable; mais elle me dépouille de ma plus précieuse conquête. J'éprouve de l'orgueil, je l'avoue, à entendre le peuple romain répéter : « Vive le célèbre Térence ! l'esclave de Lucain. » Si pourtant la raison et l'équité veulent de moi ce sacrifice, je suis prêt à le faire aux prières sacrées du sénat.

LÉLIUS.

Eh! ne siéges-tu pas toi-même parmi les pères

conscrits dans ce sénat majestueux? ta part ne t'appartient-elle pas dans la gloire de la nation? Par l'affranchissement de ton esclave, tu perds un bien privé; mais ce bien, tu le multiplies pour en jouir en commun avec le peuple.

LUCAIN.

La patrie avant tout. Que Térence soit libre. Je le promets aux Romains.

LÉLIUS.

J'applaudis à cette haute vertu qui fait qu'on s'oublie soi-même; mais ce que tu m'as promis, mon cher Lucain, ne suffit pas. Tu as chez toi une esclave grecque appelée Créuse. Térence l'aime; elle était sa compagne de malheur lorsqu'il vint en esclavage aux bords du Tibre, et il demande à leur maître commun, à titre de récompense ou de grâce, de la lui donner pour femme, en l'affranchissant aussi.

LUCAIN.

Pour un homme encore dans les liens de la servitude, il pousse trop loin ses prétentions. C'est déjà beaucoup que lui-même obtienne sa liberté; que, pour couvrir sa tête du bonnet d'affranchi, il mette en mouvement Lélius, Scipion, Rome entière; mais qu'il ne se flatte pas de dégager de mes nœuds une jeune esclave que les dieux ont accordée à mon amour. Je vois à présent pourquoi Créuse m'est si rebelle : c'est Térence qui m'enlève son cœur. Qu'il se contente d'être libre. C'est là, mon cher Lélius, le seul engagement que j'aie pris avec toi. Si pourtant son ingratitude s'obstinait à me contrarier dans mes amours, je ne me croirais plus obligé à rien envers lui. Rome n'est point ma maîtresse ; Rome doit, dans ma maison, respecter mes plaisirs. Et moi aussi, je suis citoyen romain.

(Il sort.)

SCÈNE III.

LÉLIUS, ensuite TÉRENCE.

LÉLIUS.

Ces vénérables pères conscrits ne sont point hors de la portée des flèches de l'amour ; elles blessent les héros aussi-bien que les hommes vulgaires. L'amour, vainqueur des dieux, ne respecte ni l'âge, ni le rang, ni la valeur, ni la vertu.

TÉRENCE.

Tu me vois, Lélius, tel qu'un homme qui a consulté l'oracle, attendant de ta bouche ma destinée. Qu'a répondu Lucain ?

LÉLIUS.

Tu es libre, si tu le veux ; mais seul et sans épouse.

TÉRENCE.

Ah ! cette grâce, accordée à demi, ne satisfait point mon cœur. Tu n'as point gagné ta cause, si je perds la plus belle moitié de mon bien. J'aime la liberté, j'aime Créuse ; mais Créuse m'est encore plus chère ; et, si Lucain me la refuse, qu'il garde aussi ma liberté.

LÉLIUS.

Je ne te conseille pas de rejeter, pour une femme,

un si beau présent. Que ce qui devrait être la source de ton plaisir ne devienne pas la cause de ton malheur !

TÉRENCE.

Lélius, mes tablettes sont pleines de tous ces beaux conseils-là ; mais combien mes désirs s'accordent mal avec mes écrits ! La nature elle-même a jeté les passions dans nos cœurs, et la raison ne peut rien contre l'amour. Et moi aussi, dans ma comédie de *Phormion*, je querelle le jeune Antiphon sur sa folle tendresse ; mais lorsque ainsi je répandais la morale dans mes vers, si les yeux de celle que j'aime venaient à frapper mes regards, je m'écriais : « Que tu es belle, Créuse ! » Et mon jeune amoureux était excusé.

LÉLIUS.

Mais que faire, si Lucain s'obstine à la refuser ?

TÉRENCE.

Traînes nos chaînes encore quelques jours.

LÉLIUS.

Encore quelques jours ! Et comment feras-tu pour les briser ensuite ?

TÉRENCE.

Les âmes fortes trouvent toujours le moyen de s'affranchir.

LÉLIUS.

Est-ce que tu songerais à te donner la mort ?

TÉRENCE.

Non ; je garderai la vie aussi long-temps que le ciel me la laissera. La nature n'est que trop prompte à nous envoyer la mort pour nous délivrer de nos maux. C'est par les ressources de l'esprit et non par le tranchant du glaive que j'espère couper les liens dans lesquels Créuse et moi nous gémissons. Bien insensé celui qui attente à sa propre vie ! Je suis Romain en toute autre chose; mais en cela, non. Je crois que le courage d'un héros consiste à supporter avec constance les revers. Mourir pour la gloire ou pour son pays est un noble dévoûment digne d'enflammer les grandes âmes; mais les cœurs généreux mettent sous leurs pieds les caprices de la fortune, et c'est être vil que de se donner la mort pour si peu de chose.

LÉLIUS.

Vis pour nos plaisirs et pour ta renommée; mais crois-moi, ne fais point si peu de cas de ta liberté. Quand tu vois les soins qu'elle me coûte, je t'en conjure, pour moi-même, pour Scipion, notre ami commun, pour les édiles de Rome, ne t'amuse pas à renverser notre ouvrage ! Ne laisse plus ce triomphe à ton odieux détracteur Lavinius, de dire sur la scène : Térence est esclave et moi je suis Romain. C'est ce mot à la bouche, que ton rival impose à la multitude, si facile à se laisser surprendre.

TÉRENCE.

Que Lavinius fasse trophée de son titre de citoyen; mais qu'il ne croie pas pour cela ceindre la couronne poétique. J'écris pour l'âge présent et pour la postérité. Il s'agit, non de fortune, mais d'ouvrages; et s'il était question de produire mes titres et les siens à la face de l'univers, nous sommes connus tous les deux : qu'il se taise.

LÉLIUS.

Ainsi donc.....

TÉRENCE.

Voici celle qui m'inspire tant d'amour. Vois si elle en mérite moins.

LÉLIUS.

Elle est belle, je ne le nie pas.

TÉRENCE.

Je gage que, si tu en étais épris, tu porterais envie même à ma servitude.

LÉLIUS.

Je plains ton amour et ta destinée. Réfléchis bien mûrement. Adieu. (*A part.*) Elle est vraiment charmante, et j'ai pitié de lui.

SCÈNE IV.

TÉRENCE, ensuite CRÉUSE.

TÉRENCE.

Le désir de la liberté et la passion dont je brûle agitent également mon cœur. Je gémis entre deux liens ; mais je ne perds point courage : le temps a su arranger des choses plus difficiles.

CRÉUSE.

Ah! Térence, le sort nous menace de nouveaux revers. Notre maître irrité m'a lancé des regards terribles. Lui aurais-tu donc révélé notre amour ?

TÉRENCE.

Non pas moi, mais Lélius. Il fallait bien qu'il parlât pour nous tirer de peine.

CRÉUSE.

Est-ce que nous pourrions espérer de voir briser nos fers ?

TÉRENCE.

On m'offre ma liberté, mais à moi seul. Ah! qu'il garde ses dons, le cruel qui veut t'arracher à moi! Plutôt mourir, mon cher bien, que de vivre sans toi!

CRÉUSE.

Grands dieux! ce que j'apprends là redouble les tourmens d'un cœur qui t'aime. Abandonne une infortunée à son misérable destin ; que je ne sois pas cause que le titre honorable de citoyen te soit ravi. Je porterai mes fers sans murmures, pourvu que tu me gardes ton cœur et ta foi.

TÉRENCE.

Si ta vertu est satisfaite à ce prix, mon honneur ne l'est pas. Lucain ne me refuse ta main que parce qu'il t'aime. Loin de toi je courrais trop grand risque de te perdre ; je veux rester esclave avec toi, et voir ce que pourront mes efforts.

CRÉUSE.

Dieux! quelle passion respire dans tes discours! Mais je tremble, et n'attends rien d'un maître courroucé. Si nous devons rester ici, le meilleur parti peut-être serait de nous marier secrètement.

TÉRENCE.

Tu ne doutes pas de la violence de mes feux ; mais

une seule pensée suffit pour la tempérer. Songe que les enfans nés dans les horreurs de la servitude suivent la malheureuse destinée de leurs parens. Devons-nous, pour de folles amours, transmettre à de pauvres innocens ce déplorable héritage ?

CRÉUSE.

Marions-nous sans habiter le lit conjugal, et nous échapperons à ce malheur.

TÉRENCE.

Tu me proposes là un sacrifice au-dessus de mes forces.

CRÉUSE.

Quoi ! la vertu n'aurait pas sur toi ce pouvoir ?

TÉRENCE.

C'est tout au plus si, dans notre état présent, elle suffit à me modérer. Juge ce qu'il en serait, si je joignais aux vifs désirs de l'amant les droits sacrés de l'époux ! La faim se supporte encore quand les mets sont éloignés; mais avec un appétit vigoureux s'asseoir à une table succulente et ne pas manger, oh ! c'est trop fort.

CRÉUSE.

Cher Térence, pardonne à ma tendresse, alarmée de tes refus, le léger soupçon qui s'élève dans mon âme. Je vois la fille adoptive de Lucain, Livie, fixer sur toi de tendres regards. Elle parle souvent de toi, te prodigue les louanges, et lorsqu'on te loue devant elle, ses yeux brillent de plaisir. Je n'aime pas cette vive prédilection pour un esclave dans une femme qui étale d'ailleurs tout le faste de la fierté romaine. On dira que cette faveur n'est que justice; mais la justice mène à l'amour; et, dans une telle situation, Térence, ennuyé de sa servitude, pourrait bien préférer à une pauvre esclave une noble romaine. Qu'en dis-tu?

TÉRENCE.

Je t'ai laissée achever pour connaître toute ta pensée. Ah! Créuse, c'est faire trop d'injure à mon amour. Je n'aime que toi seule; j'en prends le ciel à témoin. Livie est une femme vaine et orgueilleuse qui prétend à tous les respects dus à une Romaine. Je ne voudrais pas l'avoir pour ennemie auprès de Lucain. Sois sûre que c'est uniquement pour cela que je m'étudie à lui complaire.

CRÉUSE.

La voici, je vais me retirer.

TÉRENCE.

Demeure, pour ne pas donner de soupçons.

CRÉUSE.

Je la connais; je m'attends à des humiliations nouvelles.

SCÈNE V.

LIVIE, les précédens.

LIVIE.

Vraiment, Créuse, j'avais beau te chercher et t'appeler; je te trouve gaiement en tête-à-tête avec le poëte comique.

TÉRENCE.

Les poëtes sont loin de fuir la société des femmes:

c'est auprès des Grâces et des Muses que nous cherchons nos inspirations.

LIVIE.

A la bonne heure ; mais près d'une vile esclave !

CRÉUSE, bas à Térence.

Sans doute tu en devras de sublimes à une Romaine.

LIVIE, à Créuse.

Laisse-nous : l'aiguille et le fuseau t'attendent.

CRÉUSE, à part.

Malheureuse ! mes soupçons étaient trop fondés. Le cœur, qui ne se trompe guère, m'apprend à craindre cette femme, et me dit qu'elle aura le pouvoir et le secret de me rendre malheureuse.

(Elle sort.)

SCÈNE VI.

LIVIE, TÉRENCE.

LIVIE, à part.

L'audacieuse est enfin partie !

TÉRENCE, à part.

Je veux lire dans son cœur.

LIVIE.

Sais-tu bien, Térence, que tu ne rends pas justice à ton mérite ? Il n'est pas convenable à un homme tel que toi de fréquenter une misérable esclave. Tu dis fort bien dans tes vers en quoi consiste le devoir, mais ta conduite l'enseigne mal. Il est vrai que l'injustice du sort t'a jeté toi-même dans les fers; mais l'âme d'un docte philosophe commande et n'obéit pas.

TÉRENCE.

Le poëte comique, qui cherche ses sujets dans le monde, doit communiquer avec les plus petits comme avec les plus grands. Je puis dire toutefois que ton esclave, qui montre des inclinations honnêtes, ne me fournit pas d'ignobles études.

LIVIE.

Quelles vertus peut nourrir une Grecque esclave dès l'enfance? La terre de Romulus abonde seule en héroïnes. C'est ici qu'on rend de justes honneurs à Pallas, à Minerve; ici que Vénus dispense ses faveurs. Quelque soit l'éclat dont brillent les femmes étrangères, elles ne peuvent rivaliser avec nous en talens et en beauté.

TÉRENCE.

Pardonne...

LIVIE.

Ce n'est pas à un esclave à me contredire, et tout ce que Rome vaut ne peut être apprécié par un Africain. Tu as beau t'élever par ton mérite, tu paies un tribut inévitable à l'infériorité des étrangers.

TÉRENCE.

Fassent les dieux du Tibre que mon âme puisse s'agrandir jusqu'à me mettre au niveau des Romains !

ACTE I, SCÈNE VI.

LIVIE.

Commence par faire plus de cas de notre sexe.

TÉRENCE.

Les dames romaines sont placées très-haut dans mon estime, si je juge d'elles par toi.

LIVIE, avec douceur.

Par moi ?

TÉRENCE.

Ton mérite...

LIVIE.

Ainsi donc c'est sur moi que ton opinion des femmes s'est formée ?

TÉRENCE.

Je ne pouvais choisir un plus beau modèle et de vertus et de grâces.

LIVIE.

Plaît-il ? Est-ce bien à moi qu'un esclave ose tenir ce langage ? Si tout autre que toi eût pris cette licence, elle ne serait pas restée impunie.

TÉRENCE.

Si mes éloges sont reçus de toi comme des injures, il y avait moins de péril pour moi à m'entretenir avec la jeune Grecque.

LIVIE.

Tu te trompes. Aie soin de chasser son image de ton cœur : évite Créuse ; je le veux, je l'ordonne.

TÉRENCE.

Selon toi, je suis vil si mes pensées s'abaissent aux femmes esclaves ; si elles osent se porter vers les dames romaines, je suis présomptueux, téméraire : il ne me reste donc, pour échapper à ces deux écueils, que de vivre solitaire et sans affection.

LIVIE.

Non, Térence. L'élévation de tes idées, le charme de tes vers, ont l'art de me plaire et le don de m'attacher. Je pense à toi... plus que tu ne peux croire, et je cherche en vain à me défendre de mes préventions en faveur d'un étranger.

TÉRENCE.

Je ne suis pas digne, je l'avoue, d'une faveur si haute, et pourtant je ne sais s'il m'est permis de t'en rendre grâces. J'ignore si je puis sans indiscrétion témoigner combien je suis sensible à tes bontés.

LIVIE.

Non-seulement tu le peux, mais tu le dois.

TÉRENCE.

Le devoir a des bornes délicates que je ne voudrais point passer.

LIVIE.

Crainte imaginaire ! Un poëte comique si prodigue de belles pensées et d'admirables sentimens, un génie brillant quoique étranger, sait très-bien ce qu'il faut dire ou taire ; il sait à merveille comment il doit parler à une femme qui lui veut du bien.

TÉRENCE.

Vraiment, auprès d'une femme qui ne me voudrait que du bien, et qui ne m'opposerait pas la fierté des héroïnes, je ne serais pas embarrassé de trouver des termes convenables de respect.

ACTE I, SCÈNE VI.

LIVIE.

De respect seulement?

TÉRENCE.

Et de tendresse aussi.

LIVIE.

Donne-moi, Térence, un échantillon de ces douces paroles adressées à une femme qui t'imposerait moins.

TÉRENCE.

Femme compatissante, lui dirais-je, puisse le ciel seconder tes bonnes intentions pour moi! Dispose de ma personne et de mon cœur : je serai ce qui te plaira le mieux, ton esclave, ton amant...

LIVIE.

A qui parles-tu, Térence?

TÉRENCE.

A celle qui m'aimerait et dont je serais épris.

LIVIE.

Écoute. Je ne suis point austère avec toi, point avare de faveurs; un prince, un monarque, je l'estimerais moins que toi. Rome, il est vrai, nous enseigne à mépriser tout ce qui n'est point ses enfans; mais respecter le mérite ne peut jamais être un tort; et quand les dieux t'ont comblé de leurs plus heureux présens, il est juste que tes droits aillent plus loin que ceux de tout étranger.

TÉRENCE.

Ah! puisque tes bontés m'élèvent à ce point, puisque tu mets ton heureux esclave au-dessus des rois, souffre que j'exhale, au moins en partie, la joie dont je suis transporté... (*Livie se détourne en rougissant. — A part.*) Voilà un nouveau caractère à mettre sur la scène. (*Haut.*) Laisse-moi te dire que les dieux ont formé pour le bonheur d'autrui ce beau visage, ces yeux éclatans...

LIVIE.

Assez, assez.

TÉRENCE.

Je me tais.

LIVIE.

Éloigne-toi.

TÉRENCE.

J'obéis.

LIVIE.

Et surtout n'aie point la hardiesse de porter tes pas vers Créuse.

TÉRENCE.

Mes pas, mon cœur, tous mes sens, sont entraînés vers... Si je pouvais achever, j'achèverais. Je suis contraint de cacher au fond de mon âme la cruelle douleur qui l'oppresse. Livie, tu ne m'entends pas.

LIVIE.

Je t'entends fort bien.

TÉRENCE.

Adieu.

(Il sort.)

SCÈNE VII.

LIVIE, seule.

Hélas! pourquoi faut-il que le généreux orgueil des dames latines leur interdise de si douces affections? La gloire nous enseigne des maximes rigoureuses; la main d'un vil étranger est indigne d'une Romaine. Mais l'étranger le plus vil, l'esclave le plus abject devient respectable en devenant citoyen romain. Térence, si son maître l'affranchit, commence à prendre son rang parmi le peuple, et son mérite joint à ce beau titre de citoyen de Rome, ne peut-il pas le rendre digne de ma main? Cherchons donc à intéresser mon père en sa faveur... Mais une fois libre, qui me répondra qu'il devienne mon époux? Qui me dira qu'il ne veuille pas revoir sa patrie et quitter les bords du Tibre pour les rivages africains? Qui sait si l'ingrat, reprenant sa liberté, ne parviendra pas à attirer auprès de lui cette jeune Grecque? Il y a peu de fond à faire sur les discours de ces poëtes comiques, sur des discours d'ailleurs obscurs et enveloppés... Voilà ce qui me donne du souci, et m'empêche de travailler à sa délivrance... Je pourrais m'assurer d'abord de sa foi; mais cet engagement avec un esclave me ferait trop rougir. Lui dire que je brûle d'amour pour lui, cela est également impossible; une Romaine ne s'avilira point jusque-là. Tout ce que je puis pour soulager ma peine, est de lui déclarer que je le veux à moi, mais esclave. Que du moins, si je ne peux jouir de lui, je n'aie pas la douleur de le voir dans les bras d'une autre. Soit envie, soit justice, soit orgueil opiniâtre, je suis femme, je suis Romaine; je le veux ainsi, c'est chose résolue.

(Elle sort.)

FIN DU PREMIER ACTE.

ACTE DEUXIÈME.

SCÈNE PREMIÈRE.

FABIUS, LISCA.

FABIUS.

Lisca, tu viens gagner ton souper de bon matin dans l'atrium du sénateur. Cependant tu devrais savoir qu'il n'est pas difficile aux parasites de trouver place aux tables splendides des Romains.

LISCA.

Je ne m'offense point, Fabius, de ce nom de parasite que tu me donnes par mépris. On appelait ainsi dans les temps les plus reculés ceux qui étaient admis à goûter avec les prêtres les chairs des victimes. Nous n'avons point dégénéré de notre dignité première. Les banquets des grands reçoivent de nous leur lustre et leur crédit. C'est avec les dépouilles des misérables qu'ils entassent dans leurs cuisines les faisans et les gélinottes ; et, dans leurs festins magnifiques, les hauts personnages tirent vanité du grand nombre de leurs convives.

FABIUS.

Tu excelles entre tes pareils ; on te voit fréquenter plusieurs tables en un jour, et encore être affamé.

LISCA.

Toute habileté dans un art quelconque mérite des éloges. Tel se distingue à la guerre, tel autre au barreau. L'éternel Jupiter dispense à chacun des largesses différentes; à moi, il m'a donné le talent de travailler à table; de même qu'à toi il t'a départi celui d'être, avec tes patrons, le plus flatteur des cliens.

FABIUS.

Je n'ai pour patron que Lucain; je n'en veux pas d'autre..

LISCA.

Mais tout en adulant ton patron, tu le tournes en ridicule ; tu te courbes devant lui jusqu'à terre, selon l'usage des cliens de la plus basse espèce ; et puis tu te joues à ses esclaves et à ses serviteurs pour lancer sur lui des traits satiriques. Qui plus que toi déchaîne contre Térence les mordantes invectives et les odieuses calomnies? Et cependant Lucain l'estime, et tu le loues en sa présence. Voilà comment chacun sait faire son métier de diverses sortes.

FABIUS.

Si mes critiques tombent sur le poëte esclave, il doit les souffrir en paix. J'aime le talent de Lavinius, et Térence ne me plaît pas. Mais je le loue en présence de notre patron? Sans doute : je dois agir ainsi par convenance et par respect.

LISCA.

Vraiment, je ne suis pas plus que toi l'admira-

ACTE II, SCÈNE I.

teur de celui qui nous donne pour siennes les pièces de Ménandre. Térence a traduit l'*Andrienne* et *la Périnthienne*, deux comédies du poëte grec ; et de ces deux il n'en a fait qu'une. C'est acheter la gloire à bon marché.

FABIUS.

Aussi est-ce moins le talent de l'homme qui lui vaut sa renommée, que le désir de plaire au sénateur Lucain. Mille comme nous répètent en public les louanges de Térence, qui ne se gênent pas de le critiquer en particulier.

LISCA.

On dit que son maître se propose quelque jour de l'affranchir.

FABIUS.

Le fortune aura plus de part à cette faveur que le mérite.

LISCA.

Voici Lucain.

FABIUS.

Vois quelle démarche grave et fière.

LISCA.

Ce sont les richesses qui la lui donnent.

FABIUS.

Le sort le place au-dessus de nous.

SCÈNE II.

LUCAIN, les précédens.

FABIUS.

Souffre, Lucain, que je baise le bord de cette toge que Rome étend comme un voile protecteur contre tous les nuages qui s'élèvent sur elle. Tu me vois le premier à m'incliner devant toi, tant j'estime l'honneur inappréciable d'être appelé ton client!

LUCAIN.

Je vais au sénat. Marche devant moi, et reçois ce léger salaire de tes humbles soins.

(Il présente à Fabius quelques pièces de monnaie, que celui-ci fait mine de refuser.)

FABIUS.

Ah! qu'il ne soit pas dit...

LUCAIN.

Prends cette faible sportule [2] que doivent à leurs cliens les pères de la patrie ; cela remplace le souper qu'ils leur donnaient autrefois.

LISCA.

Maintenant ce sont d'autres convives qui prennent place aux banquets.

LUCAIN.

Oui, Lisca, les banquets sont offerts aux parasites. Quiconque ne dédaigne pas ce titre peut se placer à mes tables.

ACTE II, SCÈNE II.

FABIUS.

Je tiens la chose à honneur, et le nom ne m'offense pas.

LUCAIN.

Que dit-on dans Rome de mon poëte comique ?

FABIUS.

Sa gloire remplit l'âge présent et remplira les âges futurs.

LISCA.

L'admiration pour lui va jusqu'à la stupeur.

FABIUS.

Il n'est qu'une voix sur l'exquise élégance de son style.

LISCA.

Sur l'art savant de ses intrigues.

FABIUS.

Sur le bonheur de ses dénoûmens.

LISCA.

Il est faux qu'il emprunte rien aux étrangers.

FABIUS.

C'est par l'invention qu'il brille.

LISCA.

La justice seule me fait parler.

FABIUS.

La flatterie n'est pour rien dans mes éloges.

LUCAIN.

Rome attend de moi avec impatience sa liberté.

FABIUS.

La liberté des esclaves se donne ou se vend.

LISCA.

La vendre ne convient pas à celui qui a des trésors ouverts; la donner doit être le prix d'une autre sorte de services.

FABIUS.

L'Africain, si tu le rends libre, te montrera bientôt son ingratitude.

LISCA.

Il y a peu d'affranchis qui restent fidèles à leurs maîtres.

LUCAIN.

Lélius, Scipion, les édiles, me le demandent, et sa liberté ne dépend que de lui. Le mérite et la vertu sont des titres puissans auprès de Lucain. Veuillent les dieux du Latium que Térence s'en serve à l'unique condition que je lui impose, et je donnerai envers lui un grand exemple de justice et de générosité. Les banquets, les triomphes, l'or versé à profusion, je n'épargnerai rien pour lui. J'inviterai le sénat, les patriciens, tous mes cliens; les mines, les talens [3], seront prodigués pour cette fête.

FABIUS.

Elle occupera toutes les bouches de la Renommée.

LISCA.

La magnificence du maître sera exaltée par un concert universel de louanges.

ACTE II, SCÈNE III.

FABIUS.

Que la plus grande pompe accompagne son affranchissement!

LISCA.

Que l'affranchi de Lucain soit honoré par des festins splendides!

LUCAIN, à Fabius.

Va trouver les édiles curules [4], dis-leur que je me rends auprès d'eux.

FABIUS.

J'obéis. (*A part.*) Je suis content, si je puis profiter de ces grandes largesses. Que Térence soit libre, pourvu que quelques gouttes de cette pluie d'or puissent découler sur moi! *(Il sort.)*

LUCAIN, à Lisca.

Laisse-moi, Lisca, et reviens à l'heure du souper.

LISCA.

Le temps qui me reste d'ici là, je vais le passer dans tes cuisines. (*A part en s'en allant.*) J'aime que Lucain soit généreux pour ses esclaves; ce sont de nouvelles tables dressées.

SCÈNE III.

LUCAIN, et ensuite DAMON.

LUCAIN, appelant.

Holà, quelqu'un. Térence est trop habile et trop honnête homme pour méconnaître son devoir. Il saura distinguer, je l'espère, ce qui lui est utile de ce qui lui est permis. Il ne voudra pas me mécontenter en se rendant malheureux. (*Il appelle de nouveau.*) Hola.

DAMON.

Me voici.

LUCAIN.

J'appelle, et personne ne répond?

DAMON.

D'autres que moi pouvaient répondre. Térence et Créuse étaient plus près d'ici que moi; mais ils avaient bien autre chose à faire, ces ennuyeux amans.

LUCAIN.

Ces amans, dis-tu?

DAMON.

Sans doute, et si tu n'as pas encore remarqué leurs amours, avant neuf mois d'ici, tu pourras en avoir des preuves évidentes.

LUCAIN.

Tu parles comme un fou.

DAMON.

Il est vrai, je parle comme un fou, et je le suis en effet. Pardon, si de mon côté je ne fais pas mon devoir. Dans cette maison où les amours des esclaves sont permis par le maître, je devrais aussi, je le sais, faire le galant avec quelque belle et accroître les propriétés de Lucain. Parens avares, pourquoi m'avez-vous si cruellement disgracié? J'aime les femmes, et c'est pour mon tourment. Tout mon rôle auprès d'elles se réduit à les voir, les éventer et leur chasser les mouches.

LUCAIN.

Dis à Térence de venir.

DAMON.

Un peu de patience. L'affaire qu'il traite a besoin de quelques momens.

LUCAIN.

Je veux qu'il vienne tout de suite, entends-tu?

DAMON.

S'ils étaient renfermés? Mais quand le maître parle...

LUCAIN.

Non, non.

DAMON.

Non, je le disais bien. Ce n'est pas l'usage, en pareil cas, de troubler les gens occupés à bien faire.

LUCAIN.

Fais-moi venir ici Créuse.

DAMON.

Créuse? c'est bien pis. Le temps de rajuster sa toilette....

LUCAIN.

Je te dis de l'amener sur-le-champ.

DAMON.

Mais si....

LUCAIN.

Ne réplique pas.

DAMON.

J'y cours. (*A part.*) Je sais que le maître est amoureux d'elle ; mais je me venge sur lui de ma cruelle nullité. Quand je pense à mon état, j'entre en fureur, et voudrais voir finir le monde pour anéantir les voluptés.

(Il sort.)

SCÈNE IV.

LUCAIN, ensuite CRÉUSE.

LUCAIN.

Affranchir mon esclave me paraît la meilleure résolution : c'est le moyen de me rendre agréable à Rome, et de sortir moi-même d'embarras. Je pourrais, je le sais, punir sur cet homme, que j'aimais, la résistance qu'il ose me faire éprouver. Il n'est mérite ni renommée qui donnent le droit de déplaire à un Romain, et, après tout, le sort nous attribue sur nos esclaves la puissance de vie et de mort... Mais non ; je veux, à celle qui vient là les yeux baissés, ne faire voir que le maître et cacher l'amant ; et, si la bonté ne peut rien sur ce cœur endurci, nous essaierons ce que pourra la rigueur et l'humiliation.

CRÉUSE.

Me voici à tes ordres.

LUCAIN.

Que faisais-tu, Créuse ?

CRÉUSE.

Je brodais.

LUCAIN.

Tu mens.

CRÉUSE.

Je n'ai pas l'habitude de mentir.

LUCAIN.

Tu es Grecque !

CRÉUSE.

Je ne réponds pas à mon maître.

LUCAIN, à part.

Charmante modestie !

CRÉUSE, à part.

O dieux de ma patrie, qui, sur les bords du Tibre, vivez toujours dans mon cœur, c'est à vous à défendre l'honneur de la Grèce !

LUCAIN.

Ainsi tu brodais ? et que faisait ton amant, pendant que tu passais l'aiguille dans la toile ?

CRÉUSE.

De qui veux-tu parler ?

LUCAIN.

Tu feins de ne pas m'entendre ; mais tu baisses les yeux et rougis.

CRÉUSE, à part.

Hélas ! de quel malheur suis-je donc menacée ?

LUCAIN, à part.

Non, c'est en vain que je m'efforce de lui montrer un visage sévère. (*Haut.*) Créuse, te rappelles-tu qui tu es, qui je suis ?

CRÉUSE.

Je suis l'esclave, et Lucain, le maître. La superbe

Rome lui donna le jour, et ma patrie est l'humble Athènes. Il naquit pour les honneurs, moi, pour les fers; toutefois je n'ai point à rougir de vils aïeux. Et moi aussi, j'étais libre dans la Grèce; le sort me fit esclave. Conduite par mon père dans la malheureuse Sicile, je vis cette île détruite par vos armes. Ce fut en vain que mon père essaya de résister aux aigles romaines; c'est la volonté du destin que tout l'univers cède à Rome. Il fut la proie de la mort, et moi, celle d'un guerrier. Le cruel me vendit à un vieux marchand qui me revendit à toi. Jusqu'ici ton humanité m'a rendu mon joug moins pesant, et l'avenir me laisse espérer encore de plus grandes marques de ta bonté. Si je ne puis chasser de mon cœur les dieux de ma patrie, puissent du moins ceux de Rome me devenir plus chers !

LUCAIN.

Rome, l'asile des peuples et la reine du monde, honore ton adversité. L'un de ses sénateurs à qui tu es échue en partage, se plaît à te rendre tes chaînes plus légères. Un lustre s'est écoulé depuis qu'arrivée ici pour mon bonheur, tu croîs, sous mes yeux, en âge, en mérite, en beauté; tu vois, Créuse, quel je suis pour toi, ne me sois point rude et sévère. La reconnaissance est l'aimant des cœurs; fais-moi voir une âme plus touchée de mes bienfaits; et mes bienfaits augmenteront encore.

CRÉUSE.

N'ai-je pas toujours été obéissante à tes moindres signes ?

LUCAIN.

Je demande une nouvelle preuve de cette obéissance.

CRÉUSE.

Laquelle?

LUCAIN.

Que tu m'aimes.

CRÉUSE.

Aimer est un libre mouvement du cœur; la servitude n'oblige qu'au respect.

LUCAIN.

Tu me hais donc, ingrate?

CRÉUSE.

Tous les devoirs d'une servante, d'une esclave, mon respect les remplit.

LUCAIN.

Et si, de cette servante, de cette esclave, le maître exige de l'amour?

CRÉUSE.

Il est des amours de bien des sortes. Les enfans aiment leur père; les amis, leurs amis; les serviteurs, leurs maîtres; et ce dernier amour est celui que je ressens pour toi; mais il est chaste et pudique, et si tes désirs ne l'étaient pas, l'esclave, au milieu de ses fers, aurait droit de les repousser.

LUCAIN.

Mais quand son maître soupire pour elle?

CRÉUSE.

Comment, soupire pour elle? est-ce qu'un des

héros de Rome voudrait s'abaisser jusqu'à un tel hyménée?

LUCAIN.

Tous les amours ne sont pas consacrés par l'hymen.

CRÉUSE.

La pudeur d'une Grecque rejette les amours déshonnêtes.

LUCAIN.

Les lois Romaines ne te laissent encourir aucun blâme.

CRÉUSE.

Les lois de l'honnêteté furent les premières qu'établit Romulus.

LUCAIN.

Celles que Rome connaît aujourd'hui doivent être acceptées avec respect.

CRÉUSE.

Celles que j'ai apprises dans la Grèce imposent des devoirs différens.

LUCAIN.

Tu n'es plus ici en Grèce, mais à Rome, et dans la captivité.

CRÉUSE.

Mon corps seul est à Rome, et mon cœur dans Athènes.

LUCAIN.

C'est ce qu'on pourrait voir en l'arrachant de tes entrailles.

CRÉUSE.

Fais-le arracher, s'il te plaît; je ne souhaite que de mourir.

ACTE II, SCÈNE IV.

LUCAIN.

De mourir? Non, fille ingrate; mais de vivre avec ton Térence.

CRÉUSE.

Si le sort joint nos cœurs et nos fortunes, où serait le crime d'unir nos mains?

LUCAIN.

Et que peux-tu espérer d'une telle hardiesse?

CRÉUSE.

La souffrance, la mort.

LUCAIN.

Ainsi tu ne crains pas d'avouer que tu aimes.

CRÉUSE.

Je ne sais pas mentir.

LUCAIN, à part.

Ah! pourquoi faut-il que la pitié l'emporte en moi sur le dépit? (*Haut.*) Feins au moins de m'aimer.

CRÉUSE.

Quel bien cela te ferait-il?

LUCAIN.

Feins de m'aimer, te dis-je; les douces illusions me suivront dans tes bras.

CRÉUSE.

Ah! Lucain, pour un homme tel que toi, le sincère et le vrai n'ont-ils pas plus d'attraits que la beauté? Quand je pourrais me contraindre jusqu'à dire que je brûle d'amour pour toi, ne verrais-tu pas sur mes lèvres que ce n'est pas le cœur qui le fait mouvoir? Qu'est-ce que les trompeurs embrassemens d'un amour mensonger, si ce n'est le serpent caché sous les fleurs?

SCÈNE V.

DAMON, les précédens.

LUCAIN.

Importun! que veux-tu?

DAMON.

Pardon; j'ignorais... je vais fermer la porte et attendre tes ordres.

(Il a l'air de s'éloigner à cause de Créuse.)

CRÉUSE.

Sot que tu es!

DAMON.

Oh! la rusée!

LUCAIN.

Que veux-tu dire, audacieux esclave?

DAMON.

Continue, continue. Je reviendrai.

LUCAIN.

Reste là.

DAMON.

Je ne bouge pas.

LUCAIN.

Pourquoi es-tu venu?

DAMON.

J'ignorais, je te le jure, que la Grecque fût ici.

CRÉUSE, à part.

Engeance scélérate !

LUCAIN.

Parle.

DAMON.

Un huissier vient te chercher de la part du sénat.

LUCAIN.

Sortons. Je suis en retard. (*A Créuse.*) Souviens-toi de ce que je t'ai dit. Souviens-toi que ton maître est descendu jusqu'aux prières. (*A part.*) Mon cœur désire son amour et non son inimitié.

(Il sort.)

SCÈNE VI.

CRÉUSE, DAMON.

DAMON, à part.

Qu'on juge si Lucain aime Térence ! il veut partager avec lui jusqu'à sa maîtresse.

CRÉUSE.

Dis, méchant, que méditent à mon sujet tes pensées perverses ?

DAMON.

La vérité.

CRÉUSE.

Va-t'en.

DAMON.

Je veux demeurer ici.

CRÉUSE.

Perfide!

DAMON.

Grecque!

CRÉUSE.

Indigne!

DAMON.

Grecque!

CRÉUSE.

Infâme!

DAMON.

Grecque!

CRÉUSE.

Que veux-tu dire par ce mot que tu ne cesses de répéter?

DAMON.

Je veux dire tout ce qu'on peut imaginer de pis.

CRÉUSE.

Vil monstre d'Afrique, qui appris des Romains à déprimer la gloire d'Athènes! Avant que Rome existât, elles étaient fameuses et fortes, ces mères des sages et des héros, Athènes, Sparte, l'Achaïe, la Crète, et tant de villes qui ont élevé au-dessus des honneurs du Tibre ceux de l'Ilissus et de l'Eurotas. Que la superbe Rome se vante d'être la capitale de l'univers; il y a cinq siècles au plus qu'elle est née et qu'elle règne. Mais le berceau de la Grèce touche à celui du monde; l'Europe et l'Asie se courbèrent sous sa puissance; et tout ce que Rome possède de coutumes et de lois, c'est de la Grèce qu'elle les tient.

DAMON.

Tu me parles grec; je ne te réponds pas. Le monde a commencé pour moi du jour que je suis né; le jour que je mourrai, il finira; toute autre époque, grecque ou latine, ne me signifie rien. Je sais que les Athéniens à Rome sont fourbes et rusés. Puissent-ils crever tous, et toi la première!

(Il sort.)

SCÈNE VII.

CRÉUSE et ensuite LIVIE.

CRÉUSE.

Ah! je ne puis souffrir quiconque insulte ma patrie, et je garde à la Grèce, au fond de l'âme, une tendresse que rien ne peut égaler. Le ciel sait si j'aime Térence, et pourtant je le donnerais lui-même pour mon cher pays. Je donnerais mille vies, si je les avais, pour que Rome, à son tour, devînt esclave d'Athènes...! Malheureuse! tous mes vœux sont superflus et me sont imputés à crime; j'endure les dédains altiers des Romains; je vois souffrir mes amis, et suis la plus infortunée parmi les infortunés. Ah! Criton, si tu vis encore, et si tu penses à la petite fille qui t'a été si cruellement ravie, supplie les dieux de la Grèce, ces dieux qu'il t'est permis d'adorer, de prendre pitié de mon sort, et d'arracher aux douleurs d'un honteux exil la triste orpheline de ton unique enfant!

LIVIE.

Créuse aime à se tenir loin de mon appartement.

CRÉUSE.

Je suis venue aux ordres de ton père; il est mon maître aussi.

LIVIE.

J'ai à te faire faire un ouvrage que j'ai promis en présent. Les laines et les soies sont prêtes. Voici le dessin.

(Elle lui montre un canevas dessiné.)

CRÉUSE.

Je vais m'y mettre.

LIVIE.

La chose est si importante, que je ne veux pas que tu quittes avant d'avoir fini. Tu auras ta chambre à part, et je t'y ferai porter ta nourriture; travaillant seule, tu pourras mieux faire preuve d'habileté dans ton art. Je te donne six mois. Je te promets pour récompense plusieurs drachmes d'or, et deux vases d'une huile précieuse que tu pourras brûler en secret à l'honneur de tes lares paternels.

CRÉUSE.

Quoi! six mois entiers seule, sans communication?

LIVIE.

Oui, seule, occupée à broder, et renfermée de ma main.

CRÉUSE.

Le travail est mieux fait, quand les distractions sont permises à la fatigue.

LIVIE.

Oui, mais quelquefois aussi le travail est gâté par

ACTE II, SCÈNE VII.

les distractions. Le cœur va d'un côté, la main de l'autre ; cela ne vaut rien.

CRÉUSE.

Tu verras, si tu veux en faire l'épreuve...!

LIVIE.

Il suffit ; je le veux. Je n'ai pas l'habitude d'écouter les vains raisonnemens de mes esclaves. Regarde ce dessin, et dis-moi s'il imite ceux d'Apelles.

CRÉUSE.

Je reconnais une main sortie de l'école grecque. Assurément l'auteur est maître dans son art. Mais, histoire ou fable, je ne comprends pas ce sujet.

LIVIE.

Je vais te l'expliquer, si tu le désires. Ce jeune homme et cette jeune fille que tu vois s'approcher timidement l'un de l'autre, sont deux esclaves attachés à la même chaîne. Vois briller dans leurs yeux le feu de leurs coupables amours. Celui que tu vois là, le regard menaçant, faisant signe à un licteur, c'est le maître de ces criminels amans. Irrité de la découverte de leur secrète intelligence, il les livre aux verges et à la hache des bourreaux.

CRÉUSE.

Il me semble, si j'ai bien compris le sujet, qu'il manque une figure à cette composition. Il y faudrait une femme, en habit romain, révélant le secret des deux infortunés ; et, la jalousie, la fureur dans les yeux, armant contre eux la colère implacable du maître.

LIVIE, à part.

L'insolente m'a comprise ; avec quelle audace elle me répond ! ne sait-elle donc pas que ses injures peuvent être payées de sa vie ?

CRÉUSE.

Si je me suis trompée....

LIVIE.

Tais-toi... (*Regardant dans l'enfoncement.*) Térence vient à nous.

CRÉUSE.

Je vais, si tu le veux, m'enfermer, pour éviter de te déplaire.

LIVIE.

Demeure. Audacieuse, quelle est donc ta pensée ? crois-tu que j'aie de l'amour pour lui ? Ah ! il n'est pas donné aux esclaves de lire dans l'âme des héroïnes.

CRÉUSE.

Si j'avais conçu de tels soupçons, ton empressement à les démentir semblerait me dire qu'ils sont vrais.

LIVIE.

Tais-toi.

CRÉUSE.

Je ne parle plus.

LIVIE.

Et souviens-toi, en présence de ton amant, de ne pas manquer de respect à Livie, qui t'écoute. Sache comprimer en face de celui que tu aimes les étincelles et les flammes qui s'échappent de tes yeux.

CRÉUSE, à part.

Malheureuse que je suis !

SCÈNE VIII.

TÉRENCE, les précédens.

LIVIE.

Térence, pourquoi craindre d'approcher? Ne vois-tu pas que c'est te montrer coupable?

TÉRENCE.

J'hésitais, non par crainte, mais par respect. Je serai sincère si tu le désires, audacieux même si tu l'exiges. M'est-il permis de voir ce que lit Créuse?

LIVIE.

Elle ne lit pas.

TÉRENCE.

Que fait-elle donc?

LIVIE.

Tu ne dois pas le savoir.

TÉRENCE.

Pardonne.

LIVIE.

Que t'importe ce qu'elle fait?

TÉRENCE.

Rien; je cédais à un sentiment de curiosité naturel aux hommes.

LIVIE.

Ne te cache pas, Térence; que ton amour se manifeste sans mentir.

TÉRENCE.

Mentir en présence de Livie ! ce serait trop de hardiesse.

LIVIE.

Je te féliciterais de ta passion si tu étais aimé ; mais c'est en vain que tu te tourmentes pour une femme qui ne t'aime point.

TÉRENCE.

Me dédaignes-tu donc, Créuse ?

LIVIE.

Elle t'abhorre.

TÉRENCE.

C'est à elle à confirmer mon arrêt.

LIVIE, à Créuse.

Réponds.

CRÉUSE, à Livie.

Je me tais par ton ordre.

LIVIE.

Je lui ai prescrit d'avoir les yeux fixés sur ce dessin, et elle se tait.

TÉRENCE, à Livie.

Je comprends son silence. Il n'a rien d'alarmant pour moi.

LIVIE, à Créuse.

Vois-tu ; il te méprise, il t'abandonne à ta destinée.

TÉRENCE, à part.

A présent, je connais Livie ; feignons, et devinons-la.

ACTE II, SCÈNE VIII.

LIVIE, à Térence.

Verrais-tu sans peine ta maîtresse engagée en d'autres liens ?

TÉRENCE.

Sans peine.

CRÉUSE, vivement à Térence.

Cependant...

LIVIE, à Créuse.

Tu dois te taire.

CRÉUSE.

Je me tais.

TÉRENCE.

S'il était vrai que Créuse m'aimât, ses regards du moins devraient se tourner vers moi ; elle me dédaigne.

(Créuse lève les yeux vers Térence.)

LIVIE, à Créuse.

Regarde ce dessin.

CRÉUSE, à part.

Cruelle !

(Térence s'approche de Créuse et regarde la toile qu'elle tient dans la main.)

LIVIE.

Que dis-tu de ceci ? C'est un esclave ingrat que son maître irrité livre aux verges des licteurs.

TÉRENCE.

Quelle est cette composition ?

LIVIE.

Le sujet d'une broderie.

TERENCE.

Puis-je voir?...

LIVIE.

Regarde.

TÉRENCE, penché vers Créuse.

Tais-toi, Créuse; je t'aime. (*Haut.*) Ce sujet est neuf et agréable.

LIVIE.

Vois-tu l'esclave enchaîné?

TÉRENCE.

Je le vois, le téméraire. (*A part.*) C'est moi qui suis représenté là.

LIVIE.

Que t'en semble?

TÉRENCE.

C'est avec justice qu'on le menace et qu'on le châtie. (*A part.*) La prudence m'ordonne de feindre.

CRÉUSE, à part.

La nécessité me prescrit de garder le silence.

SCÈNE IX.

DAMON, les précédens.

DAMON.

Térence, mon honoré maître, Lélius demande à te parler, s'il te convient de le recevoir.

TÉRENCE, à Damon.

Vil personnage!

DAMON, ironiquement.

Personnage illustre !

TÉRENCE, à Livie.

J'irai le trouver, si tu me le permets.

LIVIE.

Demeure. (*A Damon.*) Que Lélius vienne ici.

DAMON, ironiquement à Térence.

Lélius va venir se mettre à tes pieds. (*A part.*) O l'heureuse maison ! ô l'acquisition admirable ! Le père, la fille et ces deux esclaves, cela fait vraiment une belle partie carrée.

(Il sort.)

SCÈNE X.

TÉRENCE, LIVIE, CRÉUSE.

TÉRENCE, à Livie.

Livie, c'est par respect pour toi que je souffre les injures en silence.

LIVIE, avec tendresse.

Mon cœur te sait bon gré de ce sacrifice. Ne t'inquiète point de ces esclaves; ce sont des âmes vulgaires.

CRÉUSE, à Livie.

Pas toujours.

LIVIE.

Tais-toi.

CRÉUSE.

J'obéis.

LIVIE, montrant le dessin.

Et tiens les yeux attachés sur cela.

CRÉUSE, à part.

Quand donc, justes dieux, mes tourmens auront-ils un terme?

SCÈNE XI.

LÉLIUS, les précédens.

LÉLIUS.

Que Vénus donne à Livie paix, salut et hyménée!

LIVIE.

Que Mars récompense Lélius de ses souhaits généreux!

LÉLIUS.

Les édiles ont rassemblé dans le temple de Cérès le peuple convoqué par comices, et le sénat; tribuns, magistrats, tous ont à la bouche le nom de Térence. (*A Térence.*) Viens, Lucain t'attend; tu es l'amour de Rome.

TÉRENCE à Lélius, en regardant Créuse.

Je te suis.

CRÉUSE, à Térence.

Tu me laisses?

LIVIE, à Créuse.

Esclave audacieuse, où s'égarent tes vœux? (*A Térence.*) C'est l'envie qui l'aiguillonne, et non l'amour.

TÉRENCE.

Mon devoir me porte où mon maître m'appelle ; je sais distinguer qui me flatte et qui m'aime. Secondez mon dessein, ô dieux compatissans ! rendez-moi digne du cœur qui mérite le mieux de me fixer.

(Il sort.)

SCÈNE XII.

LIVIE, CRÉUSE, LÉLIUS.

LIVIE, à part.

Si Térence est libre, c'est de moi qu'il sera digne.

CRÉUSE, à part.

Si la fortune me trahit, du moins je ne me serai pas trahie moi-même.

LIVIE.

Va, Créuse.

CRÉUSE.

Où faut-il que j'aille ?

LIVIE.

Où je t'ai dit. Enferme-toi et attends mes ordres.

CRÉUSE.

Perfide, je te connais. Mais, malgré toi, Térence ou la mort saura bien me délivrer de ma prison.

SCÈNE XIII.

LIVIE, LÉLIUS.

LIVIE.

Cette extrême amitié que tu as pour Térence cause un étonnement universel. On ne sait comment l'expliquer.

LÉLIUS.

Les jugemens du public sont souvent légers et frivoles.

LIVIE.

Laissons cela. Dis-moi : le peuple latin offre donc au poëte comique les honneurs de la cité?

LÉLIUS.

Lucain est seul arbitre d'un si beau présent, et Rome le prie d'orner de cette couronne le front de son poëte. Ce qui s'agite actuellement dans la réunion sacrée des édiles, c'est le choix d'une récompense digne de ses chefs-d'œuvre. Au jour qui a précédé les nones d'avril, dans les jeux mengalésiens de Cybèle, mère des dieux, l'*Eunuque* fut joué deux fois en un jour, au milieu d'un concours immense de peuple, et avec les flûtes égales droite et gauche [5]; honneur destiné aux plus grands poëtes comiques, tandis que la flûte inégale est réservée à ceux du second ordre. Il faut donc qu'un décret public lui décerne une récompense qui surpasse celles de tous ses rivaux.

ACTE II, SCÈNE XIII.

LIVIE.

Crois-tu que son maître lui donne la liberté?

LÉLIUS.

Je le crois.

LIVIE.

Et alors, deviendrait-il digne de la main d'une dame romaine?

LÉLIUS.

L'usage de Rome le veut ainsi. La baguette qui, par amour, et non par colère, frappe la joue de l'étranger, chasse toutes les souillures du sang qui l'a fait naître, et l'admet à tous les honneurs du citoyen.

LIVIE.

Et quelle femme crois-tu la plus digne de l'Africain devenu libre?

LÉLIUS.

Celle que la tendresse de Lucain adopta pour fille.

LIVIE.

Je dois, fille obéissante, me soumettre entièrement à ses ordres.

LÉLIUS.

Et à part l'obéissance, qu'est-ce que le cœur te conseille?

LIVIE.

Tant que Térence est esclave, je rougirais de penser à lui. Les rêveries des amans vulgaires ne sont pas faites pour moi. La liberté, que Térence espère, est douteuse encore; et cependant l'honneur de Rome doit être conservé pur dans le cœur des Romains.

LÉLIUS.

Fort bien, mais mille autres seront éprises d'un homme si rare.

LIVIE.

Toutes devront céder à la fille adoptive de son maître.

LÉLIUS.

Prends garde, si tu différes trop, que ce titre, après son affranchissement, ne signifie plus rien.

LIVIE.

Ah! s'il recherchait d'autres nœuds, il serait trop ingrat.

LÉLIUS.

A ce que je vois, Livie, tu confesses que tu l'aimes.

LIVIE.

Non, je n'aime point, je n'aimerai jamais un esclave. Que Térence devienne libre, et alors je dirai si je l'aimais. Je porte dans mon cœur toute la fierté des dames romaines; mais que nulle d'elles ne soit assez hardie pour entrer en rivalité avec moi.

(Elle sort.)

SCÈNE XIV.

LÉLIUS seul.

Ta rivale, je le crains, ne sera pas une Romaine, mais ta propre esclave. Telle est l'humiliation que le destin réserve à ta fierté. L'orgueil des Romaines est arrivé au point qu'elles se croient les seules gardiennes de l'honneur public. Sans doute, nous aimons à les voir ainsi jalouses du dépôt de notre gloire ; mais nous ne croyons pas qu'il dépende d'elles de le laisser perdre. Je plaindrais l'homme qui attacherait à la conduite de sa femme ou de sa fille la dignité de sa maison. Qu'elles remplissent scrupuleusement leurs devoirs, qu'on les punisse lorsqu'elles y manquent, mais que l'honneur des hommes demeure étranger à toutes ces choses.

FIN DU SECOND ACTE.

ACTE TROISIÈME.

SCÈNE PREMIÈRE.

LISCA, DAMON.

DAMON.

Lisca, honneur des tables, tu sais combien je t'aime. Jamais, à quelque heure que ce fût, je ne refusai de te donner à manger. Les convives ordinairement ne sont appelés qu'aux soupers; l'usage des dîners est nouveau dans Rome. Manger trois ou quatre fois par jour, s'il est besoin, cela est permis au peuple; mais pour les grands, c'est une honte. Quant à toi, dont l'estomac est habitué à digérer au vol, tu ne fais qu'un seul repas du matin au soir.

LISCA.

Si c'est par reproche, Damon, que tu me rappelles cela, je te dirai que tu ne me donnes rien du tien, mais de la bourse de ton maître.

DAMON.

Il est vrai, mais c'est pourtant moi... Brisons là-dessus. Je voulais te dire que je suis ton ami, et que je fais profession de l'être; et si je n'ai dans ce moment aucun service à te rendre, je ne m'en crois pas moins autorisé à t'en demander un.

ACTE III, SCÈNE I.

LISCA.

Emploie-moi, Damon; parle, exige, ordonne. Parle, excellent cuisinier de canards et de paons. Pour toi, que ne ferais-je pas? Je suis ton ami jusqu'à la mort.

DAMON.

Térence est comme moi esclave de Lucain. C'est sottise de dire qu'il ait quelque chose que je n'aie pas, excepté une toutefois dont le destin m'a privé. Sauf cela, je pense comme il pense, et je vis comme il vit. L'Afrique nous donna naissance à tous deux, pauvres misérables; notre destinée à Rome devrait être la même; mais les égards, les honneurs sont pour lui; et moi, je ne trouve pas dans Rome un chien qui me regarde. Sais-tu pourquoi?

LISCA.

Et pourquoi?

DAMON.

Le voici; c'est parce que le maître a destiné Térence au théâtre, et Damon à la cuisine. Mais c'est une injustice dont je me plains et veux me plaindre, jusqu'à ce que je puisse m'en venger. Et je m'adresse à toi qui es mon ami, qui es homme de bonne tête et de bon conseil, pour savoir quelle sorte de vengeance je dois choisir.

LISCA.

Je te donnerai volontiers un conseil facile et sûr, au moyen duquel tu éclipseras infailliblement ton rival. Veux-tu obscurcir tout son éclat? Étudie-toi à faire une comédie meilleure que les siennes.

DAMON.

J'en ai eu souvent la pensée ; mais je ne sais comment m'y prendre.

LISCA.

Il ne s'agit que de devenir poëte ; je t'enseignerai cela.

DAMON.

Que Vulcain, Cérès et Bacchus, veuillent me faire cette grâce !

LISCA.

Ce ne sont pas les dieux de la cuisine qu'il s'agit d'invoquer, mais les Muses, Minerve et le blond Phébus : il faut porter la lyre attachée au cou, au lieu de la poêle à frire. Écoute, si tu promets de me donner deux faisans, je composerai quelque bel ouvrage que je ferai passer pour être de toi.

DAMON.

Les faisans ne sont pas moins rares à Rome que communs dans la Grèce ; mais si tu fais ce que tu dis là, oui, je m'engage à t'en donner deux.

LISCA.

Pour la confusion de Térence, nous ferons de Plaute le sujet de notre comédie. Je les produirai tous deux sur la scène. Térence a ses ennemis ; ils le proclameront vaincu, et son déshonneur sera ta gloire. Ainsi sera bafoué Térence, et Damon vengé.

DAMON.

Bien, très-bien, deux mille fois bien. Lisca, les faisans sont à toi. Mais quelque chose m'embarrasse :

ACTE III, SCÈNE I.

si l'on vient à me demander ce que c'était que Plaute, j'ignore, à parler vrai, si c'était un homme ou une bête.

LISCA.

Ce que je vais te dire te suffira. Plaute naquit dans l'Ombrie. C'était un marchand qui, après avoir fait faillite, tomba dans la misère, et fut bientôt réduit pour vivre à tourner la meule d'un moulin. Dans ses momens de loisir, le pauvre malheureux se mit à composer des comédies. Il en composa jusqu'à vingt qui firent sa renommée et sa fortune. L'élégante correction de son style était telle qu'on disait que les Muses elles-mêmes ne pourraient parler que comme lui. De nos jours encore les connaisseurs lui rendent justice. Ils vantent la simplicité de ses sujets, son habileté à peindre les mœurs, et sa grande connaissance du monde. Sa vie n'offre pas matière à pièce de théâtre; mais en y rêvant bien, en imaginant quelque action, l'on en viendrait à bout. Il suffit pour attirer sur toi les applaudissemens du peuple, que tu le mettes sur la scène en parallèle avec Térence. Au bout de trois ou quatre représentations, l'esclave aura perdu tout son mérite, et tu entendras les spectateurs s'écrier : « Bravo! Damon, bravo!

DAMON.

A merveille. Ce qu'il y a de fâcheux, c'est que je n'ai pas compris un seul mot de ce que tu m'as dit. Si tu veux obtenir de moi la récompense que tu désires, cherche-moi des moyens de vengeance moins subtils et moins extraordinaires.

LISCA.

Voyons, que désirerais-tu?

DAMON.

Quelque chose d'excellent, si tu veux prendre sur toi d'en parler au maître ; lui dire, par exemple, (et au besoin j'en aurais des preuves et des témoins); lui dire : Il y a de secrets amours entre Térence...

LISCA.

Et Créuse?

DAMON.

Non. Il n'est pas poli d'interrompre les gens. Il y a de secrets amours entre Térence...

LISCA.

Et Barsine?

DAMON.

Eh! non. Puisses-tu crever avant demain matin!.. Entre Térence et la fille adoptive du sénateur. Vois maintenant le bel honneur que lui fait son esclave! Que Lucain sache cela, ne vois-tu pas Térence mis à la chaîne, et dix mille coups de verges lui caressant l'omoplate? Car c'est un moindre crime, à Rome, de tuer quelqu'un que de souiller l'illustre sang d'une Romaine.

LISCA.

Je ferai ce que tu désires : je révélerai cet important secret. Tu sais si Lucain m'écoute et a confiance en moi.

DAMON.

Que Térence périsse et soit en haine aux Romains!

LISCA.

Que Damon obtienne sa vengeance, et Lisca les deux faisans !

SCÈNE II.

FABIUS, les précédens.

FABIUS.

Heureux Térence !

LISCA.

Qu'y a-t-il de nouveau ?

DAMON.

Que s'est-il passé ?

FABIUS.

Une seule comédie peut-elle être ainsi récompensée ? Pour prix de l'*Eunuque*, les édiles, en plein sénat, l'ont gratifié de dix mille *nummi* [6].

DAMON.

Aveugle fortune ! tu me ferais blasphémer les dieux. Lisca, ne perds pas de temps ; tu sais ce que tu as à faire. Moi, je vais te chercher les deux faisans, et pour cela je n'épargnerai pas la dépense, dussé-je y employer mes secrets profits de tout un mois.

(Il sort.)

SCÈNE III.

FABIUS, LISCA.

LISCA.

Il est bon pour nous que les richesses publiques se répandent ainsi sur les particuliers ; c'est le meilleur moyen pour qu'il nous en arrive quelque chose. Il nous convient de nous faire amis de cet heureux esclave ; peut-être aurons-nous aussi de lui quelques bons repas.

FABIUS.

Ce n'est pas pour cela que je veux lui faire ma cour, mais pour obtenir, par son crédit, que la sportule du patron soit plus considérable.

LISCA.

Faire ta cour te sera facile ; tu en as l'habitude.

FABIUS.

On ne devient riche que par-là.

SCÈNE IV.

TÉRENCE, les précédens.

TÉRENCE, dans le fond du théâtre, les regardant.

Voilà ce qui compose la suite d'un sénateur de Rome, des cliens bas et rampans, et des parasites gloutons.

FABIUS, allant au-devant de Térence.

Ami, je te félicite de tes nouveaux honneurs.

ACTE III, SCÈNE IV.

LISCA, à Térence.

Je me réjouis de tout mon cœur de la récompense qui t'est donnée.

TÉRENCE, à part, sans faire attention à Fabius et à Lisca.

Il faut que Créuse apprenne mon changement de fortune, et qu'elle en conçoive des espérances. Peut-être verrai-je aussi s'adoucir pour elle les sévères destins.

FABIUS, à Térence.

N'as-tu pas entendu, ou reçois-tu mal les vœux d'un cœur sincère ?

LISCA.

Térence ne sait-il pas reconnaître un véritable ami ?

TÉRENCE.

Vos sentimens, vos cœurs à tous les deux, me sont parfaitement connus. Mais Fabius n'a pas besoin de moi pour sa fortune, et ma ruine n'empêcherait pas Lisca de souper.

FABIUS.

Je t'aime d'une amitié vraie.

LISCA.

L'intérêt ne me guide point.

TÉRENCE.

Térence serait bien fou de vous croire. Je plains les nobles, je plains les candidats qui font consister leur grandeur à être adulés, et dont les trésors s'épuisent à distribuer à une race perverse le pain et la sportule. Mais le mérite n'a pas besoin de louanges adulatrices : c'est bien mal jouir des richesses, et c'est les faire juger mal acquises, que de les prodiguer ainsi. Pour moi, je n'ai point l'habitude de partager avec des indignes les présens de la fortune et le prix de mes travaux. Allez chercher ailleurs vos dupes, et n'attendez de moi que d'être exposés sur la scène aux brocards du peuple. C'est le devoir des poëtes comiques de bafouer les parasites et de flétrir les adulateurs, sinon dans l'espoir de corriger les vices de ces misérables, du moins pour préserver le peuple de leurs piéges, et pour apprendre aux sénateurs et aux citoyens à punir les traîtres et à secourir les malheureux.

(Il sort.)

SCÈNE V.

FABIUS, LISCA.

FABIUS.

Lisca?

LISCA.

Fabius? c'est un avare.

FABIUS.

C'est un superbe et un audacieux.

LISCA.

Il faut perdre cet homme-là.

FABIUS.

Ces choses-là se font et ne se disent point.

LISCA.

J'ai un moyen sûr.

ACTE III, SCÈNE V.

FABIUS.

Lequel ?

LISCA.

Mais il faut m'aider.

FABIUS.

Comment ?

LISCA.

Térence aime la fille de Lucain.

FABIUS.

Le crime est grand dans un esclave.

LISCA.

Ce crime-là nous sert.

FABIUS.

Lucain le voudra-t-il croire ?

LISCA.

J'ai des preuves et des témoins.

FABIUS.

Le voici qui vient.

LISCA.

Il arrive fort à propos.

SCÈNE VI.

LUCAIN, les précédens.

LUCAIN.

Rome est reconnaissante envers Térence : il ne manque à ses honneurs que la liberté. Romulus, qui s'indignait de la cruauté des pères, a mis dans mon sein la pitié pour mon esclave.

FABIUS.

Romulus qui, rangé parmi les dieux, gouverne avec eux le Latium, a en horreur l'affranchissement des esclaves ingrats.

LISCA.

Les généreuses intentions de Lucain sont dignes d'éloges; mais Térence est indigne des richesses et des honneurs.

LUCAIN.

Que signifient ces discours contre un homme que vous accabliez de louanges?

FABIUS.

Térence est un perfide.

LISCA.

Térence est un scélérat.

LUCAIN.

Pour quelle raison?

FABIUS.

Cet esclave insensé ose aimer Livie; il ose séduire une Romaine.

LUCAIN.

Il aime Livie ?

FABIUS.

Je le sais.

LISCA.

J'offre d'en fournir la preuve.

LUCAIN, à part.

Si je le rends libre, il n'est pas indigne d'aspirer à elle. (*Il appelle.*) Holà !

SCÈNE VII.

Les précédens, DAMON.

DAMON.

J'accours à tes ordres.

LUCAIN.

Qu'on fasse venir Livie.

DAMON.

J'y cours. (*A Lisca.*) Eh bien, Lisca, as-tu parlé ?

LISCA, bas à Damon.

Oui.

DAMON, bas à Lisca

Achèterai-je les faisans ?

LISCA, bas à Damon.

Tu le peux.

DAMON, à part, en s'en allant.

C'est vraiment un grand homme que Lisca ; je me sens envie de l'adorer.

SCÈNE VIII.

LUCAIN, FABIUS, LISCA.

LUCAIN.

Ce serait une faute dans un esclave que d'aimer une dame romaine ; mais c'est une faute corrigée par l'éclat de son mérite. L'amour que Rome entière lui porte devient son excuse. (*A part.*) Créuse d'ailleurs m'excite à l'indulgence. (*Haut.*) Laissez-moi seul avec Livie.

FABIUS, bas à Lisca.

Lisca !

LISCA, bas à Fabius.

Fabius ! adieu les soupers.

FABIUS.

Voilà nos espérances en fumée.

(Ils sortent.)

SCÈNE IX.

LUCAIN, ensuite LIVIE.

LUCAIN.

La fortune ne peut m'offrir rien de mieux. Si je le marie, je l'éloigne de Créuse. Le temps effacera l'empreinte de ses fers ; et, après tout, Livie est ma fille, mais non sortie de mon sang. Mais je ne suis pas bien sûr que Térence l'aime : la voici ; je puis m'en éclaircir par elle. (*Livie s'avance avec respect et sans parler.*) Livie, je sais quelle crainte s'élève toujours dans le sein d'une fille, lorsqu'un père vient à toucher les secrets de son cœur. Qu'il soit père par la nature, ou comme je le suis, par affection, il imprime dans les âmes bien nées un égal respect. Mais avant que je descende à interroger ton cœur, je veux que tu en écartes tous les voiles. Sois sûre que je ne serais point irrité des faiblesses, mais de la dissimulation; la sincérité des aveux fait naître l'indulgence.

LIVIE.

Explique-toi, mon père; mais songe que, si je suis ta fille, mon cœur ne peut me conseiller rien qui ne soit digne de toi. Explique-toi, te dis-je; mais crois avant tout, pour l'honneur de tous les deux, que supposer de moi quelque chose de vil serait faire injure à ma vertu.

LUCAIN.

Tu ne sais pas encore de qui je veux te parler. Ta vertu n'aurait point à rougir du choix que je suppose. Réponds-moi franchement, ma fille, aimes-tu Térence?

LIVIE.

J'aimerais mieux n'être pas née, que capable de donner mon cœur à un esclave; et, s'il osait jamais tenter de séduire une Romaine, je saurais, à défaut de tout autre, le punir de ma propre main. Depuis que les modestes Sabines furent enlevées par nos aïeux; depuis qu'arrachées à leurs nobles époux, elles furent unies aux illustres enfans de Romulus, le sang romain s'est conservé pur dans leurs veines; et l'on ne dira jamais de Livie, qu'elle enseigne aux autres à le souiller.

LUCAIN, à part.

Mettons à l'épreuve cet orgueil. (*Avec autorité.*) Mais c'est moi qui t'ordonne d'aimer Térence.

LIVIE, avec quelque tendresse.

Est-il vrai que tu l'ordonnes?

LUCAIN.

Oseras-tu me contredire?

LIVIE.

Tu es père, et tu peux commander.

LUCAIN.

Je puis tout, il est vrai, sur ton cœur et sur tes désirs; mais je ne prétends pas t'imposer un injuste sacrifice. Tu as raison; fils de Romulus et l'un des pères de Rome, je dois conserver dans ma maison le vieil honneur des Latins. Une loi souveraine, au-dessus de toute autre considération, défend d'unir ensemble une esclave et une Romaine.

LIVIE, avec tristesse.

Tu n'avais donc parlé, mon père, que pour m'éprouver ou pour te jouer de moi?

LUCAIN.

Non, je désire que tu sois épouse de Térence, et mère d'une race de héros.

LIVIE, avec plus de sérénité.

Comment cela?

LUCAIN.

Écoute. Avant le coucher du soleil, le poëte illus-

ACTE III, SCÈNE IX.

tre, rendu libre par ma générosité, deviendra mon affranchi, et le digne époux de Livie.

LIVIE.

Quoi! cet acte solennel aura la force de changer dans ses veines le sang d'un étranger, d'un esclave?

LUCAIN.

Oui, ma fille.

LIVIE.

Et, grâce à la bienveillante adoption de Rome, il ne restera en lui aucune trace de son antique souillure?

LUCAIN.

Il va renaître en cet heureux jour aussi pur que l'est dans son berceau l'enfant d'une Romaine.

LIVIE, joyeuse.

O sagesse des dieux! ô magnanimité de Rome!

LUCAIN.

Toutefois si, encore empreint des marques de la servitude, il était dédaigné de Livie, je ne pourrais la blâmer.

LIVIE.

Je n'ose rien opposer aux ordres de mon père. Mais lui-même...

LUCAIN.

Tu seras contente.

LIVIE.

Mais lui-même, voulais-je dire, une fois devenu libre, que lui suggérera son cœur? souvent les hommes abusent des bienfaits...

LUCAIN.

Où est l'esclave grecque?

LIVIE.

Elle est renfermée dans mon appartement.

LUCAIN.

Pourquoi se cache-elle? est-ce qu'elle me fuit?

LIVIE.

Elle brode.

LUCAIN.

Qu'elle vienne ici.

LIVIE.

Tout occupée de ses travaux...

LUCAIN.

Qu'elle vienne; son maître la demande.

LIVIE, à part, en s'en allant.

Ne me trahis pas, ô fortune, après m'avoir montré un visage riant. Ah! cette joie imprévue fait palpiter mon cœur.

SCÈNE X.

LUCAIN, ensuite TÉRENCE.

LUCAIN.

Térence, soit qu'il aime Livie ou Créuse, aura été séduit par le rang ou par la beauté. Il ne craint pas de se montrer épris de la plus humble, et n'ose pas révéler pour l'autre son ardeur cachée. Mais s'il pouvait espérer d'obtenir la noble Romaine, sans doute il ne lui préférerait pas la jeune esclave, et serait beaucoup moins hardi à contrarier les inclinations de son maître. Ainsi mon cœur me flatte, et ne dois-je pas d'ailleurs me confier dans la vertu qui inspira toujours les ouvrages et les sentimens de Térence ? S'il persiste dans cette timidité, pour laquelle je l'estime davantage, je veux l'encourager moi-même et être le premier à m'expliquer avec lui.

TÉRENCE, à part.

Créuse se cache de moi. L'infortunée est dans une situation périlleuse. Le plus sûr parti me paraît être de déguiser mes chagrins.

LUCAIN.

C'est toi, Térence ? Tu étais précisément l'objet de mes pensées. Je me réjouis de ce que les honneurs et les largesses de Rome rendent justice à ton talent.

TÉRENCE.

Mon véritable trésor est le présent que j'espère de ton amitié. Si je demeurais esclave, tout ce que je possède ne t'appartiendrait-il pas ?

LUCAIN.

Il n'y a plus d'esclave entre nous. Tu vas être mon affranchi. Jusqu'à présent je t'ai abandonné le fruit de tes veilles ; de même tes derniers produits sont à toi ; tu peux disposer de tout. L'esprit, le savoir, le jugement qui brillent dans toi plus que dans tout autre poëte, exigent, de Rome et de moi, amitié, estime et récompense.

TÉRENCE.

Ah ! Lucain ! oppressé du doux poids de tant de

bienfaits, c'est peu que je t'offre ma vie et mon sang : tu es pour moi plus qu'un père, si ton amour m'appelle au don de la liberté, plus précieuse cent fois que la vie.

LUCAIN.

— Avant que le soleil cesse d'éclairer ce beau jour, tu seras compté au nombre des Romains. Lorsque tu étais encore esclave, je t'ai donné, en témoignage de mon estime, le nom de Térence, que je portais d'abord ; maintenant j'oublie tes fers et mon rang ; je t'appelle, dès ce moment même, mon affranchi, mon fils, mon ami. Tu peux donc changer de manières avec moi. Que la dignité à laquelle je t'élève t'inspire un juste orgueil. Dévoile-moi ton cœur ; confie-moi toutes tes pensées ; que ta bouche, moins timide, me parle avec pleine sincérité. La seule récompense que je te demande de mes bienfaits, c'est que tu me fasses confidence des secrets de ton cœur.

TÉRENCE, à part.

Comment lui révéler une passion qui contrarie son amour ?

LUCAIN.

Tu persistes à te taire ? Je te prie de parler, et cela ne suffit pas ?

TÉRENCE.

Lucain, je vois où tendent tes demandes. Hélas ! mes désirs excèdent les bornes de ce qui est permis ; mais je veux réprimer l'amour rebelle qui brûle dans mon sein ; je veux l'étouffer, l'éteindre. Si j'ai pu en cela te déplaire, ah ! par pitié, pardonne-moi.

LUCAIN, à part.

Comment savoir s'il parle de Livie ou de Créuse ? Je crains de découvrir ce qui deviendrait mon tourment.

TÉRENCE.

Plutôt que de te déplaire, puissé-je être enlacé d'une double chaîne ! L'amour qui s'empare le plus violemment de mon cœur, est cet amour légitime et doux qui m'attache à mon bienfaiteur.

LUCAIN.

Ainsi, tu aimes ; tes aveux me le disent ; mais tu me laisses encore en suspens sur l'objet de ton amour. Ne rougis point de le déclarer. Tu vois quel je suis pour toi ; combien j'ai à cœur de te satisfaire.

TÉRENCE.

O Lucain ! sois indulgent. L'amour est aveugle, et la nature complaisante à nos désirs. L'habitude, la facilité, le temps, attirent les âmes les plus rebelles. Le mal commence par les yeux, et bientôt, d'étincelle en étincelle, le cœur allume un grand incendie. Pardonne si, pour résister à la pente dangereuse où je me suis laissé entraîner, je n'ai pas assez réfléchi à mes devoirs envers toi ; pardonne si, dans cet instant fatal, oubliant ma misérable condition, je me laissai prendre aux doux enchantemens qui font mon supplice, et si mon cœur n'a pu résister aux charmes de celle qui mériterait l'empire de l'univers.

LUCAIN, à part.

Il semble qu'il veuille parler de Livie. (*Haut.*)

Puisque j'ai commencé à t'accorder tant, je veux te donner encore ce que j'aime à l'égal de moi-même. Par cette précieuse conquête que j'offre à ton éclatant mérite, juge, Térence, si je sais te chérir, te distinguer et t'honorer.

TÉRENCE, à part.

Je suis confondu de l'immense sacrifice qu'il me fait.

LUCAIN, à part.

A ce présent, le plus grand de tous les miens, il se trouble, et ne répond pas.

TÉRENCE.

Ainsi donc vous consentiriez.....

LUCAIN.

Oui, mon ami, prends courage; aie moins d'humilité. Ma tendresse pour toi veut te voir heureux aussi dans tes amours. Que les traits cruels du fils de Cypris cessent de déchirer ton cœur, et tu feras des vers plus doux et plus beaux, s'il est vrai que celle que tu aimes.....

TÉRENCE.

Lucain, vois Créuse qui s'avance avec timidité.

LUCAIN.

C'est celle-là même, Térence; c'est celle-là qui règne impérieusement sur mon cœur. Je sais que tu l'estimes, et que même tu l'as aimée; mais ton amour a changé d'objet bien à propos. Les craintes qu'il t'a fait concevoir vont redoubler tes plaisirs: réjouis-toi, Térence.

ACTE III, SCÈNE XI.

TÉRENCE.

Oui, Lucain. (*A part.*) Je ne le comprends point.

LUCAIN, à Créuse.

Eh bien, pourquoi ne t'approches-tu pas ?

SCÈNE XI.

CRÉUSE, les précédens.

CRÉUSE.

Je craignais de te déranger.

LUCAIN.

Veux-tu donc me fuir toujours ? Dois-je toujours employer auprès de toi la prière ? Mes désirs n'éprouveront-ils de toi que d'éternels refus ?

TÉRENCE, à part.

J'ai été aveuglé un moment par une lumière trompeuse.

LUCAIN.

Réponds-moi, Créuse, es-tu lasse de n'opposer que des dédains à celui dont toute l'étude est de te plaire et de se rendre agréable à tes yeux ?

TÉRENCE, à part.

Que dira-t-elle ?

CRÉUSE.

Hélas ! mon cœur est toujours le même. Ce que je disais tantôt, je puis le répéter.

LUCAIN.

Si tu t'étais flattée de l'amour de Térence, détrompe-toi; libre et époux de Livie, il méprise une Grecque et une esclave.

CRÉUSE, à part.

Barbare!

TÉRENCE, à part.

Infortunée! je comprends maintenant la méprise.

LUCAIN, à Térence.

Dis toi-même si je mens?

TÉRENCE.

Un sénateur ne ment pas.

LUCAIN, à Térence.

Il te donne l'exemple d'un amour plus sage.

CRÉUSE.

L'exemple d'un Africain ne peut rien sur le cœur d'une Grecque.

LUCAIN.

Toi, Térence, si mon bonheur, si mon repos t'est cher, apprends à cette ingrate à modérer ses audacieux mépris, cherche des raisons qui puissent l'attendrir. Puis-je te demander un moindre prix de tout ce que je fais pour toi? Je vais préparer la pompeuse cérémonie qui doit te faire Romain; je vais disposer la main de Livie à s'unir à la tienne. Toi, fais en sorte que cette fière beauté ne me chasse pas de son cœur. (*Bas à Créuse.*) Créuse, songe à me complaire, ou à voir redoubler tes chaînes.

(*Il sort.*)

SCÈNE XII.

TÉRENCE, CRÉUSE.

TÉRENCE, à part.

Comment me disculper auprès d'elle?

CRÉUSE, à part.

Que pourra dire l'ingrat?

TÉRENCE.

Ah! Créuse, que penses-tu de moi?

CRÉUSE.

Que je voudrais ne t'avoir jamais aimé.

TÉRENCE.

N'attends pas que je te parle en faveur de Lucain.

CRÉUSE.

Parle-moi pour lui ou pour toi, tes discours sont également inutiles.

TÉRENCE.

Je te suis fidèle.

CRÉUSE.

Tu m'en donnes la preuve!

TÉRENCE.

Écoute en peu de mots la cause de cette erreur.

CRÉUSE, s'éloignant.

Je ne veux pas la savoir.

TÉRENCE, la suivant.

Écoute, de grâce.

SCÈNE XIII.

LIVIE, les précédens.

LIVIE.

Créuse, pourquoi restes-tu lorsque ton maître est parti?

TÉRENCE.

C'est par l'ordre même de Lucain que je dois lui parler en secret.

LIVIE.

Et c'est à toi, qui brûles pour elle, qu'il a commis un tel soin?

CRÉUSE.

Qu'est-ce que les feux dont il brûle pour moi, auprès de ceux dont tu le consumes?

LIVIE.

Insolente et vile esclave, je ne t'admets pas à discourir avec moi?

CRÉUSE.

Je me retire.

LIVIE.

Dépêche-toi de t'éloigner; ton travail te réclame. Remets-toi bien dans la pensée le dessin que je t'ai donné, et songe que la fable est voisine de l'histoire.

CRÉUSE.

La fable, c'est l'amour de Térence pour moi; celui que tu lui inspires, heureuse Livie, est la vérité.

(Elle sort.)

SCÈNE XIV.

TÉRENCE, LIVIE.

TÉRENCE, à Créuse.

Arrête ; écoute-moi.

LIVIE.

Comment ! en ma présence ?

TÉRENCE,

C'est par l'ordre de Lucain que je dois lui parler et l'entendre.

LIVIE.

Tu peux me dire ce qu'il convient de lui répéter.

TÉRENCE.

Il est vrai ; mais tu ignores...

LIVIE, avec un doux accent.

Térence, j'ai parlé de toi tantôt avec Lucain.

TÉRENCE.

De moi ! Que t'a dit cet excellent maître ?

LIVIE.

Il a fait ton éloge, et m'a proposé... Tu le comprends à ma rougeur.

TÉRENCE.

Je me doutais bien qu'il allumerait envers moi ton courroux.

LIVIE.

Le cœur d'un affranchi n'est pas indigne d'une Romaine.

TÉRENCE.

Si donc la liberté m'est donnée, je puis être aimé de Livie?

LIVIE.

Si la liberté t'est donnée... Mais, non; tu n'es encore qu'un esclave.

(Elle sort.)

SCÈNE XV.

TÉRENCE seul.

Tant que je suis dans les fers tu me juges indigne de ta main; et moi, si mes fers sont brisés, je ne te crois plus digne de moi. Sur quoi fondez-vous, orgueilleuses Romaines, ce faste insolent qui vous rend si sévères aux malheureux? Ta fierté, Livie, te rapetisse à mes regards. Je te préfère l'esclave Créuse, qui nourrit dans son sein la vertu modeste. J'ai du regret de l'avoir affligée innocemment. Les réseaux étaient tendus parmi les fleurs; j'y suis tombé sans m'en apercevoir. Mais, Créuse, dès que mes pieds seront dégagés des entraves de la servitude, j'espère que mon cœur aussi saura s'affranchir de tous les obstacles. Ah! fasse l'éternel destin qui dispose souverainement des hommes, que je puisse être heureux sans me montrer ingrat! Puisse l'art de manier les passions, cet art savant du poëte comique, me profiter à moi-même dans les embarras où je suis jeté! Ne puis-je pas, après tout, essayer de faire réellement servir à ma fortune ce talent qui, dans des scènes inventées, exerce notre imagination, le talent d'exciter à volonté des rires ou des pleurs?

FIN DU TROISIÈME ACTE.

ACTE QUATRIÈME.

SCÈNE PREMIÈRE.

TÉRENCE seul.

A moi des dons précieux! à moi des honneurs et des vers! moi, être appelé l'amour de Rome et du sénat! Ah! sans doute, à un tel prix la servitude peut être acceptée. Que dis-je? la liberté, ce trésor vers lequel toute la nature incline, va bientôt elle-même conspirer à ma félicité. Mais, hélas! mon âme déchirée soupire pour un autre bien sans lequel je prends en dégoût le bonheur et la vie; pour un bien qui seul peut donner du charme à tous les autres, et qui m'est à lui seul plus cher que tous. Oui, j'aimerais mieux vivre encore dans les fers que de renoncer à la vue de celle que j'aime. Ah! sans doute, le monde et tous ses avantages ne sont que des richesses d'opinion; la paix et le contentement du cœur, voilà les jouissances véritables.

SCÈNE II.

TÉRENCE, DAMON.

DAMON.

Je cherche le maître partout, et le cherche vainement ; Térence pourra me dire où il est, lui qui est un membre de Lucain.

TÉRENCE.

Oui, aimable Damon, je sais où tu pourras le trouver. Occupé à me donner les dernières marques de sa tendresse, il concerte en ce moment avec Lélius, Scipion et le préteur de Rome, la cérémonie de mon affranchissement.

DAMON.

O Rome fortunée ! ainsi tu vas compter parmi tes titres de gloire la lie de tes héros !

TÉRENCE.

Je voudrais qu'elle affranchît aussi Damon, qui déshonore jusqu'à la servitude.

DAMON.

Je fais plus de cas de mon talent de plumer les paons et les poulets, que de ton art de mimes et d'histrions.

TÉRENCE.

Que parles-tu d'histrions et de mimes ? Sais-tu seulement ce que ces mots veulent dire ? sais-tu que dans la langue étrusque, *ister* signifie jeu de scène, et que les acteurs de la comédie dialoguée en ont reçu leur nom? Sais-tu que de *mimus*, imitateur, on a fait *mime* ou bouffon, et lorsque les gestes suppléent à la parole, *pantomime?*

DAMON

Je sais que toute cette race, sans réputation comme sans honneur, se compose d'hommes satiriques, impudens, scandaleux et débauchés.

TÉRENCE.

Lorsque Rome honore mes comédies, lorsque l'auteur en est honnête, comment les acteurs seraient-ils malhonnêtes et déshonorés? La scène est une école de vertu, bien préférable au tumulte de tous les plaisirs licencieux.

DAMON.

C'est perdre son temps que de disputer avec toi. Dis-moi au juste où je puis trouver Lucain?

TÉRENCE.

Peut-on savoir, mon gracieux ami, peut-on savoir le secret de ce vif empressement que tu mets à le chercher?

DAMON.

Moi, ton ami?

TÉRENCE.

Térence fait profession d'être le tien. Nous fûmes compagnons d'infortune, et nous sommes compatriotes. Que Carthage ne sache pas que jamais, sur le sol romain, le bonheur d'un de ses enfans ait fait naître l'envie dans le cœur d'un autre! Sois sûr que si un jour je suis riche, je veux faire la fortune d'un homme que je regarde comme mon frère.

DAMON.

Tu te moques de moi; c'est sur mon modèle que tu a mis à la scène l'eunuque grossier et lourdaud.

TÉRENCE.

Tu te trompes, et cette erreur est commune à beaucoup de gens qui croient que les poëtes comiques ont voulu désigner leurs ridicules personnels. Il nous arrive souvent de faire des portraits dont nous n'avons nullement en vue les originaux, tant ces ressemblances accidentelles sont communes à ceux qui prennent la critique générale du monde pour objet de leurs compositions !

DAMON.

Cette raison me satisfait. Je veux être ton ami. Vois donc si tu peux m'enlever aux embarras et aux fatigues de la cuisine. Demande-moi à notre maître, brise ma chaîne, et donne-moi, si tu le veux, quelque emploi sur le théâtre.

TÉRENCE.

Mes fables sont grecques; connais-tu les usages de la Grèce ?

DAMON.

Quand tu ne m'emploîrais qu'à allumer les lampes.

TÉRENCE.

Je ne veux point réserver pour un office aussi bas un homme que j'estime. Exerce-toi à déclamer. Tu pourras devenir premier sujet. Exerce-toi à porter les masques de caractère : ta voix peut te rendre propre à jouer les vieilles femmes [7].

DAMON.

Oui, comme qui dirait les sorcières et les entremetteuses. Mais c'est une chose, à parler vrai, qui me semble étrange, que, dans toutes nos comédies, on voie la courtisane aimée, le fils libertin, le père dupe, les agens de plaisir triomphans, qu'en un mot Rome établisse sur son théâtre une école d'infamie et de dépravation.

TÉRENCE.

La raison elle-même parle par ta bouche. Oui, de si mauvaises habitudes doivent être corrigées. J'ai déjà eu la hardiesse de commencer à modérer le mal; j'espère le détruire tout-à-fait si le ciel me prête assistance; ou, si je ne suis point appelé à remplir une si belle tâche, ce sera l'ouvrage de mes successeurs. Mais tu oublies le maître.

DAMON.

C'est un vieillard grec qui le demande.

TÉRENCE.

Sais-tu ce qu'il lui veut?

DAMON.

Non, il ne m'a dit que peu de mots. Il avait beaucoup de peine à se faire entendre dans la maison du sénateur; je me suis trouvé là par hasard, et, pour quelque pièce de monnaie, j'ai offert de l'accompagner. Je l'ai amené ici où je croyais trouver Lucain. Dis-moi donc, puisque tu le sais, en quel lieu je serai sûr de le rencontrer?

TÉRENCE.

Ou chez le préteur, ou chez Scipion, ou chez Lélius. Cependant, amène-moi ce Grec; moi qui ai parcouru la Grèce, je serai bien aise de causer avec lui.

DAMON.

Tu verras une belle barbe athénienne, bien ridicule. Fais-le jaser; ce sera un personnage que tu pourras transplanter sur la scène, puisque c'est votre usage maudit, à vous autres poëtes comiques, de dessiner aussitôt la caricature des gens.

SCÈNE III.

TÉRENCE, ensuite CRITON.

TÉRENCE.

Me préserve le ciel d'abuser jamais des priviléges de mon art! Je ne veux pas que la piquante liberté de la scène dégénère en insolence; et quand même je serais sévère pour les mauvaises mœurs de mon pays, je sais que le poëte doit respect aux étrangers.

CRITON.

Rome, superbe Rome, qui, du haut de tes sept collines, élèves une tête altière et regardes dédaigneusement tous les peuples, ne crois pas que tes prospérités soient durables, si tu te montres cruelle à ce point envers les infortunés!

TÉRENCE.

Vieillard, quelles sont tes plaintes?

CRITON.

Qui es-tu, toi qui me fais cette demande? Es-tu Romain ou étranger?

TÉRENCE.

Je suis esclave, comme tu vois.

CRITON.

L'âge affaiblit mes yeux. Je n'avais pas remarqué ta tunique d'esclave. D'où es-tu?

TÉRENCE.

Je suis Africain. Je me nomme Térence.

CRITON.

Térence!.. Ce nom retentit jusque dans Athènes. On prétend que celui qui fait revivre Ménandre est digne de la liberté. Es-tu le poëte comique?

TÉRENCE.

Moi-même.

CRITON.

Apprends donc sur la scène aux Romains qu'on règne mal par la tyrannie. Que les ruines de Troie répètent tes vers, et que le sort de la Grèce avertisse ces Latins de trembler; et ne dis pas que ce sont des matières de tragédie : la comédie peut s'élever aussi jusqu'à ces hautes leçons. Qu'elle les mette dans la bouche des personnages vulgaires, s'il ne lui est pas donné de chausser le cothurne.

TÉRENCE.

Tu es Grec?

CRITON.

Je le suis, et j'en rends grâces aux dieux, qui nous donnèrent des lois humaines et des mœurs polies.

TÉRENCE.

Tes discours me font voir que tu n'aimes pas les Romains.

ACTE IV, SCÈNE III.

CRITON.

Comment veux-tu que je les aime et que je fasse cas de leur hospitalité? Étranger, accablé par les années, j'arrive dans cette ville superbe; la populace m'insulte, et je ne trouve pas un seul ami. Aucun de ceux à qui j'adresse la parole ne daigne seulement me répondre. On traite comme un esclave un Grec, un Athénien! enfin un serviteur de cette maison, grâce à deux drachmes d'or que je lui ai mises dans la main, consent à me conduire à son maître.

TÉRENCE.

Ne regarde pas Rome, pour cela, comme une ville inhumaine et inhospitalière. La politesse et la bienveillance y règnent aussi. Dans l'Afrique, dans le Latium, chez tous les peuples, tu trouveras des bons et des méchans. Lucain, que tu cherches, est respectable par l'âge et les magistratures; c'est l'honneur du Capitole et l'amour du sénat. Il aime l'honnête et le vrai, le bonheur d'autrui lui est cher, et il ne cède point en vertu aux premiers citoyens d'Athènes.

CRITON.

Poëte comique, c'est en vain que tu essaies d'honorer à mes yeux celui dont la main me priva d'un fils unique. Je ne croirai jamais à l'humanité de celui qui retient dans les fers la fille de mon enfant.

TÉRENCE.

Juste ciel! Créuse...

CRITON.

Je suis son malheureux aïeul.

TÉRENCE.

Viens-tu la délivrer?

CRITON.

Ah! plût au ciel! Je ne suis point un homme vulgaire, mais la pauvreté m'opprime; et, pour les fatigues de la guerre, mes forces premières me manquent. La vente d'une petite terre, antique héritage de mes aïeux, m'a réduit au dernier dénûmnt. J'espérais avec le produit de quelques fermages acquérir la liberté de ma petite-fille; pour cela j'avais acheté diverses marchandises de mon pays, mais une longue et difficile traversée a tout englouti. Pendant cinq mois entiers, notre vaisseau fut le jouet des vents qui me tinrent enfermé dans l'orageuse mer Égée, et cent et cent fois nous faillîmes nous briser contre les Cyclades qui entourent l'île de Délos. Au sifflement des vents, Thétis et Neptune irrités, les glauques, les tritons, toutes les divinités de la mer, mêlaient le bruit de leurs conques; le ciel et les eaux étaient enveloppés d'un voile noir, et nos cœurs se brisaient dans les palpitations de la crainte. Nos câbles rompus, nos antennes fracassées, nos vaisseaux faisant eau de toutes parts, il devint nécessaire de jeter à la mer ballots et agrès, et mes pauvres marchandises, fruit de mes longs travaux, furent les premières données en pâture à l'avidité du vorace élément... Arrêtez, disais-je aux matelots impitoyables; épargnez la rançon de ma malheureuse fille! qu'une esclave grecque obtienne de vous secours et compassion! s'il faut soulager le vaisseau, que ce soit plutôt aux dépens de ma vie. Conservez des objets dont la destination est sacrée, et jetez plutôt à la mer le corps d'un vieillard inutile. Hélas! ils ne me répondirent point, et les derniers débris de ma fortune furent ensevelis dans les flots. J'étais sur le point de m'y précipiter avec eux, mais si je meurs, m'écriai-je, ma misérable fille perd avec moi sa dernière espérance. Que Jupiter seulement me conduise sain et sauf jusqu'à Rome! je m'offrirai à l'esclavage à la place de mon enfant. Je couperai ces cheveux blanchis par les années, et je serai heureux de finir mes jours dans la servitude, si Créuse, à ce prix, recouvre la liberté. Tels furent les vœux d'un père; les dieux m'ont sauvé et conduit ici. Je viens demander, soit faveur ou droit, que l'échange soit accepté; ou si l'on refuse un vieillard à la place d'une jeune fille, c'est alors que j'appellerai la mort à mon secours, et que je verrai jusqu'à quel point d'endurcissement peut arriver le cœur d'un cruel Romain.

TÉRENCE.

Comment sa destinée te fut-elle connue, et quel espoir de la délivrer s'alluma dans ton âme? Vieillard, raconte à un sincère ami toute la vérité.

CRITON.

Un vieux Thrace, marchand d'esclaves, acheta ma Créuse de la main d'un Africain, et la vendit très-jeune à Lucain pour dix ans, moyennant deux mille sesterces, en lui faisant promettre avec serment de la rendre à pareil prix. Cette clause ne fut point suggérée au marchand par la pitié, mais par le désir de tirer double récompense en révélant la captivité de ma pauvre enfant. Pour cela, il se rendit à Athènes, et chercha long-temps les parens de Créuse. Il me trouva enfin. Seul et triste rameau d'un tronc jadis honoré, conçois l'excès de ma joie, quand j'appris que ma fille vivait encore! Mais quand je sus que l'infortunée était dans les chaînes! non, celui qui n'est pas père ne peut comprendre ma douleur. Je résolus de partir à tout prix avec le marchand, et je rassemblai, comme je te l'ai dit, sa récompense et la rançon. Mais vois si le sort pouvait s'acharner contre moi avec plus de fureur. Au bout de trois jours d'embarquement, le vieux marchand mourut dans mes bras. Ainsi j'ai perdu l'espérance de racheter Créuse! la mer a dévoré toutes mes ressources! Ce seul écrit me reste; c'est l'obligation souscrite par Lucain de rendre Créuse moyennant les deux mille sesterces qu'il a payés pour elle. Mais de quoi peut me servir cet écrit? C'est entre les mains seules du marchand que Lucain s'est obligé de la rendre; et, s'il veut la retenir, il refusera de la remettre à tout autre; d'ailleurs comment la réclamer, quand je n'ai plus la rançon? vois, par cette série d'infortunes, jusqu'à quel point le sort peut accabler ceux qu'il poursuit!

TÉRENCE.

La pitié est due à tes revers et à tes chagrins; mais un autre aiguillon encore excite mon tendre intérêt. Apprends que celle que tu nommes ta fille, et qui est si digne de tes soins, est l'objet de mon amour. Lucain, qui l'aime aussi, me l'a jusqu'à présent disputée. Mais si le ciel seconde et fait réussir mes desseins, je ne désespère pas d'obtenir la main et de changer la destinée de Créuse.

CRITON.

Mais tu es esclave; que peux-tu faire pour elle?

TÉRENCE.

Mais j'aurai bientôt ma liberté; sois-en sûr.

CRITON.

Dès ce moment, Criton t'appelle son fils. Voyons; aide-moi de tes conseils, de tes efforts.

TÉRENCE.

Dis. Le marchand thrace était vieux?

CRITON.

De mon âge.

TÉRENCE.

Longue barbe?

CRITON.

Comme la mienne.

TÉRENCE.

Il avait la physionomie?

CRITON.

Sévère.

TÉRENCE.

Grands dieux! et sa taille?

CRITON.

Il était un peu plus gras et un peu plus voûté que moi.

TÉRENCE.

On peut maigrir; et se voûter n'est pas chose difficile. (*Haut.*) Était-il de la connaissance intime de Lucain?

CRITON.

Au contraire; il me dit ne l'avoir vu que le seul jour qu'il lui vendit ma malheureuse fille.

TÉRENCE.

Le destin nous seconde.

CRITON.

Il est temps qu'il commence à m'être favorable.

TÉRENCE.

Essaie de te courber.

CRITON.

Comme cela?

TÉRENCE.

Un peu plus encore.

CRITON.

Dis-moi donc, auteur comique; est-ce que tu veux faire de moi, pauvre vieillard, un personnage de comédie?

TÉRENCE.

Précisément. J'imagine une bonne scène : présente-toi comme le marchand venu pour racheter la jeune Grecque.

CRITON.

Et puis?

TÉRENCE.

Je t'aiderai.

CRITON.

Il n'y a qu'une aide qui puisse me profiter, ce sont les deux mille sesterces.

TÉRENCE.

Tu les auras.

CRITON.

O bonté des dieux ! où est ma Créuse ?

TÉRENCE.

Livie, fille de Lucain, la tient renfermée, et l'occupe aux travaux de l'aiguille.

CRITON.

Pourrai-je la voir du moins ?

TÉRENCE.

Oui, tu la verras ; attends le prochain retour du sénateur.

SCÈNE IV.

LÉLIUS avec quatre serviteurs, dont chacun porte une cassette ; les précédens.

LÉLIUS.

Voici, mon cher Térence, voici les présens de la munificence romaine. Il y a là huit mille *nummi* divisés en quatre sommes. Ils ne devraient pas, d'après la loi, t'appartenir, puisque tu es esclave et point encore Romain ; mais ton mérite et la faveur de Lucain t'en rendent dès à présent propriétaire. Dispose de ce trésor avec pleine licence, comme si tu jouissais de tous les honneurs des hommes libres. Toutefois, écoute le conseil d'un ami. Ton maître désire qu'aussitôt affranchi, tu te mettes en devoir de prendre rang parmi les citoyens romains ; mais il y a des conditions de cens à remplir pour cela. Que les biens que je t'apporte, unis à d'autres richesses, te servent à acquérir les propriétés nécessaires; et, après un lustre révolu, tu seras admissible à tous les honneurs des héros.

TÉRENCE.

Je suis plus avide de gloire que d'argent. (*Aux esclaves.*) Allez, amis, déposer dans la salle voisine les fardeaux dont vous êtes chargés. Je suis reconnaissant de ces largesses, envers le peuple de Rome, envers mon ami Lélius, et surtout envers Lucain. J'espère en faire bientôt un usage tel que la vertu l'approuve, et qu'il soit agréable aux dieux.

LÉLIUS.

Je retourne auprès des édiles et du préteur, dont la baguette doit s'abaisser aujourd'hui sur ta blonde chevelure. Je te préviens que l'affranchissement s'opère par de légers coups reçus sur le dos et sur le visage; tu devras boire dans la coupe sacrée de ton maître; le greffier et le licteur auront des fonctions à remplir à ton égard; enfin tu porteras la double tunique, commune aux citoyens; et tu verras tous tes amis, ou plutôt tous les Romains, partager la fête de ta liberté.

(Il sort avec les esclaves.)

SCÈNE V.

TÉRENCE, CRITON.

TÉRENCE.

Tu viens d'entendre.

CRITON.

Heureux jeune homme, que vont affranchir ton mérite et ta vertu !

TÉRENCE.

As-tu vu les quatre cassettes remplies d'or ?

CRITON.

Infortunée Créuse !

TÉRENCE.

Ce trésor n'est point à moi.

CRITON.

Est-ce que l'avidité d'un Romain voudrait en dépouiller son esclave ?

TÉRENCE.

Non, mon maître a la générosité de m'en abandonner l'usage.

CRITON.

Pour qui donc cette grosse somme est-elle renfermée là ?

TÉRENCE.

En grande partie pour Créuse.

CRITON.

Comment ?

TÉRENCE.

Crois-tu que la liberté de celle que j'aime ne me soit pas plus chère que toutes les richesses? Si ton pécule t'a été enlevé par la tempête, je suis heureux de pouvoir le remplacer par le mien. Suppose-toi le marchand thrace dont je vois sur ces tablettes que le nom est Lysandre. Tu sais où sont les deux mille sesterces.

CRITON.

Bonté des dieux! est-ce un jeu de la fortune?...

TÉRENCE.

Voici Lucain; vite le dos courbé... encore davantage.

(Criton se courbe avec peine.)

SCÈNE VI.

LUCAIN, les précédens.

TÉRENCE.

Lucain, reconnais-tu cet homme. (*Bas à Criton.*) Tiens-toi voûté.

LUCAIN.

Je ne me rappelle pas l'avoir jamais vu.

TÉRENCE.

Te souviens-tu de celui qui t'a vendu Créuse?

LUCAIN.

Je ne le vis qu'une seule fois; je n'en ai plus de souvenir. Je sais qu'il était Thrace, vieux et voûté.

TÉRENCE, bas à Criton.

Courbe-toi donc.

ACTE IV, SCÈNE VI.

LUCAIN.

Et fort gras.

CRITON.

Le voici devant toi. Si tu ne le reconnais pas, parce qu'il a beaucoup maigri, vois ses cheveux blancs comme la neige, et son corps plié en arc.

(Il bat du pied pour que Criton se courbe.)

LUCAIN.

Ce sont là des signes trompeurs, que le premier fourbe peut imiter.

TÉRENCE.

Celui-ci apporte avec lui des témoignages irrécusables : voici l'écrit que tu lui as signé de ta propre main, et en vertu duquel il vient te redemander sa jeune esclave.

LUCAIN.

Grands dieux ! Mais qui m'assurera que ce soit le Thrace lui-même, et non quelqu'un qui lui ait audacieusement dérobé mon écrit ?

TÉRENCE.

Je déclare que je le connais. Oui, celui que je te présente, je l'affirme avec serment, a tous les titres légitimes pour réclamer le rachat de la jeune esclave.

LUCAIN.

Et les deux mille sesterces ?

TÉRENCE.

Il les a consignés entre mes mains ; si tu désires les voir, ils sont là.

LUCAIN, à part.

Faut-il donc que je rende celle dont je suis épris ?

(*A Criton.*) Vieillard, approche ; tu veux que je te rende Créuse ?...

CRITON.

Suivant notre traité...

LUCAIN.

Je l'ai achetée pour dix ans.

TÉRENCE, à Lucain.

Pardon. C'est-à-dire que tu es obligé de la rendre au bout de deux lustres, sans rançon ; et plus tôt, si les deux mille sesterces te sont remboursés. On la réclame à moitié terme ; en conséquence, on doit te payer la somme ; et à ce prix, tu ne peux la refuser. Telle est du moins mon opinion.

LUCAIN.

Je ne t'ai pas choisi pour juge dans ce procès, Térence, et je ne voudrais pas que tu t'y rendisses partie.

TÉRENCE.

Les dieux m'en préservent !

LUCAIN, à Criton.

Dis-moi...

TÉRENCE, bas à Criton.

Tu te tiens trop droit.

CRITON, à part.

Cet homme a juré de m'estropier.

LUCAIN, à Criton.

Que veux-tu faire de Créuse ?

CRITON.

La rendre à ses parens.

ACTE IV, SCÈNE VI.

TÉRENCE, à part.

Sagement répondu.

LUCAIN.

Accoutumé que tu es à ces sortes de bénéfices, tu projettes peut-être de la revendre à un plus haut prix. S'il est ainsi, je suis prêt moi-même à te satisfaire. Vends-la-moi pour toujours, et demande-moi ce que tu voudras.

CRITON.

Sois sûr qu'à peine délivrée de ses fers, je vais la reconduire dans Athènes, à son aïeul paternel, qui l'attend avec la plus vive impatience.

LUCAIN.

Dois-je te croire?

CRITON.

Je le jure.

TÉRENCE.

Il est homme d'honneur.

LUCAIN.

Fort bien; nous ne sommes point à Rome des inhumains, des barbares. Que son aïeul la reprenne; mais c'est à lui seul que je veux la rendre.

CRITON, à part.

Que dire?

TÉRENCE, à part.

Il se trouble.

LUCAIN, à Criton.

Où demeure ce vieillard?

CRITON, à part.

Je ne sais que répondre.

LUCAIN, à Térence.

Térence, il change de visage.

TÉRENCE, à Criton.

Ce que te demande Lucain ne te paraît-il pas juste et honnête? Tout à l'heure je te donnais raison; je ne le peux plus maintenant. Lucain ne veut pas renvoyer cette jeune esclave seule en pays étrangers : que son aïeul vienne à Rome, il la recevra de lui.

CRITON.

Mais si...

TÉRENCE.

Mais, encore une fois, si mon maître refuse de te la donner, à toi, que son aïeul arrive et la réclame lui-même. Oui, Lucain, tu ne peux refuser à Créuse la liberté; mais elle ne doit pas retourner dans sa patrie sans son vieux père. Promets de la rendre à celui-ci; le marchand doit se contenter de cette promesse.

LUCAIN.

Je m'engage à la donner à Criton.

TÉRENCE, à Criton.

En attendant, paie toujours le rachat. (*A part.*) Il faut dans l'occasion des ressources promptes et de la présence d'esprit.

CRITON, à part.

Je sais jouer la comédie; mais je suis bien las de me courber.

ACTE IV, SCÈNE VI.

LUCAIN.

Je ne refuse pas de recevoir le prix de sa rançon; mais peut-être n'en ferai-je pas pour elle un mauvais usage. Je la déclare libre; chacun le saura bientôt. Je veux qu'on lui rende les honneurs qui lui sont dus.

TÉRENCE.

Tu en verras briller plus de joie dans les yeux de ta jeune esclave. Je vais avec ce vieillard compter l'argent. (*A Criton.*) Suis-moi.

CRITON, à Lucain.

Je te rends grâce mille fois.

TÉRENCE.

Allons, allons; vous autres vieillards, vous n'en finissez pas.

CRITON.

Ne te fâche pas; je te suis.

TÉRENCE, à Criton.

Marche donc le corps plié.

CRITON, à part.

Ce supplice ne finit pas.

TÉRENCE, à Lucain.

Il va être une heure avant d'arriver à la chambre voisine.

CRITON.

Si tu m'avais vu dans ma jeunesse.

TÉRENCE.

Dépêchons-nous.

CRITON.

J'avais le pied plus leste et plus franc que toi.

TÉRENCE.

Allons, allons.

(Il le prend par la main et l'emmène en hâte avec lui.)

SCÈNE VII.

LUCAIN, seul.

Il n'est pas aisé au vieillard grec de se rendre d'Athènes à Rome. Sa charmante petite-fille vivra libre auprès de moi ; et pour apprivoiser ce petit cœur fier et sauvage, je lui ferai, s'il le faut, épouser un de mes clients. Je pourrais me rendre heureux en l'épousant moi-même ; mais l'hymen d'une Grecque est interdit à un sénateur romain ; j'aime donc mieux de deux maux endurer le moindre ; me séparer d'elle serait assurément le plus pénible. Fabius est mon homme ; il la recevra de mes mains aux conditions que je voudrai lui prescrire. Je le revêtirai d'emplois et d'honneurs ; je ferai qu'il surpasse en faste les plus orgueilleux candidats, et que la nouvelle épouse, cette vertu farouche et intraitable, fasse envie aux Romaines par la magnificence de ses habits. Je ne démêle pas bien si le tendre sentiment qui parle pour elle à mon cœur est amour ou pitié ; et si c'est amour, de quelle nature ; je sais seulement qu'il est plus fort, plus violent que tout autre, et que j'aime à caresser cette douce illusion, sans rien faire qui blesse mon devoir et ma dignité.

FIN DU QUATRIÈME ACTE.

ACTE CINQUIÈME.

SCÈNE PREMIÈRE.

DAMON, et serviteurs préparant les siéges et autres choses nécessaires pour la manumission de Térence.

DAMON.

Allons, suez et travaillez, troupeau d'esclaves, de brutes, d'animaux de toute nation, Arabes, Perses, Grecs ; à présent que Térence devient libre, je vais être le vice-patron de la case. (*Les esclaves se retirent après avoir fait ce qu'ils avaient à faire.*) Mais je resterai ici peu de temps, si ses promesses sont véritables. O la belle métamorphose, si je changeais de sexe ! Il y aurait peu de chose à faire pour cela. Je n'ai point de barbe, et je suis déjà femme par la voix et par les artifices : on dirait que pour me faire subir ce changement, la nature et le sort se sont réunis.

(Il sort.)

SCÈNE II.

CRÉUSE et ensuite LIVIE.

CRÉUSE.

Lucain parle de me marier. S'il croit que je puisse avoir de l'amour pour lui, il se trompe ; et se trompe bien plus, si par la séduction d'un brillant hyménée il se flatte de vaincre ma résistance. J'accepte ma liberté de la pitié du ciel ; je sais que le zèle de Térence y a contribué, et ma tendresse pour lui devient reconnaissance. Voici Livie ; si elle veut continuer envers moi ses insolences accoutumées, j'ai des armes à présent pour lui répondre.

LIVIE.

Ce que j'apprends à ton sujet, Créuse, est-il véritable ?

CRÉUSE, à part.

Humilions son orgueil. (*Haut.*) Oui, je suis libre.

LIVIE.

Tu dis cela d'un ton bien ferme et bien hardi.

CRÉUSE.

Je me façonne aux manières romaines.

LIVIE.

Et tu auras bientôt un époux ?

CRÉUSE.

Il ne tient qu'à moi d'en avoir un dès à présent.

LIVIE.

Quel est le héros fortuné qui possédera ton cœur?

CRÉUSE.

Tel peut-être pour qui Livie a du respect et de l'amour.

LIVIE.

Serait-ce Térence?

CRÉUSE, vivement.

Il est aimé de toi!

LIVIE.

Tu mens.

CRÉUSE.

Le mensonge consiste à cacher ce qu'on éprouve.

LIVIE.

Il est malaisé à une Grecque de lire dans le cœur d'une Romaine.

CRÉUSE.

Tes faiblesses me sont connues.

LIVIE.

Est-ce ainsi que tu m'oses parler?

CRÉUSE.

Deux mille sesterces m'ont rendue ton égale.

LIVIE.

Tu ne peux pas te vanter du moins que ta naissance t'appelle aux sublimes honneurs.

CRÉUSE.

Qui sait si tes aïeux n'étaient pas des bergers?

LIVIE.

La charrue, à Rome, n'est point indigne des citoyens.

CRÉUSE.

L'orgueil, en toute condition, est un signe de bassesse.

LIVIE.

Que ne retournes-tu dans la Grèce?

CRÉUSE.

Il me plaît de rester ici.

LIVIE.

Pour y faire ta fortune?

CRÉUSE.

Pour y faire ton tourment.

LIVIE.

Tu n'es encore ni libre, ni épouse. Celui qui t'aime peut apprendre à te connaître, et se repentir. Et moi, dont le caractère pourtant n'est pas d'opprimer les malheureux, je jure de me venger, et de réprimer cet orgueil extravagant.

SCÈNE III.

DAMON, les précédens.

DAMON.

Que fais-tu ici, Créuse? Va dans ta chambre où tu es attendue avec impatience par Lucain, si compatissant envers les femmes. L'amour le pousse à te donner la liberté : il veut, selon la coutume romaine, changer ton nom. Depuis long-temps, tu le sais, il a donné le sien à Térence ; toi, tu porteras à l'avenir celui de Livie.

####### LIVIE.

Mon nom à une femme grecque ?

####### CRÉUSE.

Non, je le déclare aux dieux ; je plains l'orgueil de Livie, et je refuse son nom : ma destinée est encore plus incertaine que tu ne le crois. Ton inimitié m'épouvante, et je suis toujours ton esclave. Tu sais que mon cœur n'est pas accoutumé à nourrir la fierté ; ton arrogance enfin m'inspire plus de pitié que de colère.

(Elle sort.)

SCÈNE IV.

LIVIE, DAMON.

####### LIVIE, à part.

Perfide ! Mais il semble en effet, à l'obscurité de ses discours, que son bonheur ne soit pas encore placé hors des atteintes de la fortune.

####### DAMON.

Livie, il faut changer de style avec elle : je te conseille de lui parler avec plus de douceur et d'humilité. Qui sait, lorsqu'elle va être rendue à la liberté, si l'amoureux Lucain ne l'épousera pas ? Et si alors elle se rappelle tes injures à son égard, elle deviendra pour toi une furie ; elle te laissera sécher dans l'attente d'un mari, tandis qu'elle-même, auprès de son époux et entourée de ses enfans, te fera mourir d'envie, de rage et de désespoir. Tu m'inspires tant d'intérêt, que je voudrais t'offrir mes services; mais, hélas! que suis-je? Guerrier sans armure, et chasseur sans arc.

LIVIE.

Non, jamais on ne verra un sénateur romain s'abaisser jusqu'à épouser une esclave; et si Lucain arrivait à ce point d'extravagance, je rougirais de l'appeler mon père adoptif. Tu te trompes si tu crois que mon sein brûle de honteux désirs. (*A part.*) Tout ce que je crains, c'est que Térence n'épouse ma rivale. (*Haut.*) Que l'orgueilleuse triomphe à mes dépens. Je sais que j'ai tout à craindre; mais j'espère du moins me venger.

SCÈNE V.

DAMON, ensuite FABIUS.

DAMON.

Ces jeunes filles me font rire. Elles meurent d'envie d'être mariées, et font la petite bouche; elles ne parlent des hommes qu'avec dédain, et le moindre petit bout d'homme les met tout en feu.

FABIUS.

Lucain m'envoie examiner si tout est prêt.

DAMON.

Donne-moi un petit coup de main pour finir.

ACTE V, SCÈNE V.

FABIUS.

Ce n'est pas là ma besogne. Un client est citoyen ; il ne sert pas.

DAMON.

Tu as raison ; il escroque et ne fait rien.

FABIUS.

Quant à l'esclave envieux, c'est autre chose ; il ronge son frein et mord.

DAMON.

Quels traits je lancerai sur toi, si je deviens vieille femme !

FABIUS.

Que dis-tu ?

DAMON.

Je m'entends fort bien.

FABIUS.

Ne maronne pas entre tes dents.

DAMON.

Oh ! je ne crains rien, quoique je n'aie pas de cliens à ma suite.

FABIUS.

Parle-moi plus respectueusement ; n'irrite pas un homme que tu verras bientôt demeurer dans ce palais.

DAMON.

Toi, dans le palais de Lucain ?

FABIUS.

Oui, de Lucain, qui m'aime, qui veut aujourd'hui me marier, qui m'appelle son ami.

DAMON.

Te marier à Livie?

FABIUS.

A Livie ou à toute autre, que t'importe?

DAMON.

J'entends, il veut te marier à Créuse; vous l'épouserez de moitié.

FABIUS.

Réprime l'insolence de ta langue, ou gare les étrivières.

DAMON.

Pardon, Fabius; je ne voulais que badiner.

FABIUS.

Où est Lisca?

DAMON.

A la cuisine.

FABIUS.

Que fait-il?

DAMON.

Il flaire les marmites; c'est le repas de son nez.

FABIUS.

Qu'il prenne aussi la peine de venir faire cortége à Lucain.

DAMON.

Il lui suffit de l'escorter au souper.

FABIUS.

Celui qui mange le pain d'autrui ne doit pas négliger ce devoir. Lucain et Térence sont au milieu d'un grand concours de peuple, et le préteur va se rendre ici.

ACTE V, SCÈNE V.

DAMON.

Est-ce que de telles manumissions ne se font pas dans la basilique [8] du magistrat?

FABIUS.

Elles se font partout, dans les temples, dans les camps, dans les maisons, sur les places publiques. Le préteur et le consul peuvent transporter où il leur plaît la pompe de leur tribunal.

DAMON.

S'il est ainsi, je n'ai plus rien à dire. Je respecte leur décret, quand même ils l'exécuteraient à huis clos.

FABIUS.

J'entends les tambours et les trompettes; j'entends la flûte joyeuse : je cours informer Lucain de l'arrivée du magistrat.

(Il sort.)

DAMON.

Ce sont les sportules qui font briller son zèle. Quand la bête est grosse, chacun veut avoir de sa peau.

(Il sort.)

SCÈNE VI.

Marche. Les sénateurs précèdent avec les tambours, avec les cors ou trompettes, et avec les flûtes, espèces de hautbois antiques; suivent les licteurs et le greffier du préteur; puis le PRÉTEUR lui-même avec un cortége de Romains.

Du côté opposé arrivent LUCAIN, TÉRENCE et LÉLIUS, suivis de FABIUS, de DAMON, d'esclaves, de cliens et de peuple.

Le cortége s'arrête au milieu du théâtre. Le Préteur à droite, Lucain à gauche, Térence au milieu. D'un côté est le greffier, de l'autre le chef des licteurs.

LE PRÉTEUR.

Licteur, qu'on dénoue ce faisceau de baguettes. (*Le licteur dénoue le faisceau, et présente une baguette au préteur. — A Lucain.*) Fais ta demande, en observant religieusement les rites et les formules.

LUCAIN, au préteur.

Je demande la liberté de mon esclave que voici.

LE PRÉTEUR, posant la baguette sur la tête de Térence.

Au nom du peuple romain, je le déclare libre. Qu'on brise la baguette. (*Il rend la baguette au licteur qui la brise, après en avoir frappé trois fois Térence sur la tête. — Au licteur.*) Frappe au visage et au dos. (*Le licteur donne de légers coups sur le visage et sur le dos de Térence.*) Damon, présente à Lucain une coupe remplie de vin.

LUCAIN.

Que cette coupe sacrée, Térence, mouille à leur tour tes lèvres honorées.

(*Il boit dans la coupe, puis la présente à Térence qui boit, et remet la coupe à Damon.*)

LE PRÉTEUR à Lucain, montrant Térence.

Impose-lui ton nom.

LUCAIN.

Il l'a déjà.

LE PRÉTEUR, à Lucain.

Un Romain en porte trois.

TÉRENCE.

J'ai pour prénom *Publius*, pour nom *Térence*, que mon surnom soit l'*Africain*.

LE PRÉTEUR.

Greffier, qu'il soit inscrit sur le registre des affranchis. (*Le greffier, avec un stylet, enregistre le nom de Térence sur des tablettes.*) Il reste à remplir la dernière cérémonie prescrite par les lois.

(*Le licteur couvre d'un bonnet la tête de Térence, puis le prenant par la main le conduit en cercle, et le fait voir à chacun des assistans. Amené en dernier lieu devant Lucain, il veut se découvrir par respect; Lucain le retient.*)

LUCAIN.

Garde sur ta tête ce signe de liberté, ce gage de mon estime, cette récompense de ta vertu.

TÉRENCE.

Digne préteur de Rome; (*à Lucain*) toi, père conscrit; et vous, illustres citoyens, peuple romain, peuple invincible, c'est une sublime prérogative que celle qui m'est accordée par la bonté de Rome, de pouvoir me couvrir en face des augustes sénateurs. Je tourne les yeux autour de moi, et rougis de pudeur en voyant ce combat d'amour qui s'élève pour moi entre Rome et Lucain. Oh! que ne possédé-je le talent divin de ces orateurs du Forum qui, montant à la tribune aux harangues pour enflammer contre les ennemis les légions romaines, ont effacé Démosthène, le père de l'éloquence? mais si la rhétorique et ses secrets sont ignorés d'un poëte comique, que Rome du moins daigne recevoir les vœux que, sans aucun art, je fais ici pour elle! Puissent les dieux conserver éternellement au peuple de Rome le trésor de la liberté que lui ont conquis Brutus et Collatin, ce trésor dont l'a mis en possession, depuis plus de trois cents ans, l'expulsion de ses rois! puisse l'orgueil des barbares expirer dans les chaînes au pied du Capitole, et la tête humaine trouvée dans les fouilles de cet édifice, n'être jamais l'emblème que du sang des ennemis! ô ma patrie, pardonne! celui qui revêt la robe latine ne peut, dans la guerre punique, faire des vœux en ta faveur. Fassent les dieux de Carthage et du Tibre (ces dieux qui sont les mêmes avec un culte différent), que l'Afrique ne soit pas la proie des aigles invincibles, mais qu'en inclinant la tête devant Rome, elle se soumette à son destin! et toi, capitale de l'univers, toi, qui distribues les honneurs et les charges entre les consuls, les préteurs, les tribuns, les sénateurs, les édiles, les censeurs, les décemvirs, les dictateurs et les comices; que tes citoyens toujours unis conservent, dans des affections différentes, une seule et même pensée! Que toutes les passions particulières, sacrifiées et vaincues, ne cherchent leur contentement que dans la gloire de Rome! jouis d'une paix immortelle, et règne sur le bord du Tibre, jusqu'aux temps que le ciel a marqués pour l'accomplissement de tes destinées! ou si les dieux ont prescrit un terme à la domination du Latium, que la liberté de Rome passe, avec une gloire pareille, à l'autre extrémité de l'Italie, et fonde l'honneur d'une république éternelle!

LE PRÉTEUR.

Que les échos portent jusqu'au ciel ces heureux présages!

LUCAIN.

Romains, vive le poëte!

LÉLIUS.

Vive Térence!

TOUS.

Vive Térence! vive Térence!

(Le préteur sort avec toute sa suite, au bruit des instrumens.)

SCÈNE VII.

LUCAIN, TÉRENCE, LÉLIUS, FABIUS, DAMON, cliens et esclaves, ensuite LIVIE.

LIVIE.

Permettez qu'aux applaudissemens des amis et aux acclamations du peuple, Livie vienne joindre ses vœux!

LUCAIN.

Viens, ô ma fille d'affection, viens contempler des honneurs dont la meilleure part t'est réservée. Il ne manque plus d'autre lustre au nouveau citoyen, que d'embellir son sort par un digne hyménée. La plus grande preuve d'amour que Lucain puisse donner à Térence, c'est de l'adopter pour fils, en l'unissant à Livie.

TÉRENCE, à part.

Que faire ?

LIVIE, à part.

Que va-t-il répondre ?

TÉRENCE.

Lucain, je ne suis point encore digne d'une telle distinction. Tu sais que celui qui n'a pas de propriétés inscrites sur les registres publics, n'est point admis à figurer parmi les candidats. Livie est née pour les plus hauts honneurs; l'humble fortune d'un particulier ne peut convenir à celle qui peut chercher un époux sous la pourpre même du consulat.

LIVIE.

Mon père, forme un cens à ton affranchi ; Térence le mérite. Mets le comble à tes bontés pour lui; que le chemin des grands emplois lui soit ouvert !

LUCAIN.

J'y consens. Esclave, les divers présens que tu as reçus de moi sont des tributs de mon amitié, auxquels je joindrai volontiers d'autres dons, à mesure qu'il en sera besoin; mais voyons d'abord quel usage tu vas faire des premiers.

TÉRENCE.

Oui, tu vas le voir ; encore quelques instans, et je reviens. Je reparaîtrai peut-être orné de plus de gloire. Je devrais cacher à Lucain une entreprise hardie ; mais les actions héroïques sont familières à un Romain.

(Il sort.)

SCÈNE VIII.

LUCAIN, LIVIE, LÉLIUS, FABIUS, DAMON.

LIVIE, à part.

Quel est ce mystère ?

LUCAIN, à part.

J'ignore ce que projette Térence.

FABIUS, bas à Lélius.

Le sais-tu ?

LÉLIUS, bas à Fabius.

Oui, je le soupçonne.

DAMON.

O mon maître, mon cher maître, le plus clément des maîtres, toi qui es si généreux envers tous, ne feras-tu rien pour Damon ?

LUCAIN.

Je t'affranchis par mon testament ; tu seras libre à ma mort.

DAMON, à part.

Oh ! que les dieux me fassent la grâce d'être libre dès aujourd'hui !

SCÈNE IX.

TÉRENCE, CRÉUSE, les précédens.

TÉRENCE.

Voici le fruit de mes travaux ; tout ce que tu m'as donné, Lucain, se trouve pour moi dans Créuse.

LUCAIN.

Comment ?

TÉRENCE.

Le pauvre vieillard qui est venu, d'après ton engagement, demander le rachat de Créuse, ayant vu tout son bien englouti dans les flots, a reçu de mes deniers la rançon de la jeune esclave. Ce que je possède au delà des deux mille sesterces, je l'ai donné à Créuse pour sa dot. Depuis long-temps ses malheurs ont fait naître en moi la pitié, j'ajouterai même, l'amour ; je ne m'en défends pas. Mais ma tendresse ne m'aveugle pas au point de me rendre ingrat. Je sais que tu aimes Créuse ; dispose d'elle et de sa main, si elle y consent. Créuse, enlevée par moi à sa condition servile, acquiert plus de prix, et est moins indigne de toi. Je sens qu'un si cruel sacrifice peut me coûter la vie ; tes présens et ceux de Rome me deviennent douloureux. Si la liberté doit me séparer de Créuse, j'aime mieux dans ta maison reprendre ma captivité. Suppose-moi coupable d'une faute, et que, selon les lois romaines, ton affranchi, convaincu d'ingratitude, soit condamné à rentrer dans ses fers; mais songe que cette faute sera celle de trop d'amour et de fidélité.

LIVIE.

Tu entends, mon père, cet indigne et audacieux esclave. Vois s'il mérite ta pitié, tes bienfaits! Qu'il retourne à sa chaîne, celui qui abuse ainsi de tes dons! Que Créuse, soit qu'elle le veuille ou non, réponde à tes désirs, et que le mariage réglé entre elle et Fabius se fasse sur-le-champ. Es-tu prêt, Fabius?

FABIUS.

Je le suis.

TÉRENCE, à part.

O tourment!

DAMON, à part.

Le client, devenu époux, recevra double distribution.

LUCAIN, après un moment de silence.

Non, Livie; apprends de moi, et que le Latium apprenne de Lucain cette difficile vertu de se vaincre soi-même. Térence offre de me sacrifier son amour; il ne sera pas dit qu'un patricien soit moins généreux qu'un affranchi. Pour Fabius, qui cédait à des calculs d'intérêt et non pas à l'affection, qu'il sache garder à l'avenir plus de dignité et faire moins de déshonneur à notre Tibre. Sans doute, c'est m'arracher le cœur que de me séparer de Créuse; mais il me serait plus cruel encore de la posséder malgré elle, et en rougissant. L'histoire de Rome fournit à l'univers mille glorieux exemples d'héroïsme. Ici, c'est Horace répandant le sang de sa propre sœur; là, Curtius qui se précipite dans un gouffre. L'épouse de Collatin se perça le cœur de sa main magnanime ; auprès de tous ces grands dévouemens, qu'est-ce que mon courage ? Dussé-je mourir, j'accomplirai le sacrifice ! Que Térence, devenu libre par mes dons, épouse celle qu'il a rendue libre par sa générosité ! et puisqu'il a épuisé ses biens à constituer une dot à son épouse, qu'une part des miens soit employée à lui faire un cens à lui-même. Vivez heureux l'un et l'autre dans ces doux liens ; qu'à la gloire de Rome, la vertu reçoive sa récompense. Attestez à votre Afrique et à votre Grèce que la semence des héros germe dans nos cœurs ; qu'il ne nous suffit pas de vaincre nos ennemis, et que nous savons aussi nous vaincre nous-mêmes.

CRÉUSE.

Heureuse destinée de mon amour !

TÉRENCE.

Magnanimité d'un noble cœur !

LIVIE.

Allez porter votre bonheur dans les contrées barbares. Dites en raillant aux peuples ennemis, que la gloire des Romains est d'être malheureux. Athènes célèbre ses athlètes vainqueurs aux combats olympiques ; notre orgueil, à nous, c'est de terrasser nos passions. Le pugilat, le ceste, le disque, sont les jeux des autres peuples ; les nôtres sont le fer, le feu, le poison. Mais si la vie des héros latins est toute dévouée à la gloire, leurs vierges et leurs matrones sont également des héroïnes. Nous aussi, nous savons sacrifier tout à la vertu, haïr les artifices africains, détester les fourberies grecques. Nous savons dompter la nature, et sourire à l'adversité. (*A part.*) Malheureuse ! allons frémir et pleurer en secret.

(Elle sort.)

SCÈNE X.

LUCAIN, TÉRENCE, CRÉUSE, LÉLIUS, FABIUS, DAMON.

TÉRENCE, à part

Sous l'austérité des discours elle cache la colère, la vengeance et l'orgueil.

DAMON, à part.

C'est le renard qui dit que les raisins sont trop verts.

CRÉUSE, à Lucain.

Noble sénateur, tu offres au monde un digne exemple de bonté ; tu mérites que Rome t'élève un temple parmi ses dieux ; et crois que je te parle sincèrement, malgré le vain renom de duplicité donné aux Grecs par les descendans des Troyens. Tu seras toujours honoré de moi, de mes enfans, de celui qui possède tout mon cœur ; nous chérirons plus que jamais en toi notre maître ; nos cœurs, que tu t'es attachés par les liens de la reconnaissance et de l'affection, ne refuseront jamais à tes douces vertus les tributs qu'ils leur doivent. Je sais à qui je m'adresse, et je ne crains pas que de honteux désirs...

LUCAIN.

Ah ! Créuse, ne les mettons pas à l'épreuve.

CRÉUSE.

Rends-toi plus de justice.

LUCAIN.

Il suffit.

TÉRENCE.

Oui, c'est assez, Créuse ; laisse-moi rendre grâces à mon tour à la générosité de notre maître, et lui exprimer notre attendrissement. Cependant, allons consoler ton aïeul qui s'afflige.

LUCAIN.

Où prétends-tu conduire ton épouse ?

TÉRENCE.

Dans Athènes.

LUCAIN.

J'ai promis de la remettre aux mains de Criton.

TÉRENCE.

Fort bien. Ce vieillard...

LUCAIN.

Qu'il vienne la chercher à Rome.

TÉRENCE.

Il est arrivé.

LUCAIN.

Comment! où est-il ?

TÉRENCE.

Désires-tu que je le fasse paraître ?

LUCAIN.

Oui.

TÉRENCE, *marchant vers le fond du théâtre.*

Viens, Criton, viens ici.

LUCAIN.

Eh quoi! sitôt?

TÉRENCE.

Le voilà.

SCÈNE XI.

CRITON, les précédens.

LUCAIN.

Ah! Térence, tu m'as trompé.

TÉRENCE.

Je ne t'ai point trompé en te présentant un vieillard grec qui, ton engagement à la main, venait réclamer la jeune esclave. Les droits de l'aïeul apportant lui-même la rançon étaient encore plus sacrés que ceux du marchand qui n'est plus. Mais connaissant ton amour... Pardonne; j'ai joué une scène de comédie; j'ai mis à contribution mon art, cet art que tu as vanté souvent. Si tu me juges coupable, je suis prêt à rentrer dans mes fers.

LUCAIN.

Non, c'est une faute heureuse que j'approuve et que je te pardonne.

DAMON.

Lucain, le souper est servi.

LUCAIN.

Allez joyeux et contens.

DAMON, à part.

On passe de grandes licences à ces poëtes comiques.

LUCAIN.

Tu projettes de quitter Rome?

TÉRENCE.

J'irai, si tu le permets, recueillir les monumens épars du génie de Ménandre. Ce divin auteur grec a composé cent comédies dignes d'être traduites au peuple latin. Si je reviens à Rome sain et sauf, j'y apporterai ces merveilleux ouvrages; et si je dois périr dans ma route, les mers les engloutiront avec moi [9].

LUCAIN.

Daignent les dieux écarter ces funestes présages! Pars et reviens. Vis, travaille pour ta gloire; étudie le monde et écris. Tu vois déjà quelle réputation t'a acquise ton mérite; j'espère qu'elle ne fera que croître avec le temps.

TÉRENCE, au public.

Telle est la fin des vicissitudes de notre poëte comique; péripétie suspendue; dénoûment heureux. Térence avait coutume de dire aux Romains : Applaudissez. Plus modestes, nous disons aux spectateurs : Soyez indulgens!

FIN DU CINQUIÈME ET DERNIER ACTE.

NOTES

SUR

TÉRENCE.

---

(1) Grande salle de réception dans les maisons romaines.

(2) La sportule était, à proprement parler, une corbeille pleine de viandes et de fruits que les grands de Rome donnaient à ceux qui venaient leur faire la cour le matin. On appelait du même nom le présent en argent qui la remplaçait.

(3) La mine pesait cent drachmes attiques, valeur égale à dix-sept de nos francs. Le talent attique valait soixante mines, c'est-à-dire 560 francs de notre monnaie.

(4) On sait que les édiles étaient des magistrats romains qui avaient dans leur département la police, la voirie, les jeux publics, les fêtes et les spectacles. On appelait curules ceux qui, étant tirés du corps des nobles, avaient la chaire curule.

(5) Il y a dans le *Térence* de madame Dacier une grande dissertation sur les flûtes droites et gauches, égales et inégales. Je doute que ceux qui prendront la peine de la lire en soient beaucoup plus avancés.

(6) Le *nummus* était une pièce de monnaie dont la véritable valeur n'est pas connue; le traduire par *écu* ne serait pas exact.

(7) Les femmes à Rome ne montaient pas sur le théâtre.

(8) Basiliques, lieux où l'on rendait la justice quand il ne s'agissait pas de jugemens publics, qui étaient rendus en plein air.

(9) Allusion à la mort de Térence qu'on suppose avoir péri sur mer en repassant de Grèce en Italie où il apportait les ouvrages de Ménandre. D'autres croient qu'après avoir été sauvé des flots, il mourut à Stympale, ville d'Arcadie, du regret d'avoir perdu ses manuscrits. Le fait est qu'il ne reparut plus. Il avait alors trente-cinq ans. C'était vers l'an 159 avant J.-C.

L'AUBERGE DE LA POSTE,

COMÉDIE

EN UN ACTE ET EN PROSE.

NOTICE

SUR

L'AUBERGE DE LA POSTE.

Parmi les nombreuses pièces de Goldoni, cette jolie bagatelle a une physionomie toute particulière. Ici point d'imbroglio, point de caricatures ; point de fracas de personnages et de situations ; quelques développemens tirés des replis du cœur humain, voilà toute l'intrigue, qui est conduite avec beaucoup d'art et de délicatesse. Par cette petite comédie, d'un ton plus élevé que les précédentes, Goldoni, déjà vieux, préludait au *Bourru bienfaisant*. Deux époux futurs qui ne se connaissent pas, animés chacun de leur côté du désir de s'observer, veulent aller se surprendre, et se rencontrent dans une auberge à moitié chemin. Le prétendu sait à qui il parle, et la jeune personne ignore quel est celui qui se présente à elle. Sur cette donnée, devenue triviale de nos jours, il était facile de bâtir des quiproquo infinis, et d'étourdir le spectateur d'un tumulte de combinaisons qui ne lui donnât pas le temps de respirer. Goldoni s'est défendu de ce luxe d'intrigue qui n'eût été qu'un jeu pour son imagination inventive et brillante; c'est la noble franchise de deux caractères élevés qui fait tout le nœud de l'ouvrage.

La pièce a de plus un mérite propre aux temps et aux lieux pour lesquels elle a été faite. Une heureuse révolution s'opérait alors dans les mœurs de l'Italie, dont les gentilshommes commençaient à quitter la vie sauvage pour des habitudes studieuses et pour des mœurs douces et polies. Goldoni aida puissamment à cette réforme, sur les avantages de laquelle il insiste ici d'une manière spéciale. Y contribuer et l'accélérer fut le but constant de ses efforts, et il eut le bonheur de les voir réussir. La morale pure et les nobles sentimens répandus dans toutes ses pièces, dont la représentation devint bientôt générale et journalière en Italie, y produisirent des effets qu'il n'eût jamais été au pouvoir des prédicateurs d'obtenir; car il éleva le théâtre à une sagesse, à une dignité que connaissait à peine la chaire; et l'admiration qu'on ne peut refuser à ses talens se fortifie encore du respect dû à l'excellent usage qu'il en a fait.

L'AUBERGE DE LA POSTE.

PERSONNAGES.

LE COMTE ROBERT DE RIPALUNGA, gentilhomme milanais.
LA COMTESSE BÉATRIX, sa fille.
LE MARQUIS LÉONARD DE' FROZZELINI, gentilhomme piémontais.
LE LIEUTENANT MALPRESTI, ami du marquis.
LE BARON TALISMANI, gentilhomme milanais.
UN GARÇON DE L'AUBERGE.
UN LAQUAIS DU COMTE ROBERT.

La scène est à Verceil, à l'auberge de la poste, dans une salle commune.

L'AUBERGE DE LA POSTE.

SCÈNE PREMIÈRE.

LE MARQUIS, LE LIEUTENANT, LE GARÇON DE L'AUBERGE.

LE LIEUTENANT.

Eh ! l'hôte ! les garçons ! les diables ! où êtes-vous ?

LE GARÇON.

Pour vous servir. Ordonnez.

LE LIEUTENANT.

Une chambre.

LE GARÇON.

En voici une qui peut vous convenir.

(Il entre dans la chambre.)

LE LIEUTENANT.

Quelle chambre est-ce ? voyons.

LE GARÇON, au marquis.

Ces messieurs séjournent-ils ici, ou veulent-ils partir sur-le-champ ?

LE MARQUIS.

Donnez-nous quelque chose ; un potage, le bœuf, s'il y en a ; et faites mettre les chevaux.

LE LIEUTENANT, sortant de la chambre.

Vous n'avez pas de meilleure chambre que celle-là ?

LE GARÇON.

Non, seigneur, nous n'avons rien de mieux.

LE LIEUTENANT.

Je suis déjà venu ici, je sais que vous avez une bonne chambre sur la rue. Ouvrez-la; nous voulons la voir.

LE GARÇON.

Elle est occupée, seigneur.

LE LIEUTENANT.

Occupée! par qui?

LE GARÇON.

Par un gentilhomme milanais, avec une dame qu'on dit être sa fille.

LE LIEUTENANT.

Est-elle belle?

LE GARÇON.

Pas mal.

LE LIEUTENANT.

D'où viennent-ils?

LE GARÇON.

De Milan.

LE LIEUTENANT.

Où vont-ils?

LE GARÇON.

Je ne saurais vous dire.

LE LIEUTENANT.

Et pourquoi faire restent-ils ici à Verceil?

LE GARÇON.

Ils sont arrivés en poste. Ils se reposent, ont commandé le dîner; et, lorsque la grande chaleur sera passée, ils se remettront en route.

LE LIEUTENANT.

Fort bien; si cela leur convient, nous dînerons ensemble.

LE MARQUIS.

Non, cher ami; dépêchons-nous. Prenons quelque rafraîchissement, et poursuivons notre chemin.

LE LIEUTENANT.

Mon cher marquis, je suis parti avec vous de Turin pour vous faire plaisir; je vous tiens compagnie de bon cœur, mais voyager à cette heure, par ce soleil et cette poussière, cela ne m'arrange pas beaucoup.

LE MARQUIS.

Un militaire avoir peur de la poussière et du soleil!

LE LIEUTENANT.

Si mon métier m'obligeait à les endurer, je le ferais sans me plaindre; mais la nature nous enseigne à fuir autant qu'on peut le malaise. Je prends part au désir que vous avez de voir votre prétendue; mais, de grâce, un peu de charité pour votre ami.

LE MARQUIS.

Oui, oui, j'entends; l'occasion de dîner avec une jeune personne vous fait craindre le chaud et la poussière.

LE LIEUTENANT.

Eh! mort de ma vie, quatre heures plus tôt, quatre heures plus tard, nous serons demain à Milan. Garçon, qu'on nous prépare à manger.

LE GARÇON.

Vous serez servi.

LE LIEUTENANT.

Voyez si ces voyageurs veulent dîner avec nous.

LE GARÇON.

Le père s'est jeté sur le lit et dort. Quand il sera pour dîner, je le lui demanderai.

LE MARQUIS.

Dépêchez-vous.

LE GARÇON.

Tout de suite.

(Il se dispose à sortir.)

LE LIEUTENANT.

Avez-vous de bon vin ?

LE GARÇON.

Si vous voulez du montferrat, j'en ai de délicieux.

LE LIEUTENANT.

Oui, oui, nous boirons du montferrat.

LE GARÇON

Je cours vous servir.

(Il sort.)

SCÈNE II.

LE MARQUIS, LE LIEUTENANT.

LE LIEUTENANT.

Allons, marquis, de la joie. A la veille de votre mariage, vous devriez être plus gai.

LE MARQUIS.

Assurément; néanmoins j'ai un peu de souci de n'avoir pas encore vu ma future. On me dit bien qu'elle est belle, gracieuse, aimable; mais j'ai une extrême curiosité de la connaître.

LE LIEUTENANT.

Comment vous êtes-vous laissé engager à épouser une jeune personne sans l'avoir vue?

LE MARQUIS

Le comte de Robert son père est un homme d'une ancienne noblesse, très à son aise, et qui n'a pas d'autre enfant que cette fille. Il a beaucoup de parens à Turin. Une de ses sœurs, qui est à la cour, a des propriétés dans le Piémont; si bien que mes amis ont cru me servir en négociant pour moi ce mariage; et, comme j'y trouvais mes convenances, j'y ai donné les mains.

LE LIEUTENANT.

Et si elle ne vous plaisait pas?

LE MARQUIS.

Ma foi, je suis engagé; il faudrait bien que je l'épousasse.

LE LIEUTENANT.

A merveille. Après tout, le mariage n'est qu'un contrat; si l'amour y entre, c'est un article de plus.

LE MARQUIS.

Mais je voudrais qu'il y entrât.

LE LIEUTENANT.

Oui; cependant, pour votre bien, je ne vous souhaiterais pas d'être si fort épris. Je connais votre caractère; vous mêlez un peu de jalousie à l'amour. Si vous aimiez trop votre femme, si elle vous plaisait excessivement, cela vous causerait bien des inquiétudes.

LE MARQUIS.

Vraiment, je ne saurais pas dire moi-même ce qui me vaudrait mieux ou d'une femme aimable avec un peu de jalousie, ou d'une laide qui me tiendrait l'esprit en repos.

LE LIEUTENANT.

Voulez-vous que je vous dise ce qui vous vaudrait mieux?

LE MARQUIS.

Quoi?

LE LIEUTENANT.

De ne point vous marier du tout. Si votre femme est belle, elle ne plaira pas à vous seul; et si elle est laide, elle ne plaira ni aux autres, ni à vous. Si elle est laide, vous aurez un diable dans la maison; et si elle est belle, vous aurez des diables dans la maison et hors de la maison.

SCÈNE II.

LE MARQUIS.

En somme, vous voudriez que tous les hommes vécussent militairement.

LE LIEUTENANT.

Oui, et je crois qu'il n'y a rien de mieux au monde. Aujourd'hui ici, demain là; aujourd'hui une amourette, demain une autre : aimer, faire la cour, rendre des soins; et au premier coup de tambour, salut à celui qui reste, et bon voyage à celui qui part.

LE MARQUIS.

Et à peine arrivé à une garnison nouvelle, s'amouracher en deux mots ?

LE LIEUTENANT.

Oui, en un clin d'œil. Si la demoiselle qui loge ici est tant soit peu coquette, je m'engage à vous faire voir comment on s'amourache en deux mots.

LE MARQUIS.

Le tout est de savoir s'ils veulent de la compagnie.

LE LIEUTENANT.

Et pourquoi n'en voudraient-ils pas?

LE MARQUIS.

Il faut voir de quelle humeur est le père.

LE LIEUTENANT.

Je lui parlerai ; je m'introduirai sans façon. Nous lierons amitié sur-le-champ, à la façon des militaires.

LE MARQUIS.

Mais, cher ami, ne nous arrêtons pas ici trop long-temps.

LE LIEUTENANT.

Vous voilà bien pressé! Cependant, d'après ce que vous m'avez dit, on ne vous attend à Milan que dans un mois. Nous partirons sur les huit heures du soir, nous voyagerons de nuit, et demain sans faute vous serez en état de surprendre agréablement votre prétendue. En attendant, si vous voulez reposer, allez là, dans notre chambre. Moi, je veux passer à la cuisine pour donner l'œil à notre dîner, et goûter ce fameux vin de Montferrat, dont il est bon de reconnaître d'avance la légitimité. Arrive qui pourra; dussions-nous dîner seuls, avec une bonne bouteille de vin, nous ne passerons pas mal la journée.

(Il sort.)

SCÈNE III.

LE MARQUIS seul.

Bravo, cher lieutenant. Il est toujours de bonne humeur. Je ne sais si c'est effet du tempérament ou privilége du métier. Avec quel plaisir j'aurais suivi également la carrière des armes! Mais je suis seul de ma famille, il est nécessaire que je me marie. Mes parens ne veulent pas que jouisse de la liberté qui m'est si chère, et il faut bien la sacrifier. Puissent du moins s'affaiblir pour moi les chagrins et les dangers du sacrifice! Fasse le ciel qu'une épouse aimable et de mon goût me rende ma chaîne moins pesante! Hélas! quoique d'or, quoique enrichie de perles et ornée de fleurs, ce n'en est pas moins une chaîne. La liberté est au-dessus de toutes les richesses ; mais le destin veut que l'homme s'assujettisse aux lois de la nature, et contribue par ses dommages personnels au bien de la société, à l'économie de l'univers.

(Il entre dans sa chambre.)

SCÈNE IV.

LA COMTESSE, LE GARÇON DE L'AUBERGE
sur le seuil de la porte.

LA COMTESSE.

Eh! Cecchino!... (*Apelant plus fort.*) Cecchino! Cet homme manque toujours au service ; il ne peut jamais être exact. Mon père, bizarre en toute chose, l'est particulièrement en ceci, de souffrir un valet le plus négligent du monde. Il faudra que je sorte, si je veux.... Eh! qui donc est là? N'y a-t-il personne ?

LE GARÇON.

Je suis à vos ordres.

LA COMTESSE.

Où est notre domestique?

LE GARÇON.

Il est en bas qui dort étendu sur un banc ; le canon ne le réveillerait pas.

LA COMTESSE.

Apportez-moi un verre d'eau.

LE GARÇON.

Sur-le-champ. Est-ce que M. le comte dort toujours?

LA COMTESSE.

Oui.

LE GARÇON.

Vous serait-il désagréable de dîner avec deux gentilshommes?

LA COMTESSE.

Quand mon père s'éveillera, vous le lui demanderez.

LE GARÇON.

Fort bien.

(Il sort.)

SCÈNE V.

LA COMTESSE, ensuite LE MARQUIS.

LA COMTESSE.

En tout autre temps, j'aurais pris grand plaisir à une compagnie agréable; mais à présent j'ai tant de tristesse dans l'âme, que je n'ai le cœur de voir personne, ni de communiquer avec qui que ce soit.

LE MARQUIS.

Signora, je vous salue humblement.

LA COMTESSE.

Votre servante.

SCÈNE V.

LE MARQUIS.

Madame est en voyage?

LA COMTESSE.

A vous obéir.

LE MARQUIS.

Peut-on lui demander où elle va?

LA COMTESSE.

A Turin.

LE MARQUIS.

Et moi, avec mon compagnon, nous nous rendons à Milan.

LA COMTESSE.

Vous allez dans mon pays.

LE MARQUIS.

Vous êtes donc Milanaise?

LA COMTESSE.

Oui, seigneur. (*Voulant se retirer.*) Avec votre permission....

LE MARQUIS.

Pardon. Je voulais vous demander une chose, si vous le permettez.

LA COMTESSE.

Excusez; je ne voudrais pas que mon père s'éveillât, et qu'il eût occasion de me gronder si je m'arrêtais.

LE MARQUIS.

Et qui est monsieur votre père?

LA COMTESSE.

Le comte Robert de Ripa Lunga.

LE MARQUIS, à part.

Juste ciel! qu'entends-je? C'est ma future! Mais pourquoi en voyage? Pourquoi quitter Milan?

LA COMTESSE.

Que veut dire, seigneur, cette surprise? Est-ce que vous connaissez mon père?

LE MARQUIS.

Je le connais de réputation. Seriez-vous par hasard, signora, la comtesse Béatrix?

LA COMTESSE.

Précisément. Comment ma personne vous est-elle connue?

LE MARQUIS.

N'êtes-vous pas promise au marquis Léonard de Frozellini?

LA COMTESSE.

Quoi! vous êtes aussi informé de cela?

LE MARQUIS.

Oui, sans doute. Le marquis est mon ami; et je sais qu'il devait se rendre à Milan pour conclure ce mariage. (*A part.*) Je ne veux pas me découvrir avant d'être parvenu à savoir quel est le motif de son voyage.

LA COMTESSE.

Seigneur,.... qui êtes-vous, de grâce?

LE MARQUIS.

Le comte Aruspici, capitaine des gardes du roi.

LA COMTESSE.

Vous êtes donc ami du marquis Léonard?

SCÈNE V.

LE MARQUIS.

Nous sommes intimes.

LA COMTESSE.

Pourrais-je me flatter d'obtenir de vous une grâce?

LE MARQUIS.

Ordonnez, signora; trop heureux de vous obéir!

(Le garçon vient avec le verre d'eau qu'il présente à la comtesse.)

LA COMTESSE, au marquis.

Vous permettez?...

LE MARQUIS.

Je vous supplie de ne point vous gêner. (*Il lui présente un siége; la comtesse s'assied et boit.*) (*A part.*) Son visage me plaît; je suis très-content de ses bonnes manières. (*Il s'assied.*) Le cœur me dirait de me dévoiler, mais la curiosité me retient.

LA COMTESSE.

Je voudrais qu'avec pleine sincérité, en gentilhomme et en homme d'honneur tel que vous êtes, vous eussiez la bonté de me dire de quel caractère est ce marquis qu'on me donne pour époux.

LE MARQUIS.

Oui, signora, je m'engage à vous faire entièrement son portrait. Je le connais assez pour pouvoir le faire, et je le ferai avec beaucoup d'exactitude, je vous le promets. Permettez-moi cependant de vous demander d'abord par quelle raison vous vous trouvez ici, au lieu d'attendre à Milan le marquis Léonard qui doit s'y rendre pour vous épouser.

LA COMTESSE.

Je vous le dirais franchement, mais j'ai peur que mon père ne s'éveille; et s'il me trouve seule ici avec un étranger...

LE MARQUIS.

Ce sera pour vous une excuse raisonnable que de vous entretenir avec un ami de votre futur.

LA COMTESSE.

Vous avez raison ; l'excuse est bonne.

LE MARQUIS.

Expliquez-moi donc...

LA COMTESSE.

Volontiers. Je suis trop sincère pour pouvoir cacher la vérité. Mon père m'a promise à un cavalier que je ne connais pas. Je ne l'ai jamais vu, et je ne sais si je puis me flatter d'être heureuse avec lui. Je ne m'inquiète point qu'il soit beau ; je ne m'arrête pas à la grâce de ses manières. Le plus élégant, le plus brillant jeune homme du monde pourrait avoir à mes yeux quelque chose de rebutant qui m'éloignât de lui, et me mît dans la nécessité de lui faire connaître mon aversion. Ce qui m'intéresse plus que sa figure, c'est son caractère. Qui me garantira qu'il est bon, vertueux, de mœurs faciles? Ni la richesse ni la noblesse ne me rendront heureuse si je n'ai pas la paix du cœur; et c'est ce trésor-là que je veux défendre à tout prix, en engageant la liberté que m'a donnée le ciel. Mon père, en dépit de mes protestations et de mes refus, a pris un engagement qui peut avoir pour effet de me sacrifier. J'ai à Milan des parens que mes raisons persuadent et qui prennent part à mes chagrins ; mais lui, pour m'enlever tout secours et tout refuge, veut me conduire à Turin et me remettre entre les mains de sa sœur, qui a fait ce mariage ; et soit que le mari me plaise ou non, il veut me forcer à le prendre. Je n'ai pu résister à sa brusque résolution de partir. Je me laisse conduire par lui à Turin, mais résolue, très-résolue de faire connaître mon aversion, si ce prétendu me paraît haïssable. J'irai moi-même me jeter aux pieds du roi de Sardaigne ; je lui demanderai justice contre les violences de mon père, toute prête à m'enfermer pour toujours dans un couvent, plutôt que de donner ma main à un homme qui me déplairait et qui mettrait en péril mon repos futur.

LE MARQUIS.

Signora, je ne puis condamner ni vos principes, ni vos craintes, ni vos résolutions. Je vous plains et je vous approuve ; et si j'étais celui à qui on vous a destinée, je vous laisserais en pleine liberté, supposé que j'eusse le malheur de vous déplaire.

LA COMTESSE.

Seigneur, je vous ai dit sur moi-même, avec sincérité, tout ce que je pouvais vous dire ; maintenant, apprenez-moi quelque chose du caractère de votre ami.

LE MARQUIS.

Je vous dirai d'abord, quant à sa personne, que, sans être beau, il passe parmi nous pour ne pas être mal.

LA COMTESSE.

Fort bien ; cela suffit pour un mari.

LE MARQUIS.

Son âge, vous le connaissez ?

LA COMTESSE.

Oui ; c'est à peu près la seule chose qu'on m'ait apprise de lui. Je sais qu'il est encore dans la fraîcheur des années, et qu'il est d'ailleurs assez bien traité par la nature pour paraître plus jeune qu'il n'est effectivement.

LE MARQUIS.

Il est d'une taille au-dessus de la moyenne, pas trop gras.

LA COMTESSE.

Tout cela est indifférent. Je voudrais savoir quelque chose de son caractère, de ses inclinations, de ses habitudes.

LE MARQUIS.

Vous saurez que le marquis Léonard est tellement mon ami, que je n'ai pas le cœur d'en dire du mal, ni le courage d'en dire du bien.

LA COMTESSE.

On prétend qu'il est quelquefois colère.

LE MARQUIS.

Oui, mais toujours avec raison.

LA COMTESSE.

Pourriez-vous me dire s'il est jaloux ?

LE MARQUIS.

A parler vrai, tant soit peu.

SCÈNE V,

LA COMTESSE.

Si vous savez qu'il est jaloux, vous savez donc qu'il a aimé.

LE MARQUIS.

Eh! quel est le jeune homme parvenu dans la force de l'âge qui n'ait pas fait l'amour?

LA COMTESSE.

C'est là une chose qui me déplaît infiniment.

LE MARQUIS.

Ne vous affligez pas de cela. Il a toujours aimé avec honnêteté, respect, fidélité.

LA COMTESSE.

Comment, toujours aimé! Il a donc aimé plusieurs fois?

LE MARQUIS, à part.

Peste! elle a vraiment une dialectique embarrassante. (*Haut.*) Je vous assure que, s'il se marie, il donnera son cœur à sa femme, sans partage.

LA COMTESSE.

Pouvez-vous en répondre?

LE MARQUIS.

Oui, certainement. Je le connais tellement à fond, et ses pensées me sont si manifestes, qu'au lieu de promettre pour lui, je pourrais jurer.

LA COMTESSE.

Et quels sont ses amusemens favoris?

LE MARQUIS

Je réponds sans hésiter : les livres, la conversation, le théâtre.

LA COMTESSE.

Tout cela est mal, très-mal. Un mari qui étudie, néglige facilement sa femme ; un mari qui aime la société, ne se plaît pas dans sa maison ; un mari qui fréquente le théâtre, trouve des occasions assez commodes pour nouer des intrigues.

LE MARQUIS.

Pardon, signora ; il me semble que vous êtes dans l'erreur, et je me crois obligé de faire l'apologie des goûts de mon ami. L'étude des lettres est une occupation de l'esprit qui ne nous ôte rien des affections de l'âme. L'amour est une passion de la nature qui se fait sentir au milieu des plus sérieuses et des plus attrayantes distractions. Qui ne sait faire autre chose qu'aimer, doit nécessairement s'ennuyer quelquefois de ses complaisances, et ce qui est bien pis, doit ennuyer l'objet de ses amours. L'étude, au contraire, donne d'utiles diversions, enseigne à aimer avec plus de délicatesse, fait discerner le mérite de la personne aimée, et les flammes de l'amour ne sont que plus brillantes quand vous donnez au cœur quelque relâche, et des amusemens à l'esprit. Venons à l'article de la conversation. Malheureux l'homme qui n'aime pas la société ! c'est elle qui lui donne de la culture et de la politesse, en le dépouillant de cette sauvagerie qui le rend peu différent des bêtes. Un misanthrope, un solitaire, ne peut être qu'incommode à sa maison, et fatigant pour une épouse. Celui qui abhorre la conversation pour lui-même, encore moins la permettra-t-il à sa femme ; et quelque amour que deux époux aient l'un pour l'autre, il est bien difficile, étant seuls ensemble tout le jour et toute la nuit, qu'ils ne trouvent pas de fréquentes occasions de se quereller, de sorte que la tendresse court risque de devenir ennui, dégoût, antipathie. Je dirai enfin ce que je pense au sujet des théâtres, et tenez pour certain que mes opinions sont celles du marquis Léonard, comme si nous étions un seul être, et que lui-même vous parlât par ma bouche. Le théâtre est le meilleur passe-temps, le plus utile, le plus nécessaire. Les bonnes comédies instruisent et plaisent en même temps ; les tragédies enseignent à bien gouverner les passions. Ce n'est pas au théâtre que les personnes de mauvaises inclinations vont chercher des aventures ; les yeux du public exigent retenue, respect, politesse, bonnes manières. Bref, signora, si vous tenez à cœur d'avoir un mari honnête, qui vous aime et qui se conduise bien, je connais le marquis, et je vous le garantis, je vous le promets tel ; mais si vous le voulez grossier ou efféminé, dégagez-vous pendant qu'il en est temps, et soyez sûre que, lisant dans votre pensée, il sera le premier à vous rendre la liberté, et à mettre à couvert, par la rupture des engagemens, vos inclinations et votre repos.

LA COMTESSE.

A dire vrai, vos paroles me rassurent ; je vais à Turin plus volontiers.

LE MARQUIS

Le caractère du marquis Léonard vous plaît-il ? Êtes-vous contente de ce que je vous ai dit de lui ?

LA COMTESSE.

Ce qui me plaît, ce qui me contente dans ce que vous m'avez dit, c'est que, s'il ne me convient pas, il me rendra ma pleine liberté.

LE MARQUIS.

Signora, excusez ma hardiesse; mais je soupçonne que vous avez le cœur pris.

LA COMTESSE.

Non certes; si j'aimais quelqu'un, je le dirais franchement.

LE MARQUIS.

Est-il bien possible que votre beauté n'ait encore blessé le cœur de personne?

LA COMTESSE.

Je ne dis pas qu'il n'y ait personne qui m'aime; je dis seulement que je n'ai pas le cœur engagé.

LE MARQUIS.

Et peut-on savoir le nom de celui qui soupire pour vous?

LA COMTESSE.

Ah! vous êtes un peu trop curieux, monsieur le capitaine.

LE MARQUIS.

Vous me montrez tant de franchise, que je me flatte d'apprendre de vous ce secret.

LA COMTESSE.

Ce n'est pas précisément un secret. Il est su de mon père, de tout le monde; et, je vous le dirai franchement, mon soupirant est le baron Talismani.

SCÈNE V.

LE MARQUIS.

Je ne le connais pas. Est-il jeune?

LA COMTESSE.

Assez.

LE MARQUIS.

Et joli homme?

LA COMTESSE.

Pas mal.

LE MARQUIS.

Et vous ne l'aimez pas?

LA COMTESSE.

Je ne l'aime ni ne le hais.

LE MARQUIS.

L'accepteriez-vous pour époux?

LA COMTESSE.

De préférence à quelqu'un que je ne connais pas.

LE MARQUIS.

Excusez-moi, je crois que vous en êtes éprise.

LA COMTESSE.

Vous me connaissez mal, seigneur. Je ne suis point accoutumée à mentir.

LE MARQUIS.

Vous voir prévenue si défavorablement pour le marquis Léonard semble l'indice d'une passion enracinée.

LA COMTESSE.

Pardonnez; je n'ai point dit que je fusse prévenue contre lui; je doute, je tremble, et je veux me rassurer. Pouvez-vous me condamner?

LE MARQUIS.

Non, adorable comtesse. Vous méritez d'être heureuse, et je désire que vous le soyez. (*Avec tendresse.*) J'envie le sort de celui qui aura le bonheur de posséder une épouse aussi aimable et aussi sincère. Vous avez une vertu admirable, un beauté rare ; la douceur et la vivacité brillent dans vos yeux charmans.

LA COMTESSE, se levant.

Il me semble, seigneur capitaine, que vous vous avancez un peu trop.

LE MARQUIS.

Je suis animé par l'intérêt que je prends à mon ami.

LA COMTESSE.

Modérez cet intérêt.

LE MARQUIS, à part.

O ciel ! je voudrais pourtant lui demander... Mais je n'ose.

LA COMTESSE, se disposant à rentrer.

Avec votre permission, il est temps que j'aille réveiller mon père.

LE MARQUIS.

Un seul mot.

LA COMTESSE.

De quoi s'agit-t-il ?

LE MARQUIS.

Parlez-moi avec votre sincérité accoutumée. Si j'étais celui qui vous est destiné pour époux, pourrais-je me flatter de vous être agréable ?

LA COMTESSE.

Si vous aimez la sincérité, souffrez que je vous dise que non.

LE MARQUIS.

Je suis donc horrible à vos yeux ?

LA COMTESSE.

Je ne vous dirai pas si votre aspect me plaît ou me déplaît. Je vous dirai seulement que vos dernières paroles montrent en vous un peu trop de liberté militaire. Je ne veux un époux ni farouche ni sauvage ; mais je le désire modeste, circonspect et retenu.

(Elle sort.)

SCÈNE VI.

LE MARQUIS seul.

O ciel ! en quel affreux bouleversement je me trouve ! Le caractère de la comtesse est charmant, puisque la sincérité la plus pure en est la base. Mais je me vois sur le point d'être refusé par elle ; et après l'avoir vue, après avoir lu dans son cœur, sa perte me serait douloureuse. Elle m'a dit franchement que si j'étais son prétendu, elle ne serait pas contente. Il est vrai qu'elle en a donné pour motif un transport bien innocent auquel je me suis abandonné ; mais peut-être n'est-ce là qu'un prétexte pour cacher une antipathie décidée. Que dois-je donc faire ? Faut-il me découvrir à elle, ou retourner à Turin sans la revoir? Ah! je ne sais que résoudre. Voici mon ami; je voudrais lui demander conseil, mais je ne me fie pas entièrement à sa prudence.

SCÈNE VII.

LE LIEUTENANT, LE MARQUIS.

LE LIEUTENANT.

Mon ami, nous aurons un dîner somptueux. Il y a du gras et du maigre, et le vin de Montferrat est excellent. De plus, nous aurons un autre convive. Un gentilhomme de mes amis arrive en poste à l'instant même. Il dit à l'hôte je ne sais quoi, et sera à nous tout à l'heure.

LE MARQUIS.

Comment s'appelle-t-il?

LE LIEUTENANT.

Le baron Talismani.

LE MARQUIS.

Comment! le baron Talismani!

LE LIEUTENANT.

Est-ce que vous le connaissez?

LE MARQUIS.

Je ne l'ai jamais vu, mais je sais qui il est.

LE LIEUTENANT.

Je vous assure que c'est un galant homme.

SCÈNE VII.

LE MARQUIS.

J'en suis persuadé. Lui avez-vous dit que vous êtes avec moi ? M'avez-vous nommé à lui ?

LE LIEUTENANT.

Je n'en ai pas eu le temps.

LE MARQUIS.

Tant mieux. Ayez soin de ne pas lui dire qui je suis.

LE LIEUTENANT.

Quel imbroglio que cela ? Y a-t-il quelque inimitié entre vous deux ?

LE MARQUIS.

Entrons dans votre chambre ; je vous raconterai une aventure bizarre.

LE LIEUTENANT.

Sait-on si nous aurons le bonheur d'avoir avec nous cette jeune voyageuse ?

LE MARQUIS.

Venez ; j'ai à vous dire à son sujet quelque chose de particulier.

LE LIEUTENANT.

Est-ce que vous l'avez vue ?

LE MARQUIS.

Retirons-nous, parce que, si le baron arrivait, je craindrais qu'il ne survînt quelque scène fâcheuse. Sa présence ici n'est pas sans mystère. Venez, écoutez-moi ; et si vous êtes mon ami, prêtez-moi secours. (*A part.*) Ah ! je crains qu'ils ne s'aiment. Je soupçonne la comtesse d'avoir affecté une sincérité menteuse. Je brûle de colère et frissonne de jalousie.

LE LIEUTENANT.

Que veut dire tout ceci ? Je n'y connais rien. Il me fâche de voir mon ami agité ; mais je ne voudrais pas perdre l'occasion de me divertir à une bonne table et avec une jolie personne.

(Il le suit.)

SCÈNE VIII.

LE BARON, LE GARÇON D'AUBERGE.

LE GARÇON.

Ici, seigneur ; nous n'avons pas d'autres chambres de libres, à moins qu'il ne vous plaise de monter.

LE BARON.

Où est le lieutenant ?

LE GARÇON.

Pardon, je ne sais pas le distinguer entre ces deux messieurs.

LE BARON.

C'est celui qui parlait avec moi dans la cour.

LE GARÇON.

Il est sans doute dans cette chambre avec son compagnon de voyage.

LE BARON.

Et qui est son compagnon ?

LE GARÇON.

Je ne le connais pas.

SCÈNE IX.

LE BARON.

Est-ce là la chambre où le maître m'a dit qu'il y avait un vieux gentilhomme avec sa fille?

LE GARÇON.

Oui, seigneur, la voilà.

LE BARON.

Fort bien ; il suffit.

LE GARÇON.

Voulez-vous une petite chambre dans l'appartement du haut?

LE BARON.

Où dîne-t-on ?

LE GARÇON.

Dans cette salle.

LE BARON.

C'est bon, j'y resterai ; je n'ai pas besoin de chambre.

LE GARÇON.

Comme vous voudrez.

(Il sort.)

SCÈNE IX.

LE BARON seul.

Arrive qui pourra, je veux me donner au moins cette satisfaction. Je veux savoir si l'injure qui m'est faite provient du comte ou de sa fille. Partir sans me dire un mot! Permettre que j'aille à l'ordinaire faire ma cour à la comtesse, et me faire dire par un laquais: Ils sont partis ! La veille, nous avons passé la soirée ensemble, et l'on ne me dit pas : Nous partons demain matin ! C'est une malhonnêteté intolérable.

SCÈNE X.

LE COMTE sans épée, LE BARON.

LE COMTE, à part, sur le seuil de la chambre.

Que vois-je ? Ici le baron Talismani !

LE BARON, à part.

Je ne sais ce qui m'agite le plus, de l'amour ou de la colère.

LE COMTE, d'un ton froid.

Monsieur le baron, je vous salue de tout mon cœur.

LE BARON, du même ton.

Votre serviteur, monsieur le comte.

LE COMTE.

Que faites-vous ici, seigneur ?

LE BARON.

Mon devoir. Je suis venu pour vous souhaiter un bon voyage, et pour remplir envers vous une civilité dont vous n'avez pas daigné user envers moi.

LE COMTE.

Vous pouviez vous épargner cette peine ; je sais que ce n'est pas pour moi que vous l'avez prise.

SCÈNE X.

LE BARON.

Pardonnez-moi, seigneur, c'est pour vous que je suis venu.

LE COMTE.

En quoi puis-je vous servir?

LE BARON.

Je désire que vous me disiez pour quelle raison vous êtes parti de Milan, sans que vous m'ayez fait l'honneur de m'en informer.

LE COMTE.

Comme il n'existe aucun intérêt entre nous, je ne me suis pas cru dans l'obligation de vous donner connaissance de mon départ.

LE BARON.

Il me semble que vous deviez y être excité par l'usage, l'amitié, la convenance.

LE COMTE.

A l'égard de l'usage, je ne crois pas avoir à l'apprendre de vous. Si vous me parlez de l'amitié, je vous dirai que j'ai coutume de la pratiquer et de la mesurer selon les circonstances. Et quant aux convenances enfin, j'aurais beau jeu pour me justifier, si le respect que je porte à votre maison ne me contraignait pas à me taire.

LE BARON.

Seigneur, votre silence est plus désobligeant que ne pourraient l'être vos paroles.

LE COMTE.

Je vais donc parler, pour vous être moins désagréable. Dites-moi, de grâce, savez-vous que la main de ma fille est promise à un gentilhomme piémontais?

LE BARON.

Je le sais très-bien, mais je sais aussi qu'elle ne consent pas à l'épouser avant de le connaître.

LE COMTE.

Croyez-vous qu'une fille soit maîtresse de tenir ce langage, quand son père a pris un engagement?

LE BARON.

Je ne crois pas que l'autorité d'un père aille jusqu'à sacrifier sa fille.

LE COMTE.

Comment pouvez-vous dire que par ce mariage elle soit sacrifiée?

LE BARON.

Et comment pouvez-vous assurer qu'elle en sera satisfaite?

LE COMTE.

C'est pour m'assurer de cela que je la conduis avec moi à Turin.

LE BARON.

Fort bien; je ne condamne point cette démarche, mais pourquoi ne pas en avertir vos amis?

LE COMTE.

Tous mes amis en ont été prévenus.

LE BARON.

Ainsi vous ne me faites pas l'honneur de me mettre du nombre?

SCÈNE X.

LE COMTE.

Monsieur le baron, parlons sans détours. L'amitié que vous dites avoir pour moi ne provient pas d'un sincère attachement pour ma personne, mais de l'amour que vous avez pour ma fille ; et veuille le ciel que ce que vous aimez le mieux en elle ne soit pas la qualité de fille unique, et d'héritière présomptive d'un père qui n'est pas pauvre ! Quel que soit le motif qui vous anime, toujours dois-je le juger indigne d'un galant homme, qui doit respecter l'autorité d'un père et la maison d'un gentilhomme honoré. Il peut se faire que la résistance de ma fille au mariage que je lui propose, ne naisse que des mouvemens innocens de son cœur, mais j'ai des raisons de soupçonner que cet orgueil d'une fille est sourdement excité par les flatteries d'un amant. Béatrix est sage et bien née ; et pour cela même, je me confirme dans l'idée qu'elle serait incapable de me désobéir si elle n'était pas préoccupée de quelque passion secrète. Vous êtes le seul sur qui puissent tomber mes soupçons ; et je me suis figuré avec raison que, si je vous faisais part de ma résolution de la conduire à Turin, vous auriez l'adresse de la pousser à me contredire pareillement en cette chose et de me contraindre à user de violence et de rigueur. C'est pour cette raison que je vous ai tenu caché mon départ, et non par aucune intention de manquer d'égards, soit envers vous, soit envers votre digne famille. Si cela vous semble un tort, je vous supplie de me pardonner : excusez un vieux père ; mettez-vous à la place d'un gentilhomme qui a donné sa parole. En vous examinant vous-même, vous comprendrez mieux que je ne puis vous le dire l'honnêteté de mes sentimens.

LE BARON.

Oui, comte, vos bonnes raisons me persuadent, et je suis pleinement satisfait de la courtoisie de vos explications. Je vous confesse la vérité, j'ai pour votre charmante fille beaucoup d'estime... Parlons franchement, j'ai pour elle de l'amour, de la tendresse, et plût au ciel que je fusse digne de la posséder, non assurément pour le vil intérêt de sa dot, mais pour la beauté et la vertu dont elle est ornée! Je vous jure sur mon honneur que je ne suis pour rien dans la résistance qu'elle montre à vos volontés. Je ne suis pas capable d'user de cette séduction, et elle n'est pas assez faible pour y céder. Pardonnez-moi si j'ai pu vous déplaire; excusez en moi une passion très-honnête, née de la violence qui m'est faite par un mérite supérieur; soyez sûr de mon respect, et jugez-moi digne de votre amitié, à laquelle j'attache le plus grand prix.

LE COMTE.

Ah! cher ami, vous me faites honneur, vous me comblez de joie. Je vous aime, je vous estime, et je vous offre dans cet embrassement un gage sincère de mon affection.

LE BARON.

Comte, puis-je me hasarder à vous demander une grâce?

LE COMTE.

Parlez; que ne ferais-je pas pour un cavalier de votre mérite?

SCÈNE X.

LE BARON.

Permettez-moi de vous accompagner à Turin.

LE COMTE.

Non, excusez-moi ; c'est là une chose que je ne puis vous accorder.

LE BARON.

Pour quelle raison ?

LE COMTE.

Je m'étonne que vous ne le sentiez pas de vous-même. Un père peut-il avec honneur se faire accompagner de l'amant déclaré de sa fille, pour la conduire à son époux ?

LE BARON.

J'entends bien n'avoir d'autre caractère que celui de votre ami.

LE COMTE.

L'amant de la fille est encore trop peu séparé de l'ami du père.

LE BARON.

Je suis un honnête homme.

LE COMTE.

Si vous l'êtes, tenez-vous pour satisfait de mes raisons.

LE BARON.

Eh bien, si je ne vais pas avec vous, du moins ne pourrez-vous m'empêcher de vous suivre de loin.

LE COMTE.

Je pourrai faire, de manière ou d'autre, que vous ne restiez pas à Turin.

LE BARON.

Comment cela ?

LE COMTE.

En informant la cour de votre dangereuse insistance.

LE BARON.

Vous êtes donc mon ennemi, et c'était faussement, et pour me flatter, que vous me juriez amitié ?

LE COMTE.

C'est plutôt vous qui cherchez à me fasciner les yeux par de trompeuses protestations.

LE BARON.

Mes pareils ne mentent pas.

LE COMTE.

Vos pareils devraient connaître mieux leur devoir.

LE BARON.

Je connais mon devoir, et vous enseignerai le vôtre.

LE COMTE.

La hardiesse avec laquelle vous me parlez est une preuve manifeste de vos mauvaises intentions et de votre indigne amour.

LE BARON.

Ce n'est pas être gentilhomme que de penser mal des gens de bien.

LE COMTE.

Je suis gentilhomme, et je ne me repens pas de mes soupçons.

LE BARON.

Rendez-moi raison de l'injure que vous me faites.

LE COMTE.

Attendez ; mon épée va vous satisfaire.

(Il se dispose à entrer dans sa chambre.

SCÈNE XI.

LA COMTESSE, les précédens.

LA COMTESSE.

Ah ! mon père, arrêtez-vous, pour l'amour du ciel !

LE COMTE.

Fille ingrate ! le voilà révélé le grand mystère de ton refus. Voilà celui qui t'anime à une désobéissance déréglée. Voilà cet objet de ta flamme, qui te fait haïr l'image de tout autre époux.

LE BARON, à part.

Ah ! plût au ciel qu'il dît la vérité !

LA COMTESSE.

Non, seigneur, vous vous trompez. Personne n'a l'audace de me conseiller, et je ne suis point assez docile pour me laisser persuader et vaincre. Mon cœur est encore libre, et je chéris à tel point ma liberté, que j'ose la défendre contre celui qui m'a donné la vie. Personne autre que vous, seigneur, n'a le droit de me commander ; et je serais disposée à vous obéir aveuglément, s'il ne s'agissait pas d'un sacrifice si grand, si incertain et si périlleux.

LE BARON, à part.

Je me flatte encore d'être aimé d'elle.

LE COMTE, à part.

Je veux m'assurer si elle est sincère ou si elle me trompe. (*Haut.*) Tu crains donc que le marquis Léonard puisse te déplaire?

LA COMTESSE.

Ma crainte n'est pas si déraisonnable.

LE COMTE.

Et s'il n'est pas de ton goût, ta résolution est prise de le refuser?

LA COMTESSE.

Pardonnez-moi, par charité!...

LE COMTE.

Oh! vraiment, je ne veux pas que tu me croies assez tyran pour faire violence à ton cœur, et pour te rendre à jamais malheureuse. J'espérais, en te conduisant hors de Milan, te voir plus résignée; je craignais que tu ne brûlasses d'une flamme secrète, mais je crois ton cœur libre. Je vois que ta résistance ne provient que de la fermeté de tes résolutions; je ne veux donc pas aller risquer à Turin de me compromettre. Retournons à Milan. Je trouverai moyen de me dégager avec le marquis Léonard, et de te rendre ta pleine liberté. Mais tu conçois que les critiques et les murmures ne nous manqueront pas dans notre pays; il serait bien que tu acceptasses un autre parti qui te satisfît davantage. Le baron Talismani est un gentilhomme de mérite. Je me plaignais injustement de lui, le croyant de moitié

SCÈNE XI.

dans tes secrets. Je vois qu'il est innocent, et je me repens de l'avoir offensé. Si donc il ne se souvient plus de ma vivacité, s'il persiste à rechercher ta main, et si tu consens à la lui donner, je te l'offre pour époux.

LE BARON.

Ah ! comte, vous me comblez de joie et de reconnaissance. J'oublie tous les déplaisirs que j'ai soufferts pour une si aimable épouse, et pour un beau-père si respectable et si généreux.

LA COMTESSE.

Doucement, seigneur ; ces titres d'épouse et de beau-père sont prématurés. Je rends grâces à la bonté de mon père, qui use envers moi d'une si tendre condescendance ; mais je ne suis pas d'humeur de me laisser aller à une si soudaine résolution.

LE BARON.

O ciel ! vous refusez ma main !

LA COMTESSE.

Le temps et la circonstance où vous me l'offrez ne méritent point que j'en fasse grand cas. Vous me voyez en route pour faire connaissance avec un époux qui m'est offert ; vous me voyez en danger de déplaire à mon père si je ne l'accepte pas, ou de le placer dans une situation délicate, si, pour me faire plaisir, il va jusqu'à déchirer un engagement. Vous semble-t-il honnête de venir ainsi ouvrir la porte aux embarras et aux mésintelligences ?

LE BARON.

Excusez-moi, signora ; vous faites voir que vous êtes un esprit de contradiction.

LE COMTE.

Respectez ma fille ; elle montre qu'elle est plus raisonnable et plus sage que vous.

LE BARON.

Je suis las de souffrir les insultes...

LE COMTE.

Calmez-vous un moment... (*A sa fille.*) Quelle serait donc ton intention ?

LA COMTESSE.

De poursuivre notre voyage ; de voir l'époux que vous me proposez, de m'assurer de son caractère et de ses mœurs. Pour peu qu'il me plaise, qu'il soit honnête et retenu, je préférerai à tout autre celui qui a l'honneur d'être choisi par vous ; mais si décidément mon cœur éprouve pour lui de la haine, j'aurai le courage de manifester moi-même mon aversion, de m'affranchir ainsi du sacrifice, et de vous libérer de votre engagement, puisque mon repos et votre honneur me sont également chers.

LE COMTE.

Oui, ma fille, tu penses très-bien ; et je me flatte que le ciel tournera les choses à ta satisfaction.

LE BARON.

Quelle que soit la scène qui doive survenir, j'irai à Turin pour en être spectateur.

LE COMTE.

Vous n'oserez pas le faire.

LE BARON.

Votre autorité ne suffira pas pour m'en empêcher.

LE COMTE.

Les fous se châtient partout.

LE BARON.

Moi fou! Allez chercher votre épée.

LA COMTESSE.

Quelle audace!

SCÈNE XII.

LE LIEUTENANT, les précédens.

LE LIEUTENANT.

Tout beau, tout beau, messieurs. Trêve de menaces. J'ai été jusqu'à ce moment témoin de votre dispute. Maintenant que je vous vois près d'en venir aux mains, je suis là pour m'employer à vous réconcilier.

LE COMTE.

Seigneur, je n'ai pas l'honneur de vous connaître.

LE LIEUTENANT.

Je suis un officier de sa majesté. Le lieutenant Malpesti, pour vous obéir.

LA COMTESSE.

Êtes-vous le compagnon de voyage du capitaine?

LE LIEUTENANT, en riant.

Oui, signora, du capitaine.

LE COMTE, à sa fille.

Comment connais-tu ce capitaine?

LA COMTESSE.

Seigneur, je l'ai vu ici; je lui ai parlé. Il est grand ami du marquis Léonard. Il m'a entretenue de lui fort longuement; il m'a dit de son ami plusieurs bonnes choses; mais, à parler vrai, je ne suis pas entièrement contente.

LE LIEUTENANT.

Ne faites pas attention, signora, à ce que vous a dit mon compagnon de route. Il est assez capricieux; il aime beaucoup le marquis Léonard; il l'aime autant que lui-même; et, comme il n'oserait pas faire son propre éloge, il use de la même retenue en parlant de son ami. Rapportez-vous-en à moi, qui le connais également, et qui ne suis pas arrêté par les mêmes délicatesses. Le marquis Léonard est le plus aimable et le plus honnête gentilhomme qui soit au monde.

LE BARON.

Seigneur lieutenant, ce n'était pas la peine de vous déranger.

LE LIEUTENANT.

Croyez-moi, je ne me suis point dérangé pour vous. Je suis sorti pour empêcher un duel, et pour remettre le calme et la joie dans l'âme de cette belle signora. Elle craint d'aller à Turin pour être sacrifiée; et moi, je puis lui garantir que beaucoup de femmes s'accommoderaient à merveille de ce sacrifice. Le marquis Léonard est un cavalier bien fait. Il parle bien; ses rapports avec tous sont civils et bienveillans; il a un cœur généreux, et, par-dessus toute chose, la plus parfaite, la plus constante sincérité.

LA COMTESSE.

Tout cela me fait grand plaisir, et la sincérité est surtout ce qui me charme. Mais dites-moi la vérité; n'est-il point colère ?

LE LIEUTENANT.

Non, assurément.

LA COMTESSE.

Point jaloux ?

LE LIEUTENANT.

Pas le moins du monde.

LA COMTESSE.

Ne donne-t-il pas tout son temps aux livres, aux entretiens, aux théâtres ?

LE LIEUTENANT.

Il use de tout avec mesure et modération.

SCÈNE XIII.

LE MARQUIS, les précédens.

LE MARQUIS.

Non, signora, ne prêtez pas l'oreille au lieutenant. Il est ami du marquis Léonard autant que je le suis, et l'excès d'affection lui fait trahir la vérité.

LE LIEUTENANT, au marquis.

Quoi donc, aurez-vous le courage de me faire passer pour menteur ?

LE MARQUIS.

La sincérité m'y oblige.

LE LIEUTENANT.

Signora, ne le croyez pas; je connais parfaitement le marquis Léonard.

LE MARQUIS.

Soyez sûre, signora, que je le connais mieux que lui.

LE BARON.

Voici, madame, une nouvelle dispute qui s'élève pour vous.

LE MARQUIS.

Seigneur, soyez tranquille; nous ne nous battrons point pour cela. Que le lieutenant dise ce qu'il lui plaît; je dirai, moi, que le marquis est sans doute un homme d'honneur; mais il est nécessaire que je prévienne cette jeune dame qu'il est sujet à des transports de colère et à des accès de jalousie. Si elle n'est pas disposée à le supporter avec ses défauts, qu'elle retourne à Milan, qu'elle rende le calme à ses esprits, et ne craigne pas l'insistance de ce gentilhomme.

LA COMTESSE.

Comment pourrez-vous répondre de la volonté du marquis?

LE MARQUIS.

Si je n'en étais pas sûr, je ne me hasarderais pas à parler ainsi.

LA COMTESSE.

Excusez-moi, seigneur capitaine; j'ai quelque raison de suspecter votre sincérité.

SCÈNE XIII.

LE BARON.

Eh ! signora, tenez-vous-en à la déclaration d'un officier plein d'honneur. Il vous assure que le marquis Léonard ne vous convient pas.

LE MARQUIS.

Seigneur, ce n'est pas là ce que je dis. Je dis que les refus de la comtesse ne seront point pour le marquis un sujet de reproche soit envers elle, soit envers son père; mais il saura en temps et lieu s'expliquer avec vous, comme il convient à vos mauvaises intentions.

LE BARON.

J'espère que le marquis Léonard sera plus raisonnable que vous n'êtes.

LA COMTESSE.

Tranchons toutes ces importunes discussions. Mon père, partons, s'il vous plaît, partons tout de suite pour Turin.

LE MARQUIS.

Épargnez-vous ce déplacement. Je ne vous conseille pas d'y aller.

LA COMTESSE.

Et pour quelle raison, seigneur ?

LE MARQUIS.

Parce que le marquis Léonard ne vous plaira pas.

LA COMTESSE.

Vous ne pouvez pas être sûr de cela.

LE MARQUIS.

J'en suis très-sûr.

LA COMTESSE.

Et sur quel fondement ?

LE MARQUIS.

D'après vos propres paroles.

LA COMTESSE.

Il peut se faire qu'en le voyant je le trouve plus aimable que vous ne me le dépeignez.

LE LIEUTENANT.

Soyez certaine que vous en serez contente.

LE MARQUIS.

C'est impossible.

LE COMTE.

Seigneur, vous me donneriez à penser que vous avez conçu quelque dessein sur ma fille, et que vous cherchez à la détourner des engagemens que j'ai contractés pour elle.

LE BARON.

Il n'y aurait rien d'étonnant qu'il y eût là-dessous quelque mystère.

LE MARQUIS.

Je vous trouve plaisant. Je suis homme d'honneur; et, pour vous en convaincre, il est temps que je lève le masque. Je suis le marquis Léonard.

LA COMTESSE, à part.

O ciel ! quelle surprise !

LE BARON, à part.

Ah ! je crains bien que mes espérances ne soient perdues.

SCÈNE XIII.

LE COMTE.

Seigneur, qui vous a obligé à vous cacher, à feindre, et à nous surprendre d'une si étrange manière ?

LE MARQUIS.

Le désir de voir ma prétendue m'a fait accélérer mon voyage pour Milan, et le hasard nous a réunis tous dans une auberge de la poste. La sincérité de la comtesse Béatrix m'a découvert son âme; ma loyauté m'a contraint à l'informer de mon caractère. Je m'aperçois que mes inclinations ne lui conviennent pas, que mes défauts lui seraient insupportables, et que ma personne est un objet très-peu cher à ses yeux. Ce serait me trahir moi-même que d'user de violence envers un cœur si ouvert et si noble. Elle est aimable, vertueuse, et remplie de grâces; mais le ciel ne l'a pas destinée pour moi.

LA COMTESSE.

Ah! seigneur, permettez-moi de vous dire que votre extérieur ne me déplaît pas, et que je suis enchantée de votre vertu. Eh! quoi, se peut-il qu'il y ait au monde un homme si généreux que, par amour de la vérité, il ne craigne pas de se déprécier auprès d'une personne qu'il aime ? Ah! lorsque vous êtes doué d'un si excellent cœur et d'une sincérité si parfaite, pouvez-vous craindre de n'être pas estimé, respecté, aimé de moi? Quand vous seriez colère, avec de si sages principes, vous ne pouvez l'être sans sujet. Quand vous seriez jaloux, vous ne le serez jamais légèrement. Que la société, que l'étude aient des charmes pour vous, je réponds que vos occupations, vos liaisons seront toujours louables. Ce sera mon affaire d'éviter de donner naissance à vos soupçons, à vos inquiétudes, et de faire en sorte qu'une épouse tendre et respectée n'ait pas la dernière place dans vos affections. Soyez indulgent pour les craintes que je vous ai témoignées ; excusez l'excessive délicatesse de mes sentimens. Tenez pour certain que vous m'êtes cher, que je vous aimerai toujours, et que le ciel m'a faite pour vous.

LE MARQUIS.

Ah ! si tout ce que vous dites est vrai, je suis l'être le plus heureux de la terre.

LE COMTE.

Mon ami, vous avez été à portée de connaître ma fille. Elle n'est pas capable de mentir, ni de se trahir elle-même pour un caprice.

LE LIEUTENANT.

Heureux le monde, s'il s'y trouvait des femmes aussi sincères, je ne dirai pas en grand nombre, mais seulement si l'on en comptait quatre ou cinq sur cent !

LE COMTE.

Seigneur marquis, si cela vous convient, allons tous à Milan. Là, selon nos premiers arrangemens, nous conclurons le mariage.

LE MARQUIS.

Partons, s'il plaît ainsi à mon adorable comtesse.

LA COMTESSE.

Menez-moi où il vous plaira. Je suis avec mon père et avec mon époux ; puis-je être plus satisfaite ?

SCÈNE XIII.

LE LIEUTENANT.

Oui, partons, messieurs. Mais avec votre permission, restaurons-nous d'abord par un bon dîner, et faisons honneur au vin exquis de Montferrat.

LE BARON.

Je confesse que je ne mérite pas d'être de la partie ; mais je vous prie de croire que je suis votre ami, et que je me repens de vous avoir donné quelque sujet de déplaisir. Soyez certain, seigneur marquis.....

LE MARQUIS.

Assez, seigneur. J'accepte pour vraies vos justifications ; et pour prouver à ma femme que je ne suis ni extrêmement colère, ni follement jaloux, je vous prie de rester avec nous à dîner, et de nous tenir compagnie pendant le voyage. O voyage heureux pour moi ! ô fortunée auberge de la poste ! (*au public*) toujours plus fortunée, si elle devient digne de l'indulgence et de la faveur de ceux qui nous écoutent !

FIN DU PREMIER VOLUME.

www.ingramcontent.com/pod-product-compliance
Lightning Source LLC
Chambersburg PA
CBHW050241230426
43664CB00012B/1786